英語教育史
重要文献集成

［監修・解題］江利川 春雄

■第9巻■ 英語教員講習 2

◆第九回後期 教育指導者講習研究集録 **英語科教育**
　東京教育大学・昭和二十七年度教育指導者講習 編集・発行

ゆまに書房

凡　例

一、「英語教育史重要文献集成」第Ⅱ期全5巻は、好評を頂いた第Ⅰ期全5巻に引き続き、日本の英語教育史において欠くことのできない重要文献のうち、特に今日的な示唆に富むものを精選して復刻したものである。いずれも国立国会図書館デジタルコレクションで一般公開されておらず、復刻版もなく、所蔵する図書館も僅少で、閲覧が困難な文献である。
　　第6巻　英語学習法1
　　第7巻　英語学習法2
　　第8巻　英語教員講習1
　　第9巻　英語教員講習2
　　第10巻　英学史研究

一、復刻にあたっては、歴史資料的価値を尊重して原文のままとした。ただし、寸法については適宜縮小した。

一、底本の印刷状態や保存状態等の理由により、一部判読が困難な箇所がある。

一、第9巻は、英語教員講習2として、次の文献を復刻した。
　　東京教育大学・昭和二十七年度教育指導者講習編集・発行『第九回後期　教育指導者講習研究集録　英語科教育』(奥付なし)、B5判、全292ページ。
　　これは、各地を代表する英語教育関係者を対象に、東京教育大学（現・筑波大学）の英語教授陣や文部省関係者らが実施した画期的な英語教員講習会の成果を集約したもので、戦後の英語科教育法・英語教育学の原型を形成した歴史的な文献である。

一、本巻の復刻に当たって、複写等で協力をいただいた上野舞斗氏（和歌山大学大学院生、現・関西大学大学院博士課程）に感謝申し上げる。

英語教員講習 2　目次

東京教育大学・昭和二十七年度教育指導者講習編集・発行
『第九回後期　教育指導者講習研究集録　英語科教育』

解題　　　江利川 春雄

第九回後期 教育指導者講習研究集録

英語科教育

第 九 回
後　期

教育指導者講習研究集録

英　語　科　教　育

東　京　教　育　大　学

昭和二十七年度教育指導者講習

はしがき

　教育指導者講習の最後として『英語科教育』の講座が開設されたが、これは寧ろ遅すぎたという感がする。文部省の原案では、各大学の「教科教育法」の講座を担当する者の研究集会ということであったが、応募者の中に　中高の教諭及び指導主事が多数含まれていた為に、各職場から適宜参加してもらう結果となった。定員の関係上全員に参加してもらえなかった事は残念であるが、これがいわゆるIFELの最後としても、このような研究集会は今後益々頻繁に開設さるべきもので、今後の発展に期待する所が大きい。全員四二名、それぞれの立場から、大学の「英語科教育法」の講座内容充実の為に　終始協力し、熱心に研究討議を重ねて来た。時期が年末であり、しかもストライキの最中で、停電などもあり、参加者の苦労は並大抵ではなかった。大学の教授、中高の先生、それに指導主事と、色とりどりの研究集会で、その目的が主として大学の講義内容の充実ということであった為に、会の運営はや、困難であったと思う。それにも拘らず、全員よくその趣旨を理解されて、協力された事に対し、われわれ責任者一同厚く感謝しているところである。

　大学の英語科教育法が　いかなる内容をもつべきかについての研究討議は今回が最初であり、しかも問題が広い為に、全般に亘る研究はできなかったけれども、六週間という期間にしてはかなりの成果を得たものと信じている。少くとも、今後我々が如何なる方面の研究をせねばならぬかという事が分って来ただけでも大きな収穫といってよい。それ程に大学の教科教育法という講座は未開の分野なのである。実力があればいいというのは一時代以前の考え方であった。天才的直観による教育は、日本伝来の名人芸として今日もかなり高く評価されてはいるが、それはもう新しい時代の日本を育成していくには不充分である。今日の教科教育法には科学的根拠がなければならない。*Secondary Education for All* の考え方からすれば、あらゆる個人の必要に応ずる教育でなければならない。教師と

省察の必要はそこから生れてくる。臨床学的教育法の重要性が認識されるのはその為である。我々はこの方面の開拓者としての使命を帯びているものである。科学的方法の確立に向って，我々はこの未開の分野を開拓していかなければならない。附属学校，協力学校の重要性が再認識されなければならない。この新しい学問の確立に当って，「生みの悩み」のあることを当然われわれは覚悟せねばならない。

六週間という限られた短日月の間にものしたこのシラバスに於ては，この新しい学問の扱うべき領域の一部分にしか触れる事が出来なかった。而もこの一少部分でさえも，免許法三単位では時間の不足を覚える。このシラバス第一案は，内容に於て未だしの感はあるが，免許法の改正を要求するに充分のものを包蔵していると信ずる。

われわれはこゝに未完成ながら，英語科教育法のあるべき姿を示し得た。少くとも今後の研究方向をさぐり得たと思うのである。今回の講習の成果が，わが國の英語科教育法の礎石となることをわれわれは信じて疑わない。

最後に文部省及び東京教育大学当局者，並びに講師諸賢の御指導と御協力とに対し深く謝意を表する次第である。また未熟なる企画と運営にも拘らず参加者一同の協力と熱心なる研究討議に対し重ねて敬意を表するものである。

　　昭和27年12月26日

　　　　　　　　　　　講座主事　　櫻　庭　信　之
　　　　　　　　　　　講座主事補　大　村　喜　吉

も く じ

序　　論		1
I 基　礎　論		1
1 英語教育の目的と価値		1
	a 英語教育と英語教授	1
	b 外国語教育に於ける英語教育の地位	2
	c 英語教育の文化史的意義	4
2 我が国に於ける英語教授の変遷		13
	a 第一期 (1808 ～ 1893)	13
	b 第二期 (1894 ～ 1922)	16
	c 第三期 (1923 ～ 現代)	18
3 欧米に於ける外国語教授の変遷		25
	a 欧洲	25
	b アメリカ	35
4 英語教授の基礎的理論		41
	a 言語観の変遷	41
	b 言語の本質	44
	c 言語の学習	47
	d Art としての Speech-Learning	48
	e 言語教授の原則	51
	f 外国語教授理論に於ける問題	55
	g 英語学習開始の最適年令	59
5 英語科教師論		61
6 教材論		73
	a 選択の基準	73
	b 選択の着眼点	79
II 教育課程論		87
1 英語教科課程の目標		87
	a 言語の本質	87
	b 外国語の学習	87
	c 語感	88
	d 中学校英語教授の目標	88

- e　カリキュラム及び単元の問題 …………………………… 89
- f　学年別目標 …………………………………………… 90
- g　其の他の問題 ………………………………………… 91
2　四技能の関連 …………………………………………… 92
- a　聞き方と話し方 ……………………………………… 92
- b　読方と書方 …………………………………………… 93
- c　多様感覚の刺戟 ……………………………………… 94
- d　四技能と地域的生徒経験元の適応 ………………… 95
3　Curriculum の構成 …………………………………… 97
- a　Curriculum とは ……………………………………… 97
- b　Curriculum の種々の型について …………………… 97
- c　英語科の Curriculum について ……………………… 97
- d　英語科の単元法について …………………………… 98
- e　教科外教育活動について …………………………… 99
- f　Curriculum 構成の手順および留意点 ……………… 99
- g　Curriculum 構成資料について ……………………… 101
- h　Curriculum 構成資料 ………………………………… 102
4　中学校に於ける文型の取扱ひ …………………………
- a　英語教育における Sentence Pattern の意義 ……… 109
- b　文型の選定について ………………………………… 110
- c　文型の分類整理について …………………………… 110
- d　文型教授上の着眼 …………………………………… 111
- e　文型整理 ……………………………………………… 112
- f　文型提示の順序 ……………………………………… 117
5　中学校における文法の取扱いの基調 ………………… 118

- a　標準学習語いについて ……………………………… 119
- b　中学校標準語い表（試案） ………………………… 119
6　風物知識 ………………………………………………… 125
- a　気象に関して ………………………………………… 125
- b　植物など ……………………………………………… 125
- c　生物について ………………………………………… 125
- d　人間 …………………………………………………… 125
- e　年中行事など ………………………………………… 127

  f 交通に関し ……………………………………… 127
  g 公共の場所・施設など ………………………… 127
  h 計量・金銭などの単位 ………………………… 127
  i 地理・歴史 ……………………………………… 127

Ⅲ 学習指導論 …………………………………………… 129
 1 学習指導の一般 ………………………………… 129
  a 諸條件と学習指導 ……………………………… 129
  b 学習指導法 ……………………………………… 131
  c 教材を主とする指導法と経験単元による指導法 … 132
 2 学習指導法 ……………………………………… 133
  a 学習指導の実際 ………………………………… 135
  b 各学年の指導 …………………………………… 138
  c 入門期の指導 …………………………………… 144
 3 学習指導上の要点 ……………………………… 147
  a 発音 ……………………………………………… 147
  b 聴き方、話し方、読み方、解釈につき ……… 149
  c 文字、書き方の指導 …………………………… 152
  d 作文、文法の指導について …………………… 154
  e 書取 ……………………………………………… 156
  f その他 …………………………………………… 157
 4 英語学習指導に於ける聴視覚教材教具及びその利用法 … 158
  a 聴視覚教材教具利用の実際 …………………… 159
  b 聴視覚教材教具管理の実際 …………………… 162
 5 クラブ活動 ……………………………………… 163
  a クラブ活動の意義 ……………………………… 163
  b 英語クラブの運営 ……………………………… 164
  c クラブ活動の研究範囲 ………………………… 164

Ⅳ 評価論 ………………………………………………… 169
 1 新しい評価の意義及び目的 …………………… 169
  a 意義 ……………………………………………… 170
  b 基本目的 ………………………………………… 171
  c 具体的目的 ……………………………………… 172
 2 評価の種類と方法 ……………………………… 173

    a 評価の種類 ……………………………………………… 173
    b Teacher-made, objective Tests ……………… 174
    c 其他のテスト …………………………………………… 175
    d 自己評価 ………………………………………………… 176
    e 測定結果の整理方法 ………………………………… 176
  3 新旧評価の長所短所 ……………………………………… 180
    a 論文テストの長所と短所 …………………………… 180
    b 客観的テストの長所と短所 ………………………… 182
    c 各種テストの長所と短所 …………………………… 183
  4 評価基準 ……………………………………………………… 184
    a よいテストの基準 …………………………………… 184
    b 英語教授の評価基準 ………………………………… 190
    c 英語教育計画の評価基準 …………………………… 193
  5 英語科指導要録記入の為の具体的評価 ……………… 197
    a 指導要録記入について ……………………………… 197
    b 評価の具体的観点 …………………………………… 198
    c 評価基準の具体例 …………………………………… 200
    d 特種編成による場合の評価 ………………………… 210

      文   献 ……………………………………………… 210

Ⅴ 英語教育の諸問題 ……………………………………………… 213
  1 選択の問題 ………………………………………………… 213
    (1) 英語科が選択教科となった沿革と理由 …………… 213
      a 戦前の英語科と戦後のカリキュラム内における位置 …… 213
      b 米国における外国語のカリキュラム内における位置 …… 218
      c 現行カリキュラムにおいて英語科が選択制となった理由 …… 221
    (2) 選択制の現状とそれに伴う諸問題 ………………… 225
      a 現   状 …………………………………………… 225
      b 選択制に伴う諸問題 ……………………………… 226
    (3) 英語科選択についての指導の留意点 ……………… 227
      a 選択指導の基準 …………………………………… 227
      b 個人指導 …………………………………………… 229
    (4) 英語を選択しない生徒の取扱い …………………… 229

　　　　a 現　　状 …………………………………………………… 229
　　　　b 問題解決への示唆 ……………………………………… 230
　　2 個人差に応ずる指導 ……………………………………………… 231
　　(1) 個人差の実態とそれに応ずる指導の必要 …………………231
　　(2) 特に英語科において個人差が大である理由 ………………234
　　(3) 個人差に応ずる指導の形態と並びに方法 …………………235
　　　　a 個別指導 ………………………………………………… 235
　　　　b 集団指導 ………………………………………………… 270
　　(4) 同質クラスに対する一般的考察 ……………………………272
　　(5) 望ましい同質クラス編成における留意点 …………………273
　　　　a 編成の基準 ……………………………………………… 273
　　　　b 編成の融通性 …………………………………………… 275
　　　　c 生徒数の比 ……………………………………………… 275
　　　　d 実際面の問題 …………………………………………… 275
　　(6) 同質クラス編成における指導の問題 ………………………276
　　　　a 指導にあたって考えるべき点 ………………………… 276
　　　　b 可否についての意見 …………………………………… 276
　　　　c 英語科における同質クラス編成の実情 ……………… 277
　3 アメリカ英語 ………………………………………………………280
　　(1) アメリカ英語の定義 …………………………………………280
　　(2) アメリカ英語の取扱い ………………………………………281
　　　　a 概　　論 ………………………………………………… 281
　　　　b 発音について …………………………………………… 283
　　　　c 綴字について …………………………………………… 283
　　　　d 語彙について …………………………………………… 284
　　　　e 語法について …………………………………………… 285
　　(3) 教材・教具使用について ……………………………………285

講　師　名　簿 ……………………………………………………………290
参　加　者　名　簿 ………………………………………………………290
編　集　後　記 ……………………………………………………………292

1 基礎論

1 英語教育の目的と価値

a. 英語教育と英語教育

第一次世界戦争から今日迄、第二次戦争の一時期を除けば、吾国には、外国語教授法の各種の花が瞭乱と咲き出た。国民が、かって、思いも及ばなかった結果となって終了した今次戦争は、新らしい教育理念と、其に伴う学制の改革をもたらし、中等英語教授に反動的な影響を与えた。Palmer, Fries 等は競ふて研究実践されたが、此好奇心に充ちた数年間程、国民性をまざまざと示した時期は少い。日本人は妥協を知らぬ民族だと云はれるが、旧教授法は弊履の如く省みられず、中学高校の英語授業は技術の新奇を競ふコンクールにも似ていた。都市には勿論のこと、山村漁村に至る迄私塾まがいの英語教習所ができ公民館の窓からは「アールユーアボーイ」「イエスアイアム」の怪しげなコーラスが流れてきた。其様な「彼処に下宿屋のかんばんあれば。此方に人力屋の行燈あり。横町に英学の私塾あれば十字街に客待の人車あり。」(『当世書生気質』)。下は丁稚小僧芸妓迄英語を口にし、上は政府の役人貴顕紳士淑女、世をあげて欧化に狂奔した明治16年前后の鹿鳴館時代の江戸風俗絵を彷彿せしめた。

おうむの様にまねることを教えても、何故教育しているのかを考えない多くの教師達に、アメリカが三世紀半の短日月にどうして素晴らしい発展をしたのか、Puritanism や平等、生命、自由、幸福を追求する権利を主張する独立宣言文が American Democracy を生み出すのにどんな関係があったか、一世紀に亘る Frontier Movement がアメリカ人の民族精神を打ちたてるのに如何に重要な役割を果したか、Frontier mind と呼ばれる原始価値哲学がどうして Dewy の教育理論を生みだしたか、20世紀に入ってからの米国の物質文明が如何に彼等の人生観を変化せしめたか、等を教えて貰ふことを期待することはできなかった。

何故であろう？此様な反省の声は、昨年来急速に高くなった観がある。「占領時代には英語を知っている。話が出来ると云う丈で良い収入にありつけると云う所から、話せると云う点に余り力を入れすぎたのはまだよいとして肝心なことが一英語は単なる技術を授けるだけでなく人間教育と云う重要な目的を持っていること一が忘れられる傾きがあった。一我々は改

めて考え直す必要があらう。英語教師の間には英語学に関する研究や教授法についての実験が各方面に随分盛んに行われて来たが、所謂英米研究と云うのは余りなかったようである。どうか独立を機会に、こう云う方面が盛んになることを切望してやまない。」(『英語研究』市河三喜)も其一つである。然し、此様な反省は必ずしも最近のことではない「外国語教育とは、外国語を教えることだけではなく、外国語を通じて個人を教育し外国の文化に接し、批判し、移入し以て吾国の文化」を発展せしむるのが「本来の使命」である。とは福原氏の永年主張された持論であった。(『外国語教育論』序文)

明かに英語教育と英語教授との間に考え方の混同があった。

"Course of Study"、Curriculum に於て目標を論じ価値を説くのは、英語教育の一部である学校教育に於ける英語教授について述べているのである。「英語教育は単に学校の教育の一課程として論ずべきではない。それは国家の問題である。」(岡倉由三郎)、国家的見地から、特に文化史的見地から、民族の発展に英語教育が如何なる役割を果しているかと云ふことを考察することは、其目的と価値を真に理解する助けとなるであろう。

2. 外国語教育に於ける英語教育の価値

吾国に於ける外国語教育に於て英語教育が占める地位は圧倒的である。和爾語が、唯一の外国語であった 1600年—1800年(慶長5年—文化5年)位を除いて多少の消長はあったとしても、絶えず上昇線をえがいて強力な影響を与え、指導的役割をつとめたのは英語であった。

1635年(寛永12年)白面の一独乙青年 Hans Braun が和爾商館員として日本に来て以来、独乙語及び其を通じて与えられた独乙文化の影響は政治、軍事、医学、及び哲学の方面に著るしい足跡を残した。博学多才の学者 Philipp Franzion Siebold の来朝 (1823年) は日本に於ける洋学の燈火に点火したものだとと言える。全時に独乙語学習は各地で始められたであろうが其形態、方法は必ずしも詳かでない。明治15年頃、先づ独乙文化の影響が政治に於て始まった。伊藤博文は憲法制度の模範として、既に吾国とも訳述されていたルソーの自由民権思想に基く『民約論』によらず、ビスマルクを崇拝し、プロシヤ官僚政治の形式を基として、明治憲法を制定した。民間が英仏の自由民権思想を吸収すればする程、政府は其に対抗するものとして独乙を求めたからである。かくて、独

乙流の国家主義、国民主義が此国の政治理念を支配した。新憲法が制定される迄、政治上は独乙的思想が支配したと云うことが出来よう。明治2年大学南校に英仏と並んで正式に独乙語が教授され、明治二十年には東京大学に史学科、独乙文学科が新設された。22年 Karl Florenz が招かれて来朝するに及んで、吾国に於ける独乙語教育の基礎ができあがった。創設期の陸軍に与えた軍事的影響は見逃せない。又官学に於て、Kant, Hegel の哲学思想が吾国の大学観を支配したことは長かった。自然科学、特に医学の分野に於ける独乙文化の影響は高校、大学に於ける外国語の順位を決定的にした。

仏蘭西語教育が与えた影響は、独乙語に於ける其よりも未開拓の分野である。然し、前述した明治憲法制定前後に於ける仏蘭西自由民権思想は、明治、大正、昭和を通じて、やがて吾国民がアメリカ流の民主主義を身につける迄走り継がれた聖火であった。吾国に於ける現代青年の思想や感情が仏蘭西的合理主義に支配されていると、よく言われる。が是も仏蘭西語教育が与えた影響の一つであると言い得よう。数えあげると紙数は尽きない。それにもかかはらず、英語教育が与えた影響は群を抜いている。

記憶すべきことがある。明治中期、英文学が吾国にはいる前、既にロシヤ文学の作品が、此国には入ってきている。其と前後して北欧南欧文学も輸入された。然し其の殆んど全部が英語からの重訳であったことである。今吾国に於て、独仏文学の数多くの翻訳書が店頭を飾っているが、其等は殆んど独乙語、仏蘭西語を専門とする極少数の一部の学者の手になっているものである。情緒的表現である芸術的作品は申す迄もなく、文学、思想は翻訳によっては正しく理解出来ない部分が多い。独乙語、仏蘭西語の其に比較して英語を直接に読みうる人々の数は如何に多いことであろう。

才二次世界大戦終了後、狂乱怒涛の様に押しよせて来た、アメリカ文化を、一応数年で咀嚼しえたのは何と言っても英語を読みうる能力ある人々の潜在数が如何に多かったかを物語っている。特に教育界に於て其は真実である。与えられたものを受け容れ、其を批判する迄に至った此数年間は文化史上、教育史上稀有な一時期であった。

今日の情勢に於ては、日本は最も多くアメリカ文化の影響を引き続きうけるであろう。然し其背后にはイギリス文化を中心とするヨーロッパ文化がある。18世紀の英仏が相互に影響し合って、夫々の文化を発展させたように、今日の世界各国は極めて密接に結びついているのである。又地理的条件は孤立を許さない。吾々が広く外国文化の研究を進めなければなら

ぬことは云う迄もないが、外国語教育に於ける英語教育の地位を知ることは、其目的と価値を理解するのに役立つであろう。

C、英語教育の文化史的意味

(1)、15世紀以来、不当な外来文化の波を毅然たる白亜の断崖で受けとめ、Anglo Saxon 文化を豊かにすることを忘れなかったイギリスが、幕末から明治時代にかけて、吾国と政治的、経済的に最も交渉が深く、而も当時世界最強の文明国であった。保守的ではあるが健康な発展性を持つ、此 Albion の言語が、吾国の第一外国語としての地位を譲らなかったことは、20世紀の後半となった今日でも幸福であったと思はざるを得ない。

今から145年前、文化5年（1808）は記念すべき年である。言語不通の為め、颱合せの誤解から生じた所謂フエートン号事件は、幕府をして和蘭通詞本木正栄に命じて、英学を修せしむることゝなった。豊田博士は『日本英学史の研究』の中で、日本の英学は実用目的を以て始められた、国防が其動機であった。と述べている。外国船と接渉する場合の trouble を防ぐ為の、官庁の通訳養成の形式で用始されたのである。幕府は積極的に英語の学習を奨励したにもかゝはらず、外交方針は攘夷の一本であった。此矛盾した国策は、学習者を混乱させたに相違ない。此様な状況から英米文化を摂取しようと云う積極的な気運が醸成される筈がない。従って、英語教育を受けた当事者も、たとえ、高く用いられたにしても、其は通弁としてゞあって、行政の責任者としてではなかった。中浜万次郎は旗本として待遇されたけれども、結局は一通訳で終った事情が、よく物語っている。

(2)、安政4年（1857）は日本英学史上特筆すべき年である。此頃から吾国に於ける洋学の中心が蘭学から英学に移った」（豊田、前書）、ましてや智識を広く世界に求めることを国策とした明治初期には、世をあげて未知の世界に等を求めようとする。「方今全運降成ナルヤ英学ニ従事スルモノ幾千万ナルヲ知ラズ」（青木輔清編述『英文典便覧』明4）とか「今や英学部解に行はれ四方到る処として英文講読の声を聞かざるなし」（坪内雄蔵訳『英文小学校読本』巻四明18）等が其体をよくえがいている。かくて、吾国の英語学習は初期の単純素朴な英学の域を脱して、英語教育の型を示すに至るのである。即通訳養成の形から英語教育

の本来の姿え、形式的外形的なものから精神的影響を、実用価値の追求から教養価値の探求えと発展して行くのである。当時主として英語を教えた外人はキリスト教の宣教師であった。是は吾国の英語教育をして何等かの形でキリスト教の伝道と結びつける。ともあれ、日本英学史はキリスト教の発達と関係を持ち Verbeck（1830-97）Brown（1816-80）Liggins（1829-1912）等は忘れられない名である。「日本の鎖国の門戸を開いたのは米国水師提督ペルリで、日本人の心の戸を開いた人は医学博士ヘボンである、タウンゼンドハリスは日本通商の道を開き、米国派遣宣教師は皇門(みかど)帝国の教育界を開拓した。」(グリフィス）のである。

(3) 福沢諭吉（1835-1901）は最もよく此時代を代表している。中浜万次郎とアメリカに渡ってアメリカ流の功利主義を身につけた彼は、一般教養の豊かな人であった。人文、社会、自然のあらゆる分野に広い教養を持っていたが、専門的には何れにも深かったとは言えない。此様な学門の形式が此時代の洋学を代表しているし、此様な人を当時の日本は切実に要求していた。

当時の文明開化は、欧米特にアメリカ物質文明を範とする実利主義をオーとして、洋服、帽子、牛肉等異国情緒豊かな日常生活の紹介から始まった。若し彼が是で終っていたならば洋学の始祖として今日迄尊敬されるには至らなかったであろう。彼は物質文明の基礎となる可き精神的基盤に気がついた。精神文化なくして国運の隆盛なく、精神的教育なくして個人の成長がないことに気がついた。彼の後半生の功績は、主として政治、経済、思想に対する彼のたゆまざる『学問のすゝめ』にある。

彼は旧制度、旧文物の破壊につとめた。物質文明は、先づ目指すものであったが、新らしい、物の考え方を与えることを忘れなかった。

(4) 言語表現形式の大変化について（口語体文体）：—福沢諭吉が「漢学の固陋を腐せん」とした努力は、オーに口語文体の簡素化に向けられた。『文字の教』（明治6年）に、翻訳書は原書を読みえぬ人に与えるものであるから、訳書中無用の難文字を廃して、意味が容易に理解出来るようにしなければならない。その為には漢字を制限せよと主張している。これが後の『仮名の会』に進み、言文一致の口語体を生む萌芽である。彼は身を以て是と実行した。彼の著書が他の人の其と比較して如何

読み易かったかは気民が競って手にしたことでも明かである。是は英学の学習が、先づ、彼に与えた影響である。旧制度、旧文化を破壊し、新文化を移入するのに最も大きな障害の一つは言語の其である。漢字の難解に苦るしむ者が、第一に考えたことはローマ字国字論である。明治７年『明六雑誌』に出た「漢字を以て国字と写すの論」「萬国共通語の必要」等はその一つである。是は福沢諭吉の漢字制限論を一歩進めたものである。此傾向は森有礼が文部大臣となるに及んで、最も極端な政策となって現はれる。即、明治１８年彼が主張した英語を以て国語に代えようとする論である。此政策は Whitney の「日本に於ける英語採用について」と云う返書に述て、英語を国語とするのは不可である。第一外国語として活用すべきである。と云う適切な勧告によって取止められるに及んで支離な欧化主義は一応流過する。然し、後に続く西圀の『ローマ字論』等を経て、表現形式の簡易化としての国字論、国語論は、たえず学界、文壇の底流をなして、吾国民の一大関心事となるのである。やがて明治開化期の文壇が欧州の自然主義の洗礼を受けるに及んで、国語の文体は革新的な変革を受ける。当時の文壇は、国文学の流れ、漢文学の流れ、翻訳による西洋文学の流れが、輳していた。此間にあって自然主義文学に時代の装をさせようと試みると文体が余りにも古く内容と一致しない。此処に起ったのが言文一致の運動である。

「言文一致の文章を書こうとした運動は、しかし何と言っても一番新らしい進んだものであらねばならなかった。つまり、そういう運動は英語からは入って行って向うの詩や小説に接して、不知半解の裁は免れなかったとは言え、兎に角、それを真似ようとしたものであることは、たしかであった。一で最初の外国からの影響ービーコンス・フィールド伯の小説の影響から一歩進めて山田、長谷川、矢崎三氏の言文一致運動が始まった。」（田山花袋『近代の小説』）山田美妙斎が口語体の小説を書き始めた動機は語学学習を通じて西洋の文学が文字が言文一致であったことを知ったこと、文明を言文一致とは相伴うものであることを説いたチャップレイン小講演をきいたこと、「文章は話のように書かねばならぬ」と云う物集高見の『言文一致論』によったものである。是が『小説神髄』三、二葉亭四迷の小説えの適用となるのであるが、此体を傾向の中に、国語、国字問題について現代とつながるものを見出すことは困難でない、言文一致の傾向は、大正、昭和となるに及んで、正常化し書簡体に於ける候文、官庁用語等は古典的存在となった。第二次大戦后は

アメリカ教育使節団の勧告等もあって、官庁用語も言文一致となった。一時再燃したローマ字問題も学界の一部に鳴をひそめた観がある。

省みれば、福沢諭吉の漢字制限論に端を発し、西周のローマ字、国字論、森有礼の英語国語論、自然主義文学に於て写実主義文体提唱に在る言文一致運動、等約70年間に亘る国語表現形式の簡易化、大衆化の動きは、英語教育の与えた大きな影響であった。18世紀に於ける Addison の運動等を思はせるものがあった。是は外國文化は翻訳によって摂取することが可能であると考えている外国語廃止論者に対する良い回答となるであろうし、又外国語は母国語を純化すると云う外国語学習の効用を雄弁に物語っている。

(5). Richard Cocke の日記の中に "a Canterbury Tale" と云う語があったとか、天文12年の『英文鑑』に「シヤケスピール」「ミルトン」等の名が出ているとか、長崎の出島で "Hamlet" が演ぜられたことがあるらしい、等の詮索は他に譲るとして英文学が明かに日本文学に影響を与えたと思はれるのは矢張り明治も中期に入ってからである。大学南校に於ける外人教師による英文学の講義は、聴講者達に、近代科学精神にうらはれた西洋の詩学、美学、批判文学に接する機会を与えた。従来日本には貴族文学、又は宮廷文学と称せられるものはあったが、民衆の文学の名に値するものは無かった。小説に於ける勧善懲悪、歌に於ける「わび」と「さび」は其唯一のアイディアであった。

詩の分野で、英文学の教育が与えた影響は、中一に『新体詩抄』（明治15年版）に現われた、井上、外山、矢田部三教授によって、ものされた全巻の序文に

「頃者、同志一二名と相謀り、我邦人の従来平常の語を用いて詩歌を作ること少きを嘆じて、西洋の風に摸倣して一種新体の詩を作りなせり。但し今成る所は西洋の詩に係るもの多し」とある。彼等が専門である英文学の詩を - prosody 迄も吾国に移さうとした努力の跡が見られる。例えば押韻を試みた如きは、明かに英詩の影響であって、新境地を拓いたものであった。

　　眠むる心は死ぬるなり
　　見ゆる形はおぼろなり
　　あすとも知れぬ我命
　　あはれはかなき夢をかし

　　　　なとゝあはれにいふは愚し

筆は其一例である。当時、万事新らしきを求めようとする趨勢に乗じ、此調は吾国の津々浦々に遠波及した。此頃句は一時日本詩壇を風びした。新体詩運動となり鉄幹及其一派の作品に見られる。

然し、明治２２年「平等主義の代表者ウオルトホイットマンの詩について」（『哲学雑誌』夏目漱石）の一文は Fronfier の詩人を紹介すると共に従来、欧州殊に英吉利文学一辺倒の影響から脱皮する機会を与えることになる。シエイクスピア、テニソン、グレイ、シエレー、キーツは従来、彼等の唯一の拠処であった。彼等の精緻な Poetic Diction は、和歌、俳句になじむ吾国民には驚異であった。然し、韻律等の形式を尊重すると云う点に於ては両者類似する点がある。ホイットマンの紹介は吾国民にもう一つの新らしい驚異を与えずにはおかなかった、blank verse、free verse が自由詩として吾国の詩壇に一応の地位を占める時期の到来は長く待つ必要はなかった。「無韻詩歌論」（蒲野士郎『早稲田文学』明治２７）は詩壇改革の叫びの一つである。

明治後期、大正を通じて、吾詩壇を支配した、詩論、詩評は、殆んど、英米文学影響の支配下にあった。小説の分野に於ては、北欧文学に圧倒された時期が続いたのに比較して特徴がある。然し、明治も後期になるとさすがに、国民文学に対する覚醒が見られる。即明治３９年、野口米次郎は、英米三国詩人を合同して「あやめ会」を設立した。其第一号発刊の詩に、

「国民の内部生命は最も多く純文学に顕はるるものなり。今や吾邦の勢力長大の発展を為せると共に、文芸界の気運も亦、その産物に於て、吾人の特色を発揮し、外国の其と相対抗せんとするに至れり。」

かくて、国運の隆盛は日本的なものに対する、あこがれをみせるのである。

ターナー教授は有名な其著書の中で、アメリカ文学が（１）欧州の伝統から（２）記録文学の傾向に移り（３）国民文学の発生えと進み（４）世界文学の規模を持つに至る了史的必然性を説いているが、自由と平等を歌い、生命の尊厳を謳歌(オウカ)し、肉体の美くしさ、力強さと束縛からの解放を、激しい語調で呼びかけた "Oh. Pioneer" の詩人が吾国に紹介されたことは、吾国民に独立意識（nationalism）民族意識をうえつけたのであるとゝ云うことが出来る米英文学に接することによって国民文学が生れ出たのである。

(6) 文芸のヂャンルの一つとして近代小説を吾国に移入したのも英語教育が与えた教養の一つであった。明治10年前后、吾国にはすでに市島、坪内、高田、岡倉等によってScott や Poeが紹介され、仏蘭西物ヂュマ等が英語からの重訳によって読まれている。時あだかも、ルソーの『民約論』、スペンサーの「社会平権論」が政治情勢を反応して自由民権思想をあふりたてていた時代であった。英本国ではヂズレリーの第二次内閣の時代で社会改革に肉心を示した。文筆に長じた此政治家は其作"Coningsby"(1844)で Young England 党の政見を発表したのであるが、彼の政治小説の流れ汲む、政治家であり小説家である Lord Lytton の政治小説が自由民権論に賑う吾国民に刺激を与えたことは当然のことであった。Lytton物と云われる目的小説即政治物の翻訳が、明治11年からつく年近の間に、如何に盛衰していったかは豊田氏の前書 P.P. 454-475 の年表がよく物語っている。

此政治小説はLytton物を以て始まりLytton物を以て終っているが、此事実は、明治15年に憲法制定の為調査官が独乙に派遣され、明治22年が憲法発布の年であることを思えば、此前の時代相を如何にもよく物語っていると云うことができよう。目的小説が一応目的を達すれば興味を失われ、衰微するのが当然であって、やがて明治も後期に入るに及んで、政治小説が政界を刺激しなくなり、影響力も少くなっていった。

坪内逍遙の『小説神髄』(明治18年)は小説が芸術、即純文学の一部門であるべきことを明にした吾国最初の近代的意味に於ける小説論であって、旧来の勧善懲悪本一主義の稗史論的小説論より解放している。彼は「夫小説は芸術にして詩歌の変体に外ならざるなり。されば小説の主体となるべきは只彼の人情世態のみ」と言っているが、近代 realism の精神を日本文学に始めて紹介したのである。明治18年といえば、西洋文学の知識も可成普及し、従って西洋文学と日本文学とが直接に接し合う機会が多かったことであろう。日本文学えの影響も翻訳を介せずしてまるようになった。又、北欧南欧の文学も英語よりの重訳によっては入って来ることが多くなった事情は前に述べた。従って明治初年のように無反省な模倣はなくなって、学問的な姿で健実な影響がみられるに至った。大学の外人教師によって、小説論も講ぜられたであろう、幼稚な形ではあるが比較文学の精神も汲みとられる。此『小説神髄』が吾国の文学界に与えた影響は革命的であった。(1)小説の本質は real life

を描写することであって、教訓や道徳をもることではない。(2)小説の神髄は道徳より人情を、空想より経過を、教訓より、描写を、英雄より人間を主眼とすべきものであること、を敎えた。是は自然主義文学の真の姿である。此理論を彼自らも実行し、二葉亭四迷は直接の後継者となった。明治後期の自然主義文学の勃興は是を契機としている。此小説の中に視点論（Point of View）が無いこと、短編小説論が無いことの欠点を指摘されるが、元来小説論は近代の発達であって、まして短編小説論が無いことは決して本書の真価を落すものではないが、其明る年二〇年『国民之友』第々号にて、森田思軒が「小説の自敍記述体」を書いて、視点論を試みる等よき後継者を出している。明治26年北村透谷の『文学界』を中心として発達したヒューマニズム運動、抒情詩時代、キリスト教との関係、評論界に於ける、鴎外と逍遥との没理想論をめぐる論争等、明治後半より大正初期にかけて西洋文学を背景に持つ人々によってなされた業績は数うるに暇が無いが其中で英語教育を受けた人々による影響が中心的であり、圧倒的であった。

此勢は、やがて大正、昭和の初期の、国民的覚醒の時期と時間的につながるが、此頃になると、官公私の高等学校、専門学校、大学の数もふえ、外国語を直接に理解し得る人の数は他の時代の比ではなくなる（昭和16年頃の統計は義務教育を受けた者の数2000人中20人が大学専門出、昭和つ34年度は12万の大学卒業者を予定、特に英語は学問の各種の専門分野に於て外国書を直接に理解しうる人の潜在数を増加して行くが、かくて、単に英語を理解しうると云う事は、最早非常に特殊ではなくなる。然し是等の敎養を身につけた人々による文化的影響力は反比例して著るしく増加してゆくのである。

口語体、詩、及び小説の分野にて現代文化につながる英語教育の影響の一部を裏づけてみた。日本文化史の広い長いつながりからみるならば九牛の一毛にも当らないであろう。特に思想について、日本人の物の考え方に与えた影響、経済、政治、軍事、社会改革運動に与えた英吉利流の温健な思想等、時間と紙数とを用意して扱うねばならない宝庫は多い。

（7）、明治後期から大正にかけて、国民主義の抬頭は国民文化を生むが其は、従来の急進的な欧化主義に反省する機会を与えると云うよりは、反動的な役割を果すことに急であった。学内の独立の主張も其一つであ

る。政治界に於ける *nationalism* は反動的に右翼化し、思想界は日本文化に於ける精神性の優秀さを誇って外國文化顧むに足らずとした。

前に述べたように、最早英語のみでなく仏語、独語等の外来語の必要が急激に増して来ると共に、外国語教育の価値判断に一つの転期をもたらした。外国語教育は福沢諭吉流の、文明の輸入、智識の摂取を目的とする所謂実学の効用価値より、個人の育成、教養の為の学問と云う考え方が即足である。

英語万能時代がくずれ、商業主義の波に乗って書房は翻訳書の山をきずき、衝には英語教育排すべしとする声が国粋主義者達によって叫ばれ始めた。英語教育にたずさはる人々が真に自覚せねばならない時が来たのである。此の傾向の中で英語教育廃止論は、二つの段階を以て進んで行った、「中学から必修外国語（英語）を除去すべし」（「教育の独立」大5年）が其一つで、他は英語不用論（「米国語を追払へ」（福永恭助）「英語追放論」（杉村楚人冠）「何を恐るゝか日本」（渋川玄耳）が是である。此傾向は現代ともつながっている、前者は教育理念の変遷によって新学制に於ける採択教科と云う形で一応の解決をみたが、後者は翻訳局の設置を主張して、すべての外国語を学校教育から除き、外国との直接業務に従事する特殊な予定者丈に課して、一般には翻訳書によって、外国の知識を摂取しようとするのである。是等の攻勢の中にあって、一貫して文化教養の立場から、英語教育の目的と価値の認識を主張して来た人に福原氏がある。彼は「英語教育の教養価値について」（『英語青年』昭19年）に於て「‥‥教授法と云う技術に関する *report* は沢山出て、実際眼からであるが、何故英語を教え何を目指すべきであるかを誰も教えてくれない。人々は今それを考え始めているらしい、私はそれをよろこぶ」と云い「あらゆる外国語学者は、外国文化者でなくてはならない、わが国の英語教師はもう一辺、英学者に帰り、英学復興をしなければならない」と結んでいる。彼は中浜万次郎であってはならぬ、福沢諭吉であれ、いや、福沢諭吉流を出て前に深く進めと説いているのである。成る程中浜万次郎は英語を話すことは当代一であったであろうけれど、彼は只英語を話すこと書く技術を教えたに過ぎない。それは学問の蓄蓄がなかったからだ、西洋の兵学を知り、経済を知り、道徳を知っていた福沢諭吉こそ外国語教育にたずさわる適格者である。吾々は一人一人が福沢諭吉であり、其土台に尚新らしい教養を積み重ねてゆくべきである。外国語を研究する者、外国語教育にたずさわる人は外国の文化

を伝えうる者でなければならない。遠くは英吉利の歴史が、近くは吾国の文化史が、あますところ無く物語っている。外国との文化交流が激しければ激しい程、其を正しく導く人がなければならない、其は話すことが出来、書くことが出来るばかりでなく、歴史を、政治を、経済を、思想を、芸術を自然科学を解する人でなければならない。一般教養の最も豊かな人でなければならない。

(7)、明治初期の学校教育に於ては、話すこと書くことを学べばよかった。現代に於ける学校教育に於て受持つ英語教育は、生きる為の精神の糧となるものであって欲しい。個人の正しい成長と国家の健全な発達に寄与できるものであって欲しい。是が英語教育の教養価値であるが、究極の目的はそこにある。教養価値が正しく理解されもかこれると実用価値は自ら其に附随して来るものである。吾国の文化史、特に明治年間の其は、英語教育の目的と価値を喜々に教えてくれた。今次戦争は、かってない経験を吾々に与えた。為に国民に英語教育の目的と価値判断について混乱をあたえた。無教養の通訳、能力と信念のない教師の輩出、無知な多数の外国兵の存在が、自づと英語教育の目的と価値を歪曲せしめたのは無理でない。然し此傾向をたえず批判し是正を怠らなかった者は矢張り教育者であったし、又数十年間英語の教養を身につけた数多い潜在指導者達であった。吾国の英語教育界は健在なりと言はなければならない。

(8) 総論として：外国語教育の目的と価値判断とが時代と共に変遷していったことは日本の短い歴史を見ても知ることが出来る。元来、外国文化の摂取は国史か国の方針として最も接触を必要とする相手国の移り替りによって多少の変化があることは当然である。国家は一定の期間をおいて、如何なる目的の為に、如何なる効用に於て、如何なる外国語教育をなす必要があるかについて国家的に広く調査研究し、学校教育に於ける、外国語教育の地位を設立することは、近代的学問の性質上欠ぐべからざることである。然し此抔な研究は英吉利以外には見当らない。1918年英吉利政府から出版された"Modern Studies"―「大英帝国の教育制度に於ける近代外国語教育の地位に関する委員会報告書」と副題のついた、報告書は1916年8月総理大臣の任命した官公私各階層出身の16名からなる委員会が136人の人々に面会し、49日の長い期間調査研究した結果に基き、当時英吉利が国家として如何なる外国語を必要

とするかについて結論を出した。内容の重なる項目は、英国に於ける近代外国語教育の歴史、外国語教育の欠陥の為に如何なる損失をうけたか、近代外国語教育をやればどんな価値があるか、教育の方法（家庭教育、学校教育）、教員養成を如何にするか、教授法は如何なるものがよいか、試験の結果、勧告、等に亘っていて、凡そ此種研究が必要と思はれる凡ゆる事項を含んでいる。此 "Modern Studies" は1925年にも続いて出ているが、吾國に於ても国家が国の方針として其責任に於て此様な業務に着手する時が一日も早からんことを祈るものである。

参考書：『日本英学史の研究』豊田実、岩沢書店
　　　　『外国語教育』中「外国語教育論」楢庭信之、金子書房

2 吾国に於ける英語教育の変遷

日本人が初めて英語を修めたのは1808年（文化5年）であり爾来凡そ百五十年の歳月をけみして今日に及んでをるがこれを英語学習及び英語教授に対する方法の変遷及びその盛衰の立場から三期に分けて考察するのが便利である。

　　第一期　1808（文化5年）— 1893（明治26年）、凡そ90年間で英学勃興の時代

　　第二期　1894（明治27年）— 1922（大正11年）、凡そ30年間で英学興隆の時代

　　第三期　1923（大正12年）— 現在、凡そ30年間で新教授法実践時代

a. 第一期　1808（文化5年）— 1894（明治27年）

1807年（文化4年）長崎にイギリス船フェートン号（Phaerton）が入港してオランダ人を虜にしたりして色々狼藉を働きそのため長崎奉行が責を負うて自殺した事件があり幕府の命令によってオランダ通事達がオランダ語の外に第二外国語として英語を兼修することになった。即ち翌1808年通事達がオランダ人について国防のため長崎で英語を習った。これが日本において英語が学習された最初であった。その教授の任に当ったのは Jon Cock Blomhoff （和蘭商館の助役）であった。

1811（文化8年）「諳厄利亜国語和解」（写本）十巻著者大通詞本木

正栄。これは英語の単語と会話に仮名で発音を記し日本語訳をつけたもので我国最初のまとまった英学者による最初、英学書である。

1826 (文久2年)「英和対訳袖珍辞書」編者堀達之助、西周、箕作麟祥 これは英蘭辞書に基づいて出来た最初の活字体による英語辞書で初版 200 部であった。

1840 - 1 (天保 11 - 2 年)「英文鑑」江戸天文方見習渋川六蔵 (敬直) は我国最初の英文法でこれは Lindley - Marray の English Grammar のオランダ訳の反訳でその序文に「国家不慮の用に備へ」とか「旁翻訳に便せん」とかの言葉が見えている。蘭学のかたわら必要を感じて英学に志したもので二十六七才の頃である。

1848 (嘉永元年) 米人 Ranald Mac Donald が長崎で幽禁中和蘭通詞 14 名に英語の教授を施したが米人による英語教授はこれが最初である。後同じく米人 Samuel Rollins Brown は Prendergast の唱道した Mastery System と云う方法で門下生を教えた。

1841 (天保12年) 13 才の時アメリカに漂流し 1851 (嘉永 4 年) 帰国してから徳川幕府に用いられた土佐の中浜万次郎は彼地文化の紹介や米国使節の文書の翻訳を行い特に 1853 (嘉永 6 年) Perry 浦賀に入港の際には通訳としても活躍した。彼の教え方は旧式な翻訳式であったが弟子の中には尺振八程のような英学者も出た。又彼のもたらした英文典が我国最初の英文英文典「英吉利文典」の種本となりそして今日の英文典及び日本文典の先駆となった。尚彼は 1860 (万延元年) 米国に使した際 Webster's Dictionary を日本に持ち帰ったが我国最初の Webster's Dictionary である。彼の英語は当時行われていた変則的方法に対して正則ではあったが今発音の点について比較して居ると次の如きもので今日のそれと較べると興味深いものがある。村上英俊は変則の代表であり万次郎のものは綴りに拘泥せず米国の訛のある発音をそのまゝ仮名で表わしたものである。

原語	万次郎 (1859)	村上英俊 (1854)
sun	シヤン	シュン
last-night	ラースタナイ	ラストニフテ
every	エブル	エヘレイー
long	ローン	コング
glad	ゲラーダ	グラント
very cold	ウエレコール	ヘレイユルド

certainly	シマテンリ	セルタインレイ
nothing	ナセン	ノチング
contrary	カンツレ	コントラレイ
together	トギヤザ	トゲテル
heaven	ヘフン	ヘーヘン
clear	キリヤー	クレール
ground	グラウン	ダラユンド
lesson	レシン	レスセン
gentleman	ジヱンツルメーン	ゲントレメン

1865（慶応元年）「幕末洋学者欧文集」開成所教授市川兼恭編、この書は当時の我洋学界の実状と趨勢を知る上に貴重な資料で編者の長男のロシア留学の行を盛んにするため開成所（もと蕃書調所後に洋書調所と呼ばれる）教授に依頼して書いて貰った送別文集（35人の執筆）でその内訳はオランダ文18、英文6、ドイツ文5、フランス文5で当時は洋学の中心が漸く蘭学から英学に移りフランス語ドイツ語も抬頭して来たことを示している。英文執筆家の中に外山捨八（後の正一）の名があり当時の日本人の書いた英文で現存しておるものとしては得難い研究資料である。

更に外人宣教師の貢献と我国人の英語の発音に及ぼした影響は計り知れないものがある。英語研究を促進助長せしむるに大いに與って力のあったのは米人宣教師の盡力であった。彼等が伝道本来の仕事の外に我国英学史上に残した偉大な功績は恐らく永久不滅であろう。就中 Verbeck、Hepburn 二氏は大恩人で後者は 1867（慶応3年）我国和英辞典史の劈頭に飾られるべき「和英語林集成」を出した。又今日用いられている Hepburn 式五十音ローマ字も彼の考案になるもので Verbeck は長崎の英学伝習所及び東京の大学南校において幾多の明治文化の功労者を教育した。其他彼等は我国における聖書翻訳史上不滅の業蹟を残している。これについては豊田実著「日本英学史の研究」岩波書店昭和13年中の「基督教聖書和訳の歴史」の項に委しい。

1872（明治5年）文部省が設置され、慶応義塾、同人社、攻玉社、共立学舎等の英語の私塾も相次いで出現した。1878（明治7年）の調査によれば官公立外国語学校91校の中英語学校数は82、英学生徒数は5,967名で此等の学校では発音は殆んど問題にされず次のように番号をつけ恰も漢字を読むように返り読みをした。

I do not see any bird　　（私は或鳥を見為さぬ）
(一)(五)(六)(四)(二)(三)

I prefer tea to coffee (私は珈琲にまで茶を送ぶ)
(一)(五)(四)(三)(二)

Could he not be ill ? (彼は病気であり能はざりしか)
(一)(四)(二)(五)(三)

He was scarcely less miserable, I can tell you (彼
(一)(五)(二)(三)(四)　　　　　(六)(九)(八)(七)
は辛うじてより少く不幸でありしと私は汝に談り能ふ)

　読本では national readers, Swinton's readers, Union readers, Longmars' readers 等が広く用いられた。

　我国最初の系統立った発音学の書は稍下って 1890 (明治19年) 菊地武信の「英語発音秘訣」である。尚発音を示すのに phonetics が用えらるるようになったのは 1901 (明治30年) 頃のことで東京高師の英人教師 Nathin 氏が最初である。

　1880-1 (明治12, 3年) 内村鑑三、新渡戸稲造の両氏の名が浮び出て来る。前者の札幌農学校在学時代の英文日誌 How I became a Christian や後者の友人宮部金吾宛の手紙 (1877) は何れも名文でよくこれ程に英文が練れたかに驚くと同時にそれが今日で云う Oral method の中から生れたものであることを肯こうさせられるのである。

　1889 (明治22年) 正則文部省英語読本 (The Mombusho Conversational Readers) pp. 306 が出た。これは会話々話の文より出来ていて所謂 Thinking English を意識的に強調したもので即ちこの頃から実用英語が重視され出したので神田　　、磯部弥一郎、山縣五十雄、斉藤秀三郎氏等の力が大いに與っていた。

　要するに第一期は英学が漢字流に学習され綴字通りに読まれて発音には殆んど注意が払われず所謂変則式な学習でその影響は長く続き多くの笑うべき逸話を残しているが末期には幾多の先覚者が輩出して正しい方法によって英語を学習し既に英学興隆の初期に入っていたのである。

b. 第二期　1894 (明治27年) ― 1922 (大正11年)

　日清戦争より H. E. Palmer 来朝の年迄の二十年間で新教授法が活発に論戦展開された時代である。

　1894 (明治27年)「外国語教授新論」岡倉由三郎　雑誌「教育時論」に連載され次いで「日本英学新誌」に転載されたもので教授法の改良、教科書の改正、教師の矯正により英語教授の能率をあげるべきことを強調したもので英語教育界にあげられた改革の烽火の先端とも云うべきであろ

う。そして次の如き改革気運が相次いで現われた。

1896 (明治29年) English in Middle School 神田乃武の論文で雑誌「太陽」に連載された。又同年重野健造の「英語教授法改良案」が現われた。

1897 (明治30年) 「英語教授法」附文部省正則英語読本　外山正一 「音読黙読にても理解し得るが必要なり」と直訳直解の大切なることを力説、易しい教材を反覆練習して知識としてでなく技術として身につけることの必要を強調し英語の学習に訓練法を用いなければならないと説いた。文中「凡人や凡庸の教師に至りてはノンベンクラリの訳読に安んずるは固より怪しむに足らざるなり」専当時は勿論今日の英語教授法に対しても実に適切な言と云うべきである。

1899 (明治32年) 「外国語の研究」　内村鑑三
「発音を怠る勿れ」の條下には次の如き言葉あり大いに味うべきである。「訳解は言語の半解に過ぎず。発音は言語の最要部の一にして正確に発音し得ずして真意を探ぐるは難し、、、発音の正確は殊に初歩の時に於て最も肝要なりとす」云々。尚発音に関しては

1902 (明治35年) 「英語発音学」片山寛、R. B. Mckerrow
其著は劃期的な書でWebster式発音標記法を用いたものである。更に
1919 (大正8年)岩崎民平氏は「英語発音と綴字」研究社を出し国際音声学協会規定の発音符号を用いた点に於て注目すべきもの降って1926年昭和の時代に入ると佐久間鼎氏等により始められた実験音声学の領域が開拓される。

1902 (明治35年) 「中等学校における英語科」　岸本能武太　これは群馬、栃木、茨城三県の中等学校における英語教授視察の結果提出した文相への意見書であり教授の方法として英語科の綜合的取扱、直読直解、発音教授の重要性を説いた進歩的な書である。

1903 (明治36年) 「最新英語教習法」　髙橋五郎君　東京宝文館
髙橋氏の意見はかなり反動的且つ保守的で前記諸氏と著しい対照をなしている。

1906 (明治39年) 「外国語最新教授法」　岡倉由三郎
1911 (明治44年) 「英語教育」　　　　　岡倉由三郎
前者はMary Brebnerの著書の訳であり後者は日本人の手になった英語教授に関する本の中では最も優れたもので英語教授の各部門が誰にてもよく実行出来るような形で詳細に説かれている。

更に雑誌 The English Teacher's Magazine (1906-1917) は我国英語教育界に多大の貢献をした。

第二期に於いて英語研究上特筆すべきは斉藤秀三郎氏、和田正幾氏、神田乃武氏の三氏である。和田氏には著書はないが斉藤氏の尊敬した学者であり斉藤氏は日本における英文法研究を学的地位に高めた人神田氏は立派な標準英語を広く紹介することに興って大いに力があった。次に厂史的比較言語学的心理学的の立場から英文法を検討し我国における英文法研究を世界の水準にまで高めたのは市河三喜氏である。同氏の「英文法研究」初版 1921 (大正元年) は斯学研究上一時期を劃した。斉藤氏は近代英語の用例の広汎な蒐集とその分類で英語研究上の一大モニュメントであるが市河氏は英語を最も進んだ言語学的方法によって厂史的、比較的、心理的に見て行こうとするものである。斉藤氏の熟語本位英和中辞典は同氏が全生涯の心血を戦いで完成した辞典で訳語の洗練、熟語の豊富、文法の精緻、例文の適切等の点に於て我国英語学習者の一大指針であったしその後豊田実氏により増補新版も出たので今後尚く斯界に貢献するであろう。

要するにこの第二期は従来の直訳式な変則教授の弊害が認められ英語教授法に改革が叫ばれ始めたので我国における英語教授法の理論は西洋諸国の改革案— Victor の Der Sprachunterricht muss umkehran (言語教授は改革せざるべからず) — 1882 (明治15年) や又略々同じ頃新教授法を唱道した Berlitz 、更に又 Howard Swan と Victor Betis の The Art of Teaching and Studying Languages (Gouin の著書の訳) — 1892 (明治25年) に踵を接して新教授法の方向に向いこれ等西欧諸国の言語教授の理論及び実験が我国先覚者達により逸早く紹介されたのであった。

C. 第三期 1923 (大正12年) — 現在

1922 (大正11年) ロンドン大学 D. Jones の下で英発学を専攻した学者 H. E. Palmer が文部省の招へいにより来朝翌 1923 年語学教授研究所が設置された所から始まる。Palmer氏は 1936 (昭和11年) 帰英するまで 16 年間我国英語教育の改善に努力した。元来 Palmer の説は彼独得のものではないが第二期に述べた西欧諸国の改革論者のそれよりもより精密であり且つ Ferdi de Saussure の langue と Parole (Code と Speech) の説を取り入れ言語教授法に科学的根拠を与えた点に特色がある。彼は我国英語教育の現状を見てその欠陥が奈辺にあるかを

指摘して極端な理想論をふりかざしたので最初は世論鬻々たる有様であったが後に至るに従って日本の実状に則した実行可能な方法へと基付いて行った。彼の最初に発表した英語教育改革意見は翌年出した *Memorandum on Problems of English Teaching in the Light of a New Theory* であるがこれはその後新教授法という名で呼ばれている外国語教授法の根拠となる言語学習の心理について主として述べたものである。さて彼の理論を知る上の主なる著書としては次の如きものがある。

(1) *The Scientific Study and Teaching of Languages*
(2) *The Principles of Language-study*
(3) *The Oral Method of Teaching Languages*
(4) *The Five Speech-learning Habits*
(5) *English Through Actions*

(1)は新教授法の原理を理論的に取扱い(3)は具体的に実際的取扱いを述べている。そして彼の方法は時に *Direct Method* と呼ばれ時に *Oral Method* と呼ばれているが正しくは *Direct-Oral Method* と呼ぶべきであろう。次にそれ等に就いて説明をする。

(A) *Direct Method* の特徴
 (1)、文法万能の方法、翻訳一点張の方法に反対する
 (2)、*Written language* よりも *Spoken language* を重んずる。
 (3)、口頭による練習を重んずる
 (4)、発音の *drill* をしっかりやる
 (5)、文法の教授は帰納的に行う
 (6)、実物を示したり絵等による直観を重んずる教授をする
 (7)、単語よりも文章より先きに教える

(B)、*Palmer* の理論
 (1) 言葉の学習とは何であるか

言語学習は本質的に習慣形式の過程である。我々は完全に形成された習慣の結果として機械的に話したり理解したりするのである。学習者が自動的に(ちゆうちよしたり意識的な考慮なしに)それを述べることが出来るようになって始めて外国語の単語や文章が本当に分ったということが出来るのである。如何なる者と雖もその本国人の正常の話し言葉を何等かの考慮と云う過程(即ち翻訳又は分析)によっては理解することは出来ない。
(H. E. Palmer *The Principles of Language-Study*, PP 20-21)
又言語を駆使する力は知識の問題ではなくして *Practice* の問題であ

るとは *Bloomfield* の *Outline Guide* にある言葉である。
　(2) 言語修得の二つの過程
　　(i) *Identification* (照合一致)

音声 (又は文字) とその指す事物或は意味とを *identify* することでこれには次の五つの方法がある。
　　　(イ) 翻訳
　　　(ロ) 定義
　　　(ハ) 英語による理解 (特に *Synonym* や *Paraphrase* による)
　　　(ニ) 実物で具体的に指示する
　　　(ホ) *context* による方法
　　(ii) *Fusion* (結合合体)

一旦 *identify* させた言葉の音声と意味との結合を一層緊密にしその両者の連想が自動的になるように融合させる働きである。*Identification* では単に知ったに過ぎないので語学の場合には繰り返し聞いたり云ったりすること *practice* によって運用する域に達しなければならない。一応理解したことを凡ゆる方面から練習して *fuse* させることこれが新教授法の精神である。

　(C) *Oral Method*
　　(1) *Oral Method* とは何であるか

"*Oral*" と云う言葉は *Spoken Word* の手段によって為されるすべてのことを示すために用いられている。(*Palmer : The Oral Method of Teaching Languages, p.12*)

それは外国語を使用する方法を学ぶのに *reading, writing, theory や translation* を用いずに教師の話すのを聞くこと〻教師の云うことに答えることである。

この *Palmer* の説の正しいことは次の引用から証明される。

言葉を話すことを覚えることは常にそれを読んだり書いたりすることも覚えるはるかに最も近い道である。言葉を *speech* として使用することによると *written exercise* によってよりも二十倍かそこいらも余計の領域に及ぶことが出来るであろう。言語の修得は技能の修得である。その言葉で自己を表現する技能である。この技能は他の凡ゆる技能と同様練習即ちその言葉を使うことによって修得されなければならない。時間と労力の経済と云う実際的立場から考える時その言葉を使う最も満足すべき方法は *speech* としてである。そしてそれは又理論的に云って最も自然な方

法である。従って言葉というものはそれを話すことによって学ばれるべきものである。…、生きた言葉は生きた *speech* として教えられなければならない。即ち口頭で教えられなければならない。(*E.C. Kittson, Theory and Practice of Language - Teaching PP. 41-43*)
又、

外国語を学習するもう一つの間違いは *reading* を *speaking* の先に置くことである。勿論 *reading* から得られることも多いには違いないが印刷された *symbols* と云うものは音の *symbols* を代表している書かれた *symbols* に過ぎないのである。であるから言葉を学ぶには我々は基礎的な方法を先づ第一に用いなければならない、それは即ち話し言葉の形についてである。(*Nida; Learning a Foreign Language, PP. 9-10*)

言葉の *sounds* を知らない学習者はそれを読むのを習うことが難かしいであろう。(*Bloomfield: Language P. 505*)

最後に口頭で充分駆使せずして言葉を本当に読むことが出来るかどうかは甚だ疑わしい。(*Fries: Teaching and Learning English as a Foreign Language P. 6*)

(2) *Language* の内容
   (イ) *Code* (*Langue*) ― 言語体形、言語材料
   (ロ) *Speech* (*Parole*) ― 言語運用

(3) *Speech*
   (イ) *Primary speech* ― *hearing, speaking*
   (ロ) *Secondary speech* ― *reading, writing*

(4) *Speech circuit* 思想伝達の道筋でこれに三つある
   (イ) *Speaking - hearing circuit*
甲の *Concept → acoustic - image → phonation* ― 乙の *audition → acoustic - image → concept* と云う道を通って思想が甲から乙へ伝達される。

   (ロ) *writing - reading circuit*
甲の *concept → acoustic - image → graphic - image → graphation → 乙の graphic vidation → graphic visual image → acoustic image → concept*

   (ハ) *translation circuit*
甲の $C. → a.i → a.i. → phonation →$ 乙の $a.i. <\begin{matrix}c\\a.i.→c.\end{matrix}$ 又文字を見て受
        (neko) (cat) (cat) (cat)   (neko)

取る場合は甲の $C. \to n.i \to a.i \to graphici \to graphation \to$ 乙の $g.v.$
(neko) (cat)
$\to g.v.i. \to a.i < \begin{matrix}c.i. \\ \tilde{c}.i.\end{matrix} \to c.$
(Cat) (neko)

即ち思想伝達の process の中途には concept と acoustic image との密接な結びつきが存在することに注意が向けられなければならない。この結びつきを容易にし敏速にし正確にする drill の必要性がはっきりする。

(5) Five speech-Learning habit 昭和二年 The Bulletin. no.3.（1927年1月）の附録として発表、次の五つがある。

 (イ) auditory observation
 (ロ) oral imitation
 (ハ) catenizing
 (ニ) semanticizing
 (ホ) composition by analogy

(6) oral method と reading ability との関係

oral method は目的に対する手段である。それは言語を窮極的に完全に理解するために必要欠くべからざる最初の段階である。oral method は人間に内在している言語修得に対するあの自発的な能力を再び呼びさまし再び教育するであろう。それは幼少時代の初期に示される内在的な力であるが使用しなければ一般に眠った状態に還元してしまうのである。

併しながら oral method だけでは充分でないことが主張されなければならない。それは言語学習のより完全な計画と適切な協力に於て用いられなければならない。即ちその計画は written work の適当な分量を含んでいなければならないのである。(Palmer: Oral Method P.11)

即ち oral method は言語修得の初期に於て当然採用すべき方法であり且つ最も効果的であり彼の reading ability の土台となるものである。

(D) 新教授法とは何か

Henry Sweet のいみじくも唱破せる如く the best method は elective method でなければならない。

さて Palmer の唱道した新教授法による授業の実際が公開されたのは第二回の語学教授研究所大会（大正14年11月）においてであって青山学院の Victor Martin によってであった。次いで昭和2年には東京高師附属中学校の寺西、黒田の両氏により下って昭和4年には福島県の福島中学、同10年には神奈川県湘南中学等にも行われ新教授法が漸く地方の学校にも採用されて今日に至った。

二の新教授法浸透と並行して語学教授研究所の事業として教授に関する研究を継続的に行い語○の選定、連語及び文型の調査、教科書として The Standard English Readers, The First Weeks of English, The First Weeks of Reading, English as Speech Series 等が出版された。

第二次世界大戦中我国の英語教育は学校における授業時間の減少又は全廃等という極端な取扱いを受け又戦後急激に過重な取扱いをうけ今日の姿に立ち至っているが昭和22年には 6 3 3 4 制という我国未曾有の教育制度の変革に会い為に英語教育にも幾多の問題をはらんでいる。中学、高校における英語科選択とその教授時間数、大学入試と高校英語教育の問題、米語に対する態度、発音の問題、更に英語教育の目的目標はいかにあるべきか等々。

併しながら Palmer 及びそれ以前より唱道され来った所謂新教授法の精神はあくまでも生かされなければならない。但し oral method でなければならないとか direct method だけでいいとか云うべきではない。新教授法はたしかに spoken english に重きを置く点では oral method と呼ぶべきである。又なるべく飜訳をさけ音とその意味を直接に結びつけようとする点では Direct method と呼ぶべきである。故に新教授法は Direct - Oral Method と呼べば妥当であろう。但しこれは決して純粋の意味においてではない reading や writing も勿論重視すべきでその他の方法をも大いに取入れるべきであろう。Palmer も来朝当時に語学教授の方法は 50 幾つもあるのに日本ではその中ほんの少ししか採用していないと云ったのである。新教授法は非常に包容性のあるものでなければならない。過去に於て所謂新教授法によって優秀な成績を挙げた学校も決して oral method だけでそうなったのではないその背後には実に涙ぐましい程の努力と精神の傾倒があったことを銘記しなければならない。極端な云い方をすればそのような熱意と努力とがあればいかなる方法によるも同じような結果を生むことも考えられるのである。たゞ語学修得の○に基づいた教授法ははるかに時間と努力との節約になり得るのでありそれのみが正しい方法である。

文献

南石福二郎	「英語新教授法の実際」	開拓社
石黒魯平	「外国語教授原理と方法の研究」	開拓社 昭和5年
竹村覚	「日本英学発達史」	研究社 昭和8年
片山寛	「我国に於ける英語教授法の沿革」英語教育叢書	
岡倉由三郎	「英語教育」博文館明治44年 研究社昭和12年	
豊田実	「日本英学史の研究」 岩波書店 昭和13年	
重久篤太郎	「日本近世英学史」	
語学教育研究所編	「外国語教授法」 開拓社 昭和18年	
大塚高信	「英語の教授法」大阪高島屋出版部 昭和22年	
	「新英語教育教育講座」十二巻 研究社 昭和23年	

Jespersen, Otto: How to Teach a Foreign Language (George Allen and Unwin, 1904)

O, grady, Hardness: The Teaching of Modern Foreign Languages by the Organised Method (Constable & Company, 1915)

Krouse, Carl A: The Direct Method in Modern Languages (Charles Scribner's Sons, 1916)

Sweet, Henry: A Practical Study of Languages (Dent & Sons, 1926)

Palmer, H.E.: The Scientific Study and Teaching of Languages

〃   The Principles of Language Study (London George G. Harrap & Company, 1921)

〃   The Oral Method of Teaching Languages (Cambridge, Heffer & Sons, 1921)

〃   The Five Speech-Learning Habits   開拓社

〃   English Through Actions

〃   English Intonations

〃   A New Classification of English Tones

E.C. Kittson: Theory and Practice of Language Teaching

Nida: Learning a Foreign Language

Fries, C.A.   Teaching and Learning English as a Foreign Language

3. 欧米に於ける外国語教授の変遷
　a. 欧　州

　　欧州各国で中世に於て学ばれた外国語は古典語特にラテン語であった。教科書としては *Latin Poets & Orators* の書いたものが選ばれ、教授法は初期に於ては、専ら暗誦に終止するといった原始的なものであった。にも拘らず当時の紳士達はラテン語で対談もすれば著述もしている。
　　その後人間の発達は文法上の規則なるものを作りラテン語学習の捷径の一助とせんとした。しかし時の経過と共に文法の本来の目的は見失はれ、文法書の学習即ラテン語の学習と考えられるようになった。と同時に論理的思考の訓練といった文法独自の価値も考え出され、一方学生はその後長い間厳格な規範文法の重荷の下に喘ぎ、実際的な学力は反比例的に低下していった。*James Joyce (1882-1941)* の " *A Portrait of the Artist as a Young man* "の一節にラテン語教師が、ラテン語作文の不出来を生徒にせめ、或は " *mare* "（海）の格変化を尋ねて生徒が答え切らないので怒る場面がある。これはラテン語教授の厳格な古典的伝統が19世紀の終りにまで持越されていたこと、及びその教授の実際を端的に物語るものである。
　　しかしかゝる規範的な文法教授に対して、それまでに批判がなかったわけではない。すでに早く *John Colet (1467?-1519)* は次の如く述べている。" ----- *above all besyly lerne and rede good Latyn auctors of chosen poets and oratours, and note wysely how they wrote and spake, and study alway to followe them: desyring none other rules but their examples. For in the begynnynge men spake not latyn bycause suche rules were made, but contrariwyse bycause men spake suche Latyn, upon that followed the rules and were made. That is to saye, Latyn speche was before the rules, not the rules before the Latyn speche.* "。かゝる見解は他の偉大な *Humanists — Desiderius Erasmus (1469?-1536), Roger Ascham (1515-1568), John Amos Comenius (1592-1670)* 等により同じく述べられているが、以上の如き伝統的教授法は容易にその根強い地盤を譲らなかった。
　　19世紀の始め頃から漸く *living languages* が古典語と並行して重視されるようになった。しかしその教授法は古典語のそれに範をとり、

texts も殆ど文学作品から取材され、学校は専ら書き方と翻訳とによる知識の試験に終始する状態であった。

そのうち従来の教授法に対する批判がなされるようになり、所謂革新運動なるものが始った。この反動は極めて激しく従来の方法をすべて古くさい退屈な非実用的なものとして非難する傾向があった。その新しい諸傾向は諸革新家達がそのゝゝの方法に対して与えた色々な名前からでも推察される。Reform method, New method, Natural method, Oral method, Conversational method, Direct method, Correct method, Sensible method, Analytical method, Rational method, Concrete method, Organized method, Intuitive method, Concrete method, Berlitz's method, Gouin's method, Anti-classical method, Anti-grammatical method, etc.

この革新運動の影響は甚大なるものがあったので、それは古典語教授にまでも及んだのであった。次に従来の文法、翻訳中心の教授法に対して、新しい方法を提示した幾人かの人々、及びその方法を、その幼稚な初期の人々をも含めて、簡単に列挙してみよう。

Jean Jacques Jacotot (1770–1840) 彼は纏った作品を教材とし、重要語句を選んで drill を行い、暗誦を課し、文法は帰納的に扱った。彼の方法の難点は教材に難易の段階がなかったこと。drill が多すぎて生徒の興味を失ったことである。その他行間逐語訳を唱導し通信教授の方法として成功を博した Hamilton (1768–1830) の method も附記しなければならない。

次に所謂 Conversational method 或は Practice method と呼ばれているものに Ahn 及び Seidenstucker の方法がある。彼等は主として商人を対象として話すこと、書くことを目的とした実用的な教授法を提案した。その他に文法形式や規則の練習を目的とする例文を系統的に排列し、且会話文を添えた教科書を Ollendorff や、Robertson があげられる。

Francoi Gouin (1831–1895) 彼の方法は Ollendorff や Jacotot の方法の批判の上にたてられたもので、意味上連絡のある文を一つの Series として教授すべきことを主張する所謂 Gouin System である。彼は又同時に子供が母国語を覚える心理的過程を研究して、その方法を外国語教授に応用しようとした。その意味で Psycological method 或は natural method とも呼ばれる。彼は又言葉を (1) Objective langurge (2) Subjective language (3) Figurative language に分けて記憶の容易さは (1)(2)(3) の順であるから初歩の学習段級に於ては、語彙は(1)に属するものが多い方がよいと言っている。彼の著 "The Art of Teaching and studying Languages" は日本にも来たことのある Swan により翻訳祖述されて一時は相当に行われた。彼の功は、色々の条件は考慮しなくてはならぬとしても、言語の本質に即して言葉を覚えるべきであることを強調した点にある。しかし彼の言う如き教枝の工夫は普通には困難であること、及び発音を軽視していることなどの点に難色がある。

M. D. Berlitz 彼はドイツ生れの米人で幼時ドイツよりアメリカに渡り英語を学んだ後英語教師となった。始めは旧式な教授法を行ったといわれる。彼の教授法は Gouin method とその猾神に於ては大同小異である。彼の所謂 Berlitz's method に関する評として当時の英人メアリーブ・レブナーの "The method of Teaching modern Languages in Germany" の中の一節を引用しよう。「この式はドイツ生れの米人 Berlitz が1878年アメリカで起したもので、そのドイツでの本営はベルリンにあって、其処だけでは教師に限り無料で参観を許す。この学校はすべて私設であって生徒の数はどの級も8名を超えぬ。この方法は元来年長者を教えるために出来たものであるが、その教科書の中には、幼年者の使用に適合するように引き直されたものがある。Berlitz 式はその主義や実行の点に於ては、多くの革新派と一致しているが、その特に異っている所は、頁の入門から生徒に少しも母国語を用いさせぬということである。しかしこの方法は時間を浪費し、起さずともよい混乱をも幾分か起すように思われる。つまり生徒は言葉や文章の稠密な意味に関して、暫くは五里霧中に徘徊しており、又文法上の活用を誤る。発音の仕方を生徒に示さうという企てはさらになく、生徒は発音を度々の練習で聞き覚えることと思われる。しかしこれが大いなる誤りといわねばならぬ……」。さらにつけ足せば、この方法では、教師はその教える外国語を母国語とする人に限定され、3ヶ月乃至6ヶ月で速成教育をされるのである。方法論としては、一般性を持たないという難点がある。

上述の如き革新的な教授法が確固不抜な基礎の上に立つに至った歴史は、普通にViëtor 教授(1850—1918)が1882年(明治15年)に公にした革命的小冊子「語学教授は一変せざるべからず」(Der Sprachunterricht muss umkehren.) より始ると考えられる。彼に加うるに、

Kühn, Franke その他の革新家達の一群の活躍は目覚ましく、1884年には既に新方式が諸方の学校に認められ、1890年には、この所謂革新の主義の大本を励行するための諸種の規定が、プロシヤ内閣の教育部の手で編成され、1892年以来は新方式が実際法令で確定された。

Viëtor の教授法はその内容の多面性に従い、Analytical method, Direct method, Imitative method, Phonetic method. と呼ばれることもある。その教授法の諸傾向を次に列挙してみよう。

(1) 読書科を語学教授の中心とすること。
(2) 文法は帰納的に教えること。
(3) 全課程を通じて外国語を出来る限り多く用いること。
(4) 課業のあることに、会話の練習を正式に行うこと。
(5) 教授を生徒日常の生活と連絡させること。
(6) 教授の初期には、実物及び絵画を用いること。
(7) 発音の教授には、十分の注意を払い、特に初期に於ては、これに意を用いること。
(8) 風土文物 (realien) を特に初期以後の教授に於て広く教えること。
(9) 自国語を外国語に翻訳することは、なるべく、これを止め、代りに自由作文を広く課す。
(10) 外国語を自国語に翻訳することは、なるべく、減縮すること。

ドイツに端を発したこの実践的革新運動は、欧州各国にその幾人かの共鳴者を見出し、後継者を得、その主張は一層の改良を加えられて行った。Norway の Western, Sweeden の Lindell, Denmark の Jespersen は 1886年 Stockholm に於る言語学会に於て、"Quousque tandem" という名の研究枝肉を組織し、小冊子などの発行を始めた。さらに Jesperen (1860-1943) は 1904年英訳 "How to teach a Foreign Language" を出版した。英国に於ては Henry Sweet (1845-1912) がその著 "A Practical Study of Languages" (1889) に於てその教授法論を唱導し、フランスに於ては Paul Edouard Passy (1859-1940) にその代表的改革案を見ることが出来る。これらの人々がすべて発音学者乃至言語学者であったことは興味ある事実である。

以上にあげた人々の改革案は、Viëtor とその論旨に於て共通する部分の多いものであるが若干の修正、又は意見の相違も見られる。次にその共通点及び意見の相違点を簡単にあげてみよう。

(1) 発音教授を重視している。特に Sweet, Passy は Phonetic

Text の使用を唱え、さらに Jespersen は Phonetical transcrip-tion 迄も生徒に課することを主張して発音を重視し過ぎる傾向から窺える。

 "I have now for many years advocated the use of Phonetics — yes, even of phonetical transcription, in the tea teaching of foreign languages, and have to a large extent put my theories into practice both in dealing with children of all ages, and with grown persons." ("How to a foreign language")

(2). 直観教授を勧めている。言葉の実際の場、直観の場に於て、或はそうした場の不可能な時は context から、教えるのである。しかしどのような言葉もかゝる方法で教えられ得るとは考えられず、Sweet は実物提示に於て、生徒が必しも期待される理解反応を示しはしないことを指摘している。例は a silk hat を見せて、"chapeau" というフランス語を教えようとする時、生徒はそれが絹製の帽子のみを指すのか、或は、その他のもので作られた帽子をも指すのか、分らないと Sweet は言って、母国語で言い直してやる方が、その正確な観念を把握するのに、より適切であるとして、"The idea is not so sharply defined as in the case of translation" といって直観教授に全面的に賛成ではない。しかし Jespersen は、これに反対して、そのような場合は実物提示の仕方が悪いので、その仕方を考えれば、解決する問題だといっている。

(3). 文法、作文、訳を綜合的立場に立って統一的に扱う。

以上で歴史的概観を簡単ながら述べるのであるが、今日一般に Direct method といわれているものは上記の諸革新運動の諸方法に対して呼ばれる総称的名前である。それよりずっと新しく現われたものに H.E. Palmer の所謂 Oral Method 及び Michael Philip West ※アメリカの著名な教授法論者の一群即ち Algornon Coleman, Robert J. Cole, Helen M. Eddy, Peter Hagboldt 等により唱導される Reading Method と呼ばれるものがあるが、これらは夫々日本及アメリカに関係が深いので、それらの項で概説があり、こゝでは割愛する。

次に現在に於て、上記の新旧両教授法が、いかに理解され、批判されているか、さらに今後いかなる動向をとろうとしているか、少くともその一端だけでも伺う意図で、"The Teaching of English as a Second

Language", "English for Palestine Schools", "Grammar and Languages ; the Prescriptive and Descriptive" ("English Language Teaching, Winter, 1952, 所載) の著者、英人 Isaac Morris (1898 —) に依って述べてみよう。

先づ Morris は所謂 Direct method について次の如く言っている。「しかし、この革新的諸方法が、交替に、時の試練をうけ検討され始めた時、それらは全くはその期待と希望とに副うものとはならなかった。そして多くの人々、特に古き型の高き教養ある古典語の教師の意見に於ては、新しき諸方法は皮相的見世物的なもの、教養的に価値なきものとされた。逆反動として今日では相容れない諸種の意見があり、問題は非常に複雑になって来ている。それは確に検討と可能な解明を必要としている。何となれば Direct method と Translation method という語を、それらの意味する所を十分に知らないで使用している人々が多いからである。根本的にこれら二つの方法は、外国語学習に於て、自国語により演ぜられる役割に関し意見を異にしているのは勿論である。Translation method は語彙の増加、文法の説明、text の説明という目的のために自国語を広く使用する。Direct method はその極端なものに於ては、(例は Berlitz's method に於る如く)、あらゆる目的に対し自国語の使用を完全に排除しようとする。そして又この両者は文法教授の方法に関しても、その意見を異にしている。前者は形式文法に賛成し、後者は機能文法により賛成している。さらにこの両者に関しもっと細く検討してみよう。

Translation method の検討

賛成論

(1) この方法は次の如き理由で語彙増加の最も早い確実な方法である。

　(a) それは既知のものから未知なもの、或は、未知のものから既知のものへと進んでゆく。

　(b) それは外国語と自国語との間に強い記憶の絆を作り上げる。

　(c) それは定義や説明の代りに、唯一つの対等語句を与えることにより相当の時間の節約となる。

(2)(a) それは文法と語彙に関するすべての曖昧性をさせ、語の習得と完全な理解に到達する。

　(b) 大部分の誤りの原因は model として自国語を意識的に、或は、潜在意識的に使用することにあるので、翻訳は両語を対照し、その説

った概念を根本的に処理することにより、誤りを根絶することが出来る。

批 判
(1) 以上の賛成論はすべて語彙の獲得と文法の教授に関係しており、speech と writing に於る fluency のことは問題としていない。

(2) 語彙の獲得のためですら、その方法は完全な方法ではない。何故なれば

(A) すべての語、句、慣用句必しもその対等語、句を他方の言語の語句に持っているとは限らない。例は "rather", "any", "own", "would", "might", "even", "not at all", などはどうであろう。

(B) 語は文脈に於て学ばれるのが一番よい。完全な理解は言語経験の拡大と共に生ずるものである。

(C) 自国語と外国語との間にたてられた絆は利益とはならない。何となれば、そのような外国語は連想に於て想い出され勝ちであり、fluency を妨げるからである。

(3) 言語の Passive な面 (reading) を目的とするとしても、その方法は究極的には十分なものではない。何となれば逐語訳の習慣は読書の本質たる大きな語群の迅速な理解吸収を妨げるからである。

(4) 自国語が広く教授に使用されると、話し方練習の時間はそれだけ短縮される。

(5) 自国語と外国語の両方を混用することは、常に好ましくない、一方から他方への切換えは頭脳に混乱を引き起すからである。すでに両語に習熟している人々でさえ突然の切り換えには影響をうける。

(6) 生徒にとっては、自国語は明らかに表現のより容易な手段である。もし教師が自由にそれを使用するなら、それだけ生徒は、彼等の知っている語彙の範囲内ですら、より困難な外国語を使用したがらなくなるだろう。

(7) 翻訳は生徒がすでに、ある程度の外国語に習熟した上級の段階に於て、それ自身目的となるべきであって、初歩の段階に於ては、生徒はその上級の段階に到達することは期待され得ないが故に、目的としての翻訳は除外されねばならない。

(8) Translation method は正しい speech と reading の習慣の養成を妨げるものである。

Direct method の検討

Direct method は次の四つの原理に立脚している。("The New Teaching" に於ける Louis De Glehn の解釈)

(1) それは経験と表現との間の直接連想に基礎をおき、ある言語の使用の唯一の確な手引となる所の本能的語感 (sprachgefühl) の発達を目的とする。この語感は spoken language の中に存在している。従って speech が第一で、writing, reading は第二である。理想的な方法は本質的に oral method である。

(2) 経験と表現との間の直接連想を確定にするためには、いかなる他の言葉も介入してはならない。翻訳を追放することにより生徒は直接連想の習慣を獲得する。そしてその習慣は、生徒をして、彼等が聞き読む所のものを直接に理解させ、彼等の心の中にあるものを、もしそれが彼等の言語的表現範囲内にあれば、直接に表現さすに役立つ。

(3) 子供による外国語の習得はその自国語の習得の仕方に従はねばならない。これは speech が writing と reading に先行せねばならぬという第一の原理に従うことである。子供が話すことを学ぶのは、いくつかの文に於てであり、或は、ともかく、一文を含む語群に於てである。我々は "sense group" に於て考える。単なる語は辞書的な単位であり、心理的な単位ではない。従って我々の speech unit は文でなくてはならぬ。

(4) 言語の構造と使用を支配する法則の帰納的教授。

その他この方法の著しき特徴は次の如くである。

(1) 最大限の時間をことばの練習訓練に捧げること。
(2) 好ましき学習の雰囲気を作り出すこと。
(3) 授業に興味を起さすこと。

批判

(1) 直接連想、或は、経験によっては、語彙の一部しか教えることは出来ない。(object – symbol)。その他は
　(a) synonym　(b) antonym　(c) definition　(d) explanation
　(e) context
によって教えられねばならない。従ってその過程は屡々ある未知なものから他の未知なものへと進むことになり勝ちである。この故に誤りが妨止出来ないことになる。

(2) 結果的には概念を identify しようとして mental translation

に肢る疑問が生じる。この点では、この方法は翻訳に依るよりも以上に困難したものとさえなる。即 foreign concept → explanation in foreign language → understanding in native language → identification of concept, instead of foreign concept → equivalent in native language → identification. (Palmer's "The Scientific Study and teaching of Languages"参照)

(3)、すべての新しい語彙か言語の active な面に於て取扱はれねばならぬような初期に於ては reading の面の進歩は遅れ勝ちとなる。

(4)、生徒はただ言葉の皮相的な知識をうるのみで、語の習熟に完全な自信がない。

(5)、生徒は文法的諸形式を習得しない。何となれば、それらが説明される媒介物自体が第一理解の困難なものであるからである。生徒が外国語で考えていると想定されるのは進んで段階に於てである。

(6) 自国語との比較は執拗な間違いを根絶さすに望ましいことが屡々ある。

(7)、もし子供がその自国語を習得する状態をそのまゝ外国語の学習に実行しうるならば、相応の結果を期待出来るであろうが、一週間若干の時間数の、教室の人工的状態がこのことを妨げる。」

以上が大体 morris の、特に彼の先達 H.E. Palmer 及び Michael West を参照しての、新旧両教授法に対しての批判であるが、さらに彼は引続いて次な)の結論を述べている。

　　　　　結　　論

「各々の方法には夫々一長一短が認められるであろうが、語彙と文法の点に於ては、Translation method に賛成したく、言語習慣の面に於ては、Direct method に賛成したい。目的が Passive なもののみならず Active なものをも含む場合は、言語習慣の獲得がより重要であるという原則を考えると、Direct method が根本的な方法として認められねばならぬが、しかし若干の修正が加えられなくてはならぬ。従って次の如き勧告が提出される。

(1)、言語の基礎はその口頭の形式である。故にすべての教授は Direct method の線に従って行われねばならぬ。

(2)、翻訳は、それが活し方練習の調和ある進行を損わない限り、その他の媒介物が直接に効果的でない場合に、使用する。

(3)、語の翻訳は Passive reading にはより有効である。この目的の

ため、いくつかの単語表が授業の始め、或は、終りに配布され、又は、黒板に書かれてもよい。一度生徒がその語を *identify* したならば、最早自国語を使用する必要はない。それは生徒は規則的に何れか一方の語の対等語をいうよう要求されるべきではない。

4) 文法的諸事項の説明のためには、自由に翻訳に訴るべきである。この場合は、生徒に特別な形とか関係を印象ずけるのが本質的な目的であって完全な理解こそ絶対に必要である。続いて行われるその形式の練習は外国語で行われるのは勿論である。逆進生に関しては特に逐語訳の傾向を防止するために、両言語形式の間に緊密な絆を作り上げることが賢明である。

5) *Direct method* は積極的な方法であって、消極的な方法ではない。授業に単に自国語を使わないということだけでは十分でない。教師が即座の自動的な応答を強く要求しなければ、その授業は事実上は *Translation method* により行われた授業と同じである。*Direct method* による教授の主要な特質は、特に初期の段階に於ては、その敏活性、集約性にある。」

Sweet はすでに今世紀の始めに於て、外国語教授の方法について、どの方法がよく、どの方法が悪い、というような二者選一的立場は決定出来ない。そのような問題は未解決であり、又未解決である方が少くとも適者生存の希望を持たせ、外的に強いられた統一よりもましである。最もよき方法は折衷的方法である。という意味のことを言っているが、上述の *morris* の提案にも、この *Sweet* 的な考え方が見られ、一方的偏見にとられれない態度が伺え、単に一つの教育的心理的考案に基いた方法でなく、いくつかの修正を加えられた包括的方法なることが分る。そして又彼は「（外国語教育の）一般的進歩は、それに従事しているすべての人々即ち教師、教科書編纂者、視学、管理者の協力によってのみ達成されうる。」と幅広い見解をも附け加えることを忘れていない。さらに彼は「アジア、アフリカの下級学校に於て英語教師の直面している問題は、外国語学習がより小さな学級に於て、母国語の応用という点で、より十分な基礎ずけをされた後に、始められるイギリスやアメリカの中等学校のドイツ語やフランス語の教師をとりまく問題とは同一でない。色々な母国語を持つアジアやアフリカの子供達にとっては、英語はヨーロッパ的な意味に於る外国語ではなくて、普通に使用するための補助言語を提供し、より広き教養を獲得させる。教育の重要なる媒介物なので

ある。」と示唆に富む言葉をも述べている。

b アメリカ

　アメリカに於ける外国語教育の歴史は、二十世紀の初めまでは、ヨーロッパの場合とほぼ同じ至路を辿って変遷してきたといって差閊へない。というよりも、今世紀二十年代まではたとへば所謂 Direct Method に於てもむしろヨーロッパの単なる模倣の時代であったといってよい。勿論それ並アメリカに於て可成り国内事情を考慮して提唱された教授法がなかったわけではない。例えば The Committee of the Twelve が 1898 年に勧告した Reading Method は一般には単なる翻訳教授法にすぎないといわれているが、後述する様に必しもそうではない。しかし外国語教育の大勢は、目標に於て方法に於て、様々の新教法がたい失臂に叫ばれていた時代にすぎなかった。C. H. Handschin は「近代語教育」の中で、二十年代の Direct Method に就いて次の様に言っている。「この direct-eclectic method の誤りは、兒も角、話す力に余りに重点をおきすぎて、現代明らかにアメリカの学生の主要な要求であると認めらるる真の読む力を達成することに失敗した。------ この教授法を採用している教師達は生徒の 30 %しか真の読書力を達成していないと報告している、しかし彼等はこの実情を如何にして救済するか知らなかったのであり」要するにこの模倣の時代から、兒も角で、アメリカが、真に科学的な裏付けをもって、外国語教育を検討して、可成りアメリカの現実にも即応したと思はれる教授法を提唱したのが Algernon Coleman が the Modern Foreign Language Study の求めに応じて全国的な調査資料を検討して刊行した The Teaching of the Modern Foreign Languages in the United States (1929) であった。そして Coleman はこの書の中でアメリカの現状にふさわしい教授法は Reading Method であると報告している。以下私は紙数の関係上特にアメリカ的と思われるこの Reading Method と第二次大戦後、戦時中軍が外国語教育速成のため特別な計画の下に採用した ASTP が、外国語教育界に与えた影響について語るにとめたいと思う。

　今 Reading Method はアメリカ的であると言ったが、これを様々の教授法の一つとみる場合とくにアメリカ特有のものではない。英国の Michael West の唱える教授法もこれであり、又 West と Coleman の間には、方法や理論に於て共通点も可成りある。只アメリカに於てはこの教授法はア

メリカ外国語教育のカリキュラムとも密接に結びついて、Coleman 以前にも提唱されており、又 Coleman の勧告も一面をの線に沿った同じ理由の下に提出されている所に特徴があるのである。又 Peter Hagboldt によればアメリカで初めて Reading Method を唱えた人は Claude Marcel であるが、その理由は現代の West の "Learn to read by reading" と本質的に同じであり、又彼の "The Study of Language Back to its Principles, or the Art of Thinking in a Foreign Language" (1867) は1920年頃迄のアメリカに非常な影響力をもっていたといわれている。この事はアメリカの外国語教育界が極めて保守的であるということを示すにすぎないものであるといわれなくもないものかもしれないが、しかし Reading を中心として考えるという考え方は、兎も角、可成り古い伝統をもっていて、それが又アメリカの外国語教育界の現実にと深く結びついて主張されて来たということを見逃してはならない。そしてその現実というのはアメリカに於ては外国語の履習者の大部分が二年修了であるということなのである。

アメリカに於て初めて Reading Method が公けに勧告されたのは1898年に出た The Report of the Twelve of the Committee に於てである。この Report は外国語教授の目標を hearing, speaking, reading, writing, の所謂 'fourfold aim' においているが、実際問題として high school ではこの四目標を同時に達成することは不可能であるという理由のもとに reading に主力を濺ぐべきことを説き、その達成のために翻訳を勧めている。其の点及び発音や口頭訓練を殆んど無視している点に於て、委員会の報告は単なる Translation Method として非難されているが詳細に眺める時必しもさうではない、又、Direct Method (仮にこの新教授を総称して以下 D.M. と呼ぶ) に対する批判にも今もってみるべきものもないではない。又 Reading Method (以下 R.M. と略す) についても授業に精彩を欠き生徒に刺戟を与えないことや教師が安易に流れ易いことを短所として挙げている。その外学習期間の長さに応じて採るべき教授法の形態に於ても可成り D.M. を採用しているのであるが、ただし、六年或は四年よりも短かい課程に於ては、「われわれは発音を科学的に訓練し、文法の基礎をドリルし、適量の口頭練習をほどこした 'reading method' を勧告する」といっている。この勧告の背台には、前述したアメリカに於ける外国語教育の特殊事情が考慮されていることは明らかである。結論を先に言えば三十年代の外国語教育界を風靡した Coleman の R.M. の

勧告も 30 年前にでた委員会のこの結論と同じ理由に基く一面のあることは注目すべきことであろう。

前述した様にアメリカに於ては Direct Method は二十年代ごろ迄は可成り普及していたのであるが、取り上げ方に無理があったため、余り成果を挙げていなかった。そこで 1924 年に創立された The Modern Foreign Languages Study はこの問題を取り上げて、外国語教育の目標、方法、クラスの大きさ、評価などに関して、全国的な規範に於て調査を行った。その資料を各項目毎に検討し系統だて、それに Coleman がそれぞれ勧告をつけて刊行したのが前記の書物である。そして種々の勧告のうち最も重要な勧告がアメリカに於ける外国語教育の中心目標は "reading" におくべきであり、その達成のためには "Reading Method" を採用すべきであるということである。この提案の理由の一は前にも述べた通りであるが、彼の R.M. の主張には従来のそれよりももっと科学的な根拠があった。Coleman は母国語教授の色々な報告や実験によって、読書の量と速さは黙読の力と速さに正比例し、又読解力は読書量経験の多寡に正比例することを知り、この事実を外国語教授に適用したのである。彼が読解力をつけるために黙読と多読をすすめる理由はここにある。兎も角、Coleman はこの見地から現状を眺める時、読解力をつけるために、或はそれを試験するために余りに文法的事実が重視せられ、又「教場内では読書訓練よりも 'reproductive' な能力話すこと書くことの何れかを伸ばす訓練に主として関心が向けられていること」を知ったのである。又現在の生徒の読解力の貧しさはここに原因があると言えたのである。言いかえると多くの学生が読解できないのは読解力を得る程読んでいないからであり、又読解力を養うことに直接連関のあること以外のことを余りに多く要求されているから読書経験も少なくなると結論したのである。そこで彼は読書経験を拡げるために外の目標を可成り犠牲にしても多読をすすめ、又真の読解力を増すためには、その多読を黙読によって行うことを提案した。この提案は 30 年前の十二人委員会の R.D. に較べる時遙かに科学的であり合理的である。しかし兎も角この勧告は以来十年近くも熱した大論争の端緒となったのである。まず第一 Coleman の質問書に答えた 569 名の教師の大部分は少なくとも第一年目に於ては読解力をつけるためには精読によるべきであると述べている。又この R.M. は余りに "reproductive" な面を軽視していると非難された。もっと原理的な面からの批判は読解力は "reading" によるよりも "speaking" の面を訓練することによって養成されるというのである。

別をはこの様な実験としては可成り重視されているG.T.Buswellの報告によれば真の読解力は direct method によって達成されるというColemanの報告とは丸で反対の結果を出している。しかしこの種の実験としては最も大がかりであり又條件もあらゆる面で完備されているといわれるF. D. Cheydleurの実験は次の様な結論を出している。R.M.は一人一人の結果をみる場合 vocabulary と reading comprehension をつけるためには D.M. よりすぐれている。又語イと文法と黙読との綜合的な成果もすぐれているが、文法だけの習得には劣っている。しかし結果としてはR.M.は一般の二年修了の語学課程には最良の方法であるというのである。その外この様な読解力達成のためにはどの様な方法によるべきかという実験報告や二年修了課程の外国語教育の目標は "reading だけでよいかどうかという論戦は現在に到るまで夥しい数に上っているが、綜合的に言へばどの分野に於ても結論はでていない。只Colemanの R.M. 論争以来アメリカの外国語教育の研究は著しく批判的、科学的、実験的になり又外の関係課目たとえば言語学、心理学などとの提携も非常に密になってきたのは事実である。例へばColemanがR.M.を勤告した理由は前述の様に二年修了課程には D.M. の目標である household aim の達成は困難であるという前提に基くものであるが、この前提には言語の "active" な面と "passive" な面の所謂 "transfer of training" は困難だという心理学の一の仮説が含まれている。この仮説をやゝ独断的に押し進めて West 流の R.M. を主張したのが H. R. Huse の "Reading and Speaking Foreign Languages" (1945) である。しかしこの transfer の問題はまだ綜合的な結論はでていない。ところが読解力を達成するためには読み方によるべきか話し方によるべきかという議論には言語学の面から一の結論が下されている。それは Palmer や Gardiner や Bloomfield の説く様に言語の本質は speech にあるということである。そこで I. Morris の述べる様に成程 passive な面が active な面への必要な予備行為であるには違いないが、それだからといって Reading が speech に先行するということにはならない。全くの所 speech に対する適当な active な入門は reading でなく "speech の理解" ということである」ということになる。この様にして R.M. は現代の言語学の面からは否定されている。この様に Coleman の R.M. は様々の角度から論じられてきたのであるが、この論争を通じて一つ明確になったことは、R. D. Cole も指摘している様に概り反対論者は Coleman の R.M. を誤解していたということである。現代では Coleman の R.M. は詳細に

眺める時適当に口頭訓練や発音を認めた例の無いものであることは一般に認められている。その上大多数の生徒の外国語学習年限である入門期二年間には現在の教師の質、クラスの大きさなどを考慮に入れると、D.M.の四技能という目標は達成困難であるという考えは斥けられないであろう。次にColemanのR.M.は余り現実に繋られて夢がなさすぎるということはできる。Speakingということは、それがどの様な意味をもつのであるにせよ、外国語の教授や学習にとって大きな関心事の一つであるに違いないからである。又二次大戦後ASTPが予想外の反響を呼んだということも、speakingを軽視するR.M.に対するD.M.論者の潜在的な不満の爆発だとみられぬこともない。今ASTPが戦後の外国語教育界に投じた影響について極めて簡単に述べてみたい。

ASTPは周知の如く戦時中軍人が簡単な外国語を話すことを目標とし軍が特別に計画した教育法である。その特徴は(1)所謂 "contact hours" が一週15時間から17時間であること、(11)その大部分が drill-session にあこうれクラス編成は十人以下であること。(111)学生が厳選されていること。(111) audio-visual aids 等が自由につかわれていることなどであり、とも角高度に組織化された軍の訓練と莫大な予算を擁して遂行されたこの計画は一般の学校には到底実施不可能なものであったにも拘らず当時大いにもてはやされたのは目標が speaking であり、それが九ヶ月で達成できたということであった。外国語教育で兎角 speaking が軽視され勝ちなのはそれが reading に較べて達成の困難であるということにある。ところがASTPは方法如何によっては speaking も短時日に達成できるという幻想を与えたのである。その上ASTPは何も軍が独創した "major method" ではなく、方法の原理は少なくともアメリカ学識協会により二年も前に外国語の速成教育を目標として提案していた "Intensive Language Program" を地でいったものであって、ASTPはいはゞD.M.の一つであるといってよいものであったから、R.M.に不満な人達は双手を挙げてこれを迎えたのも無理からぬことであった。戦後におけるASTPを廻ってこの論争は年年のColeman論争にも比すべき大規模なものであったが、しかし speaking を学校教育の唯一の目標とすることは reading の場合よりかっと無理があり、又ASTPの方法はその儘学校で採用することは、何れの点からみても不可能であるというところから現代はASTPの冷静な批判の時代によいっているということができるのである。しかしASTPの深遠な影響は Theodore Huebner の述べている様に次の二の面で反って有益であったとみられている。(1)一般に外国語の実際的知識を早期に習得しようとする慾望を植えつけたこと。(11)外国語は生きた言葉であるという要求と強調して oral-aural approach を強調したことである。A.D. Bovée は最近の論文でこゝ五十年の外国語教育を回想して、十九世紀の翻訳文法教授法、二十世紀初頭の "direct method"、三十年代の "成功的に信用されない Coleman 報告及び "外国語教育に沢山な影響を与えた"

ASTPの方法を一つ一つ論述して、現代は大抵の学校は"修正された軍の方法、即ち aural approach"を採用しているといっている。又 J. B. Carroll と S. E. Richards は 1986年から現代に到る外国語教育を概観して次の様に言っている。(ASTPによって)外国語教授法は次の四点で再び活気を与えられた。(a) reading が教育の第一の目標である場合でも aural-oral な狙いや方法が非常に注目されていること。(b) この目標の達成を助けるため視覚要員が広範囲に利用されていること。(c) "intensive"式や "semi-intensive" な課程が広く実験されていること。(d) 教材の準備のため "descriptive" な言語分析が興隆してきたこと。この最后の点の結果として音声学や文法に対して今までよりも健全な approach が可能であることが主張されている。例えば、文法は規範的に教えるよりも機能的に教えるべきである。この様な場合は言語の正しい研究は書かれた形よりも話された生きた形から初めるべきという確信の結果である。この様なオリエンテーションの変化は、理論面で aural-oral な目標に注意を喚起し反面で この様な目標は reading の目標同様達成できることを証明した言語科学者の主たる功績である」例えば英語を外国語として教えることで有名な C. C. Fries の "oral-approach" はこの "linguistic approach" の代表的なものということができる。しかし現代のアメリカに於ては悉くがこの方向に賛成なのではない。M. S. Pargment や W. V. Kaulfers の如き著名な学者は猶この傾向に反対であり、現代に於て最もすぐれた教授法と外国語学習心理の書であるといわれている "Investigation of Second-Language Teaching (and) Second Language Learning" (1948)の著者である F. B. Agard と H. B. Dunkel も可成り懐疑的である。しかし興味深いことは "修正された" ASTP論者もスその反対者も斉しく認めることは "現状に於ては" 何れの側の主張する目標も実現は困難であるということである。ASTPは speaking の重要性を再認識させたといえるが、この目標達成のためには現状打破が先決条件であることも再認識させたといってよい。しかし一般の外国語教育論者は一応現状を肯定する場合と雖も、往年の様な R. M. では満足していない様である。ASTPは Area Studies を採用して外国語教育に於ては入門期に、教養的目標が必要であることを認識させたが現代に於ては教養的目標を含めての伝統的な kind 5を利用して、再び外国語教育の目標として検討されているといってよいであろう。しかしこの目標達成の最良の方法はとなると依然として未解決の問題として残されるが、しかしその方法発見のためには今後ますます言語学や学習心理学の研究が利用されるであろうことは明瞭である。

参　考　文　献

Henry Sweet : "Practical Study of Languages" (1889)
Otto Jespersen : "How to Teach a Foreign Language" (1904)
メアリ・ブレフィナ : "The Method of Teaching Modern Foreign Languages in Germany" (明治三十九年)
(岡倉由三郎訳)
Issac Morris : "The Teaching of English as a Second Language" (1950)
　　　　　　　　: "English for Palestine Schools"
　　　　　　　　: "Grammar and Languages: The Prescriptive and Descriptive
The British Council : "English Language Teaching
黒田　巍 : 英語教授論考 (昭和二十三年)
R. D. Cole : "Modern Foreign Languages and the Teaching" (1931)
Algernon Coleman : "The Teaching of Modern Foreign Languages in the United States (1931)
C. H. Handschin : "Modern Language Teaching" (1940)
H. R. Huse : Reading and Speaking Foreign Language (1945)
Maxim Newmark (ed.) : Twenty Century Modern Language Teaching; Source and Readings (1948)

4. 英語教授の基礎的理論

外國語教授法について、科学的研究が相ついで起り、今日は著しくその面目を改め、教育界の関心を集めるやうになったのは、欧州において十九世紀の中頃から、言語学が画期的な進歩をとげたことによる。特に言語学者に、その求めている所のより所を与へるものは音そのものの研究であるといふ真理への第一歩をふみ出さした。言語学に音声学といふ有力な補助科学を与へだことと、今一つは心理学の知識を応用したことが大なる特徴である。

従来の古い教授法に対する批判や改革論は、実にこれらの言語学者より出てきた。

Vietor : Der Sprachunterricht muss umkehren (1882)
Passy : De la méthode directed dans l'enseignement des langues vivantes (1899)
Sweet : The Practical Study of Languages (1900)
Jespersen : How to Teach a Foreign Language (1904)

英語といふ言語を教へんとする教師にとって、言語に関する一般原理及び言語学習の心理について、大略の知識をもつことは、新しい教授法のよってきたる所以を知り、且、有効適切なる教授法を考案し、之を実施する上に必要欠くべからざるものと考へる。但しここには、紙面の都合上、基礎的な面のみを取扱い、技術的な面に関するものは、省略した。

a. 言語観の変遷

外國語教授の発達をみるには、言語学史を概観することによって、その対象となるべき言語の性質を考へてみることが有益であろう。

(1). 十八世紀まで

言語学は「文法」をあむことであり、論理をもとにし、規則を作るを目的とし、規範学となり、観察といふことを行はない。学校で教へるのはラテン語であり、文法といへば、ラテン文法を意味した。そのラテン語は written language として教へられ、文学のみにとらはれ、音声の研究には到らなかった。

十八世紀後期「文学」の発達によって、時には語の問題にふれる所があったが、ギリシャ語、ラテン語等の古語にふける、文献を検定、解説、釈注、するのが仕事で、書かれた言語に固執して、生ける言語を忘れていた。その結果、すべての言語は第一次的に話され、第二次的に書

きしろされるといふ事実、即、言語の真の生命は口と耳にあってペンと目にはないといふ事実が見のがされ、言語の本質をさとらず、ひいては言語学の発達を阻害した。十九世紀になって、音声学が発達するまでは話される言語が基礎的に重要であることが十分に了解されなかった。

(2) 十九世紀前期

初期の大改革は、言語を歴史的な見地よりみることであった。言語を一つの固定したものとみないで、たへず変り、成長し、動いてゆくものとみた。これには「比較言語学」の興隆があづかって力がある。
(Popp, Grimm, Muller, Curtuis, Schleicher, Gabelentz)

Wilhelm Humboldt は言語は活動であると主張し、言語は substance (Ергоυ) ではなくて、action (　　　) なりと説いた。即、感情を表すために音声を利用する精神の働きをくりかへすことだと説いた。しかしこれは speech の各別々の行為をさしているのであって、言語はかゝる行為の総体と考へねばならない。又、言語をくみたてゝいる word や rule は connected speech の行為の中においてのみ存在するものであって、言語を word や rule に分割してしまっては死んだものに他ならない。言語には static なものはない。すべて dynamic である。言語は書かれたものゝ中にも定住しない。言語が存在するためには、それは話され、了解され、そのまゝつかまれねばならない。

比較言語学者が新しい分野を開拓したのは大きいが、まだその研究対象の本質を把へることにかける所があった。それは㋑死語や古い形を取扱い、現在使はれている形を軽視したこと、㋺古い形を取扱った結果自然書かれたものにたより、音声ではなく、文字のことのみ取扱ったことである。

(3) 十九世紀後期

この時期に言語学は真の地位を確立したといふことができる。即、音声学、形態学 (Morphology), Syntax, Semantics の各部門において、非常な進歩がみられた。

word を独立した単位 (unit) とみないで、connected speech の一部とみた。音声学においても、文の音声学に注意をむけるやうになった。(sentence stress や sentence-melody の研究) syntax の研究は即、語形と文中におけるその使ひ方、機能との関係をきはめるにあり、semantics は独立した現象を取扱ふのではなくて、word は他の

word とむすびついて完全な utterance をなすものと考へることによって真の科学となった。

　今一つの進歩は living speech を研究しようといふ態度である。音声学と言語心理学が強調されるにつれて、興味の everyday speech を観察することが必要であるとわかってきた。

(4) 現代

　言語観の変遷を眺めるに当って我々が忘れてならない今一つの面は、言語と思想との関係である。言語は通常我々の思想感情を表現する道具と考えられているが果してそれだけのものであろうか。Humboldt の流れを汲む観念論的言語観はイタリヤから Croce の美学をとり入れることによって Karl Vossler に花咲いたと云えるであろうが、Vossler の理論は言語と思想との平行一致を信ずるものである。したがって言語において或る種の表現が屢々使用される原因はそれが国民の精神的要求によく適合するからであり、言語の統辞的規則の如きも、その基礎はあくまで国民の主たる精神的特徴の中に在り、かくして仏語において語尾子音の脱落の如きもフランス人の明朗且開放的な性格から説明しようとする。しかし我々としては、彼等の意見をそのまゝ受け入れることは出来ない。「色覚論」に現われた A. Martie, 又 Vendryes などの如き実証論者の意見にも耳を傾ける必要がある。Louer なる仏語が borrow と lend の両方の意味を持っているからといって、フランス人達の貸借についての観念が loose であると考えたりするのは必らずしも妥当ではあるまい。したがって Kaulfers が a square table なる英語の表現と、une table carrée なる表現の差からして直ちに英仏両国民の思考形式、認識形式が異っていると断定しているのは批判の余地がある。言語と思想との関係について最も真理に近いと思われるのは Eugen Lerch の警喩であろうが我々としては J. Dewey 又は Alexander Inglis とともに言語は思想表現の道具であると同時に思考そのものの道具であると同時に言語と思想との間の単純な平行説はとらない。言語と思考との関係についての問題は、しばしば見逃されやすい外国語学習の今一つの文化的教養的価値、即外国語を修習することそれ自体から生ずる所の例えば Huckleberry Finn の中の黒人 Jim があちこんでいる原始的な非適応的な verbal subjectivism におちこむことを防ぐといったような問題と密接に関係しているので更に深く考察される必要がある。

二十世紀において言語の技術的側面をとり扱っている学者は数多いが若干あげてみると左の如きものがある。

J. Dewey: How We Think (1910)
L. Bloomfield: An Introduction to the Study of Language (1914)
O. Jespersen: Language, Its Nature, Development and Origin (1922)
J. Vendryes: Language, A Linguistic Introduction to History (1925)
L. Bloomfield: Language (1935)
H. Palmer: The Scientific Study and Teaching of Languages (1917)
E. Sapir: Language (1921)
C. Handschin: Methods of Teaching Modern Languages (1923)
H. Huse: The Psychology of Foreign Language Study (1931)
P. Hagboldt: Language Learning (1935)
C. Handschin: Modern-Language Teaching (1940)
W. Kaulfers: Modern Languages for Modern Schools (1942)

七. 言語の本質

(1). 言語には「体系」(国語慣習と語　)としての面と、「運用」(発表了解活動)としての面とある。これは Ferdinand Saussure のいふ "langue" と "parole" であり、A. H. Gardiner のいふ "language" と "speech" であり、H. E. Palmer のいふ "language as code" と "language as speech" である。

F. Saussure: Cours de linguistique générale (1922)
（小林英夫 訳 「言語学原論」昭3）
A. H. Gardiner: The Theory of Speech and Language (1932)

「体系」とは言語材料及び言語慣習を含む言語の形体である。これは言語運用の道具であり、同時にその所産である。「運用」とは言語材料を言語慣習に従ひ思想の発表又は了解に用ひる人間の活動である。いはば言語の形骸に生命を与へる作用である。

(2).「運用が理解され効果を牧めるためには「体系」が必要であり、逆に「体系」が成立するためには、「運用」が必要である。両者は互に他を予定している。歴史的にみれば「運用」事実の方が常に先立っている。概念（concept）と言語映像（Verbal Image）との聯合は、先づこれを「運用」行為の上にみなければならない。我々が母国語を習得するのは他人の「運用」行為を聞いてである。「体系」が脳裡に書蔵されるには数しれぬ経験を経なければならない。「体系」を発達せしめるものは「運用」である。言語慣習を変更するものは、他人の「運用」を聞いてうける印象である。両者は共存するものであり、しかもこの両者を別個の事実として考へることができる。しかして、現代語（living language）にあっては、この両面を常に考察する必要がある。

　　運用は言語自体の機能ではなくて、文を行ふ人間の活動であるから、人と場合とによっては多少の差異があり、又個人の社会的生存の必要に伴ふ言語材料の新陳代謝と言語慣習の変遷とにより、体系に地理的及歴史的変化を与へる。

(3).「言語材料」は運用の手段として個々の概念を表すしるし、即「言語表号」（linguistic symbol）よりなる。言語表号には聴覚に訴へるもの（音声表号）と視覚に訴へるもの（文字表号）とあり、即 spoken language も「体系」の中に含まれるのである。以前は口頭教授といへば、spoken language 即会話を教へる手段で、written language 殊に芸術の鑑賞とは縁遠いものと考へられがちであったが、「文字表号」は原則として「音声表号」の記録であり、音声表号の方が常に主体であって、その正確な知識が一般文書の理解は勿論文学の鑑賞にも必要で、その知識は運用の練習又は之によって得た能力を用いて習得するのが正道である。

(4).「言語運用」の方面は、これを「第一次運用」（primary speech）と「第二次運用」（secondary speech）の二要素にわけられる。前者は speech の中で speaking 及 hearing の面をさし、後者は reading 及 writing の面をさす。

　　次にことばといふものが相手に伝ってゆく経路（circuit）を考へてみると、

　(a). Primary speech circuit
　　　speech circuit を可能ならしめるものは、二個人を予定した個人的行為である。二個人の会話の場合を考へてみると、先づ伝達者

の脳中に概念といふ意識事実が、概念を表現するべき言語表号の表象即聴覚映像（acoustic image）と胼合（associate）する。これは精神的現象で生理的現象が随伴する。即、脳が発運言官に聴覚像と相関的な衝動を伝達する。次に音波が伝達者の口から被伝達者の耳へと伝播する。これは物理的過程である。かくて circuit は被伝達者に入って逆の順序をとって、耳から脳へと聴覚映像が生理的に伝達される。脳に入ると、その聴覚像が、それと対応する概念と胼合するのである。これを簡単に図示すれば下の如くになる。

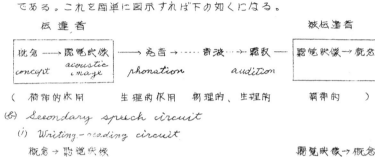

(b) Secondary speech circuit
　(i) Writing-reading circuit

　　概念 → 聴覚映像
　　　　　　↓
　　記述映像 ─→ 記述作用 ─→ 記述視覚作用 ─→ 記述視覚映像
　　graphic　　graphation　　graphic vidation　graphic
　　image　　　　　　　　　　　　　　　　　　visual image

　　　　　　　　　　　　　　　　　　　　　　視覚映像 → 概念
　　　　　　　　　　　　　　　　　　　　　　　　↑

　上図は、伝達者の脳中に起った概念が、それに相当する聴覚像と胼合した場合その語或は数語を音声に出さないで、伝達者がそれを書いて考へる。それは即、記述像が（その語を書く時に受験する一続きの筋肉感覚）生じたことを意味する。これで脳中の聴覚像は聴覚神経より記述神経へ移されたことになる。即精神的作用より物理的作用へと移る。伝達者は宜く衝動を実行に移して動作として紙の上へ記号を書く。これが記述作用である。もし、被伝達者が読み方を知らないならば、彼は唯それを知覚するだけである。即記述視覚作用を行ふにすぎない。しかし、よく知ってゐる場合は、記述視覚作用は記述視覚像を生じ、書かれた記号や配列順序を認識する。被伝達者がそれらの文字の表す音を知ってをれば、その記述視覚像は聴覚像に変ってくる。そして概念と融合する。かくの如く、読み書きによる伝達過程は、前の音声による伝達過程よりも複雑であり、間接的である。「第二次」と呼ばれる所以である。

(ii) Translation circuit

C. 言語の学習

(1), 言語の習得とは、所要の言語材料及言語慣習の知識と、之を運用する能力とを具備することをいふ。従って言語の学習の心理的過程は相当数の言語表号と、その表すものとを「照合一致」(identification)せしめ、言語表号より直ちに、その対象を思ひ浮べ或は対象よりその言語表号を思ひ浮べ得るやう両者を「結合合体」(fusion)せしめ、かくく得たる言語材料を言語慣習に従って「綜合活用」(operation)するにある。

「照合一致」は主として体系に属する聖智的作用であり、「結合々体」は主として運用に属する熟練である。この両者を聯絡して思想を伝達するのが「綜合活用」である。

(2), 第一次伝路(primary speech circuit)即 speaking 及 hearing による伝路が最も短くて、最も直接的であり、母国語の場合を考へてみると、人は第二次伝路即 reading 及 writing による伝路が始まらぬうちに、この第一次伝路の便用に熟練するのが普通である。

又、第一次伝達(primary speech)は第二次伝達の助けをうけずに行はれるが、第二次伝達は第一次伝達の助けをうけずには行はれることができない。即、常人の場合、概念と記述像を、又は概念と記述視覚像とをつなぐ直接路はない。

(3), 言語運用の能力を、それにあづかる器官によって、耳によるもの、口によるもの、目によるもの、手によるものの四つにわけて考へる時、耳及口による運用能力は第一次的のものであって、目及手による運用能力は第二次的のものである。

(4), 「発音」とは聴覚に訴へる言語表号の音の単位である「単音」(phonema)とその配置等を取扱ふものであり、「文法」とは、言語表号及その組立を取扱ふものであり、両者いづれも言語そのものの形体又は機能であっ

てこれらを言語より引離して考へることはできない。

「翻訳」とは一つの言語体系による表現を、他の言語体系による表現に転換することである。故に翻訳は双方の言語体系の知識と運用に或る程度まで通じたものにして初めて行い得る技術である。外国語学習の場合の翻訳は、その外国語の習得状態を検査する為の手段又は学習の方法としては単に補助的の用をなすのみである。

(5) 言語材料と言語慣習には、言語運用の面よりみて、必須なものと、そうでないものとある。故に必須な比較的少量の言語材料と言語慣習とをはじめに習得することは、言語の学習上極めて肝要なことである。

体系の知識は運用の練習によっても、又体系そのものの研究によっても養ふことができるが、運用の能力は運用の練習によってのみ養い得られる。但しその場合、体系の知識を運用の指針とする。

(6) 体系の知識と運用の能力との両方をかねた言語の智能をはじめは言語そのものを目的として練磨し、後には之を手段として活用する。運用能力の増進は、単にその言語による表現を自由にし、会話作文に長ぜしめるばかりでなく、言語体系の知識を正確にし、理解表現の速力を増し、読書力を向上せしめ、文意の把捉を自由にすることである。

d. Art としての Speech-Learning

(1) 言語学習が前述したように、言語についての知識を獲得すると同時にその言語を聞いたり話したり読んだり書いたりすることであるからには、言語学習は水泳、乗馬等と同じく本質的には art として見なされるべきであり、所謂 science ではない。したがって言語学習は歴史とか地理の学習とは自ら趣を異にする。勿論、パーマーも云う如く言語学習には他の art と較べると記憶に訴えることが極めて多いにもかかわらず、その本質は依然として art である。言語運用の本質は I. Morris も述べている如く、"the speed and facility with which the language is received and produced" であり、したがって "It would be right therefore to conclude that foreign-language learning is essentially a skill, a series of skills, calling for the assimilation of a considerable amount of language matter for reproduction and adaptation without conscious effort" と云い得るであろう。であるから言語学習においては、精神物理的な muscular-reaction が重要となってくる。そもそも art

なり skill なりの習得には不断の practice が必要であり、くりか
えしくりかえし行う反復練習又は drill の結果としての習慣形成の過
程が即言語学習であるとも考えられる。したがって他の art に於ける
習慣形成の過程を克明に研究してみることも外国語学習に実り多き側光
を投げかけるであろうが、又子供が母国語習得においてどんな習慣形成
の過程をとるかを観察記述してみるのも大いに意義あることである。パ
ーマーはこれを次の様に分類記述しているが、我々としては彼の意見は
あくまで幼児が母国語を習得する時に観察し得る事実としてのみ受けと
るべきであり、それが、そのまま外国語学習に直通するという考え方は
余りにも安易につきすぎるものであろう。

(2) The Five Speech-Learning Habits
 (a) Auditory Observation　我々が何かを学習しようとする時の第
  一の段階は先ず observe することである。水泳を学ぼうとする人はよ
  く注意して巧みに泳げる人の泳ぎ振りを観察する。母国語習得におい
  ても幼児は先ず観察を、しかも耳での観察を行う。子供が先ず習得す
  るのは primary speech としての母国語であるが、彼等の生活を観
  察研究したものは誰でも、彼等幼児がいかにも自然に、しかも真剣に
  auditory observation をしているのに気がつくであろう。
 (b) Oral Imitation　母国語習得における第二の習慣として oral
  imitation が観察される。テニスとか書道の練習を見ても、観察のあ
  とには正しい模倣がつづく。即我々はよくモデルを観察し、ついで我
  々が見たり聞いたりしたものを模倣する。母国語の習得においても、
  幼児は父母なり姉妹なり、周囲の人々の言葉をきゝ、ついで音声、一連
  の音声、又は口語の模倣をし、更にすゝんで種々の言語材料やら言語
  規則すら模倣によって習得してゆく。我々が幼児を観察する時、彼等
  が口の中でぶつぶつ何かをまねをしているのは屢々経験する所である。
  模倣は子供の重要な傾向の一つであり、母国語習得においても模倣は
  重要な機能を果している。
 (c) Catenizing　子供の oral imitation と切り離し得ない今一つ
  の習慣は「口馴らし」である。子供は聞いたことを真似をし、さらに
  口馴らしをする。母国語習得における主たる活動の一つは、この口馴
  らしによる、種々の表現の機械化であり、彼等は大人とちがい、分析
  との理論によらないで、ひたすら口馴らしによって母国語を習得して
  ゆく。

(d). Semanticizing　semanticizing とは語又は文をその意味と fuse することであるが、我々はこの習慣なくしては語又は文の意味を知ることは出来ない。子供は驚ろくべき capacity for accurate semanticizing を持っているが彼等のこの能力は我々の計り知ることの出来ない幼児心理学の神秘ともいうべきものである。この習慣によって幼児は少しの無理もなく母国語を習得してゆく。幼児が外国語を学習する場合にも、この能力なり習慣は大いに役立つものである。

(e) Composition by Analogy. 上述の四つの習慣はいわば mechanizing habits であり、基礎的な言語材料を獲得するのには十分であろう。しかし幼児が basic speech material を獲得しただけでは彼等の種々の表現をあらわしつくすのには十分でない。したがって幼児は彼等が既に獲得した言語材料を使って更に多くのことを表現しようとするのであるが、そのために必要な習慣がいわゆる Composition by Analogy である。幼児は時に誤った類推からして、reach, raught, raught, と活用させたりすることもあるが、このような誤った類推を少くするためには基礎的言語材料は出来るだけ広いものでなくてはならない。Composition by Analogy は母国語を習得し且つそれを拡大してゆく上に重要なる習慣であり、中でも Substitution と Conversion とは特に大切な類推型式である。

以上の五つの習慣は、幼児が母国語を習得する際に自然的に形成される言語習慣であって、我々としてもこれら五つの習慣が段階的に別されないかぎりに於て、又、母国語の習得の、とくに primary speech に関するものと考える限りに於て正しいものと信じる。パーマーは上述の如き五つの習慣を説明し、そこから直ちに "They are operative in the case of a second, a third or more languages, provided that the child has not formed (voluntarily or by compulsion) contrary habits" と信じているが、これは却って言語習慣に関する彼の理論を危くするものである。むしろ彼の説は、外国語学習の主として primary speech に関してのみ言及していると解する方が彼の理論をより真理多きものとする所以ではあるまいか。外国語の Secondary Speech、とくに読むことに関する習慣形成に関しては、新たな見地外らして、不適切な眼球運動、正確な認知、指で一語一語指して読んでゆく習慣、lip-movement を伴う silent reading の習慣等の如き、好ましからぬ言語習慣を排除する問題は今後更に国語における読み方の

問題と関聯して深く研究される必要があるであろう。

e. 言語教授の原則
(1) 子供は上述の五つの習性を獲得する「自然的性能」(spontaneous capacity)を顕在の状態に持っているが、成人はこれを潜在の状態にもっているので、これを呼び起させるやうに適当の方法を講じなければならない。

言語の習得には、もう一つ、理性の働きの加った「研究的性能」(studial capacity)によらねばならない。reading や writing 特に文学的、儀式的、演説的な形式や矯正 (correction) の課程において特にそうである。母国語習得の前に獲得した習性を利用し、適用する依拠形式は多少とも「研究的」なものである。特にこれは第一次伝達獲得の場合とちがって多大の努力を必要とするものであり、教師の教授力の特に要請される部面である。

第一次的能力を獲得するには前者に、第二次的能力を獲得するには、後者によらねばならない。言語の習得には両者を併用することが肝要である。

(2) 言語教授においては、先づ生徒の目的を明確に提示するべきである。目的を明瞭にすることによって、(a). その目的に到達するべき最も有効適切な方法を考へることができる。(b). 生徒の学習意志は、その目的が意識されて、はじめて効くものである。

(3) 入門期の重要性
言語の学習は本質的に習慣形成の課程であり、習慣形成の最も重要な時期は入門期にある。はじめによい習慣が得られないと、後でつけられるかどうか疑はしいし、unlearn することは learn することより一層困難である。一旦良い習慣がついたならば、あとは心配なくやってゆけるものである。故に我々は入門期の重要性を、いくら強く主張してもしすぎるといふことがない。

(4) 実際教授に際して、下の十原則は、古今東西の言語研究に携っている人々に試みられ、各方面より標準的と認められているものである。

H.E. Palmer : The Principles of Language-Study (1921)

(a).「手はじめの準備」(Initial preparation)

言語の学習は本質的に習慣形成の課程であるとするならば、習慣を養ふことを学ばねばならない。然もその習慣は自然的無意識的に養成

されねばならない。「自然的性能」のねむっている成人に対しては、先づ「手はじめの準備」として次の如き練習を行ふことによって、第一次能力獲得に努力する。

(i). 耳馴らしの練習　(ii). 発音練習　(iii) 模倣練習　(iv) 直接理解の練習（大意をつかむこと）　(v)　語とその意味との間に正当な聯想を作る練習（感想を発表すること）

(b) 「新習慣の樹立と既成習慣の利用」(Habit-forming and habit-adapting) 我々が無意識に話したり了解したりするのは完全に習慣を形成したためである。無意識に理解発表活動ができるやうになってはじめてそのことばを真に「知ってゐる」といふことができる。我々が無意識的に使ふことのできる言語材料の量によって我々の進歩をはかることができるのである。成人は新習慣形成は、単調で、興味の乏しい作業として、これをきらふものもあるが、必要の自覚の程度と課程立案の如何によるもので、それには心理的な工夫考案を必要とする。生徒は新習慣の樹立のみならず、又、既成習慣の中、採って利用すべきものは大いに之を利用せねばならない。どれを採るかは教師の務めである。

(c) 「正確」(Accuracy)

或る標準に対して conform することである。生徒は、正確な作業が出来ると当然予想される時期に到するまでは、ひょっとして間違ふかもしれないといふやうな機会が与へられてはならない。そのためには種々の原則が守られねばならない。

(d) 「程度」(Gradation)

易より難へ今日の作業は明日の作業の準備となるやうに、下の原則に考慮しつゝ、練習法を樹立しなければならない。そうすれば生徒の能力は雪だるま式に増大してゆくであらう。

(i)　目の前に耳。（見る前に聞く）
(ii)　まねていってみる前に聞くこと。
(iii)　読む前に教師についてくりかへし、しゃべること。
(iv)　ずっと前に聞いたことを口に出す前に今聞いたばかりのことをすらすらいへるやうになること。
(v)、個人作業の前に一斉作業（コーラス）　(vi) 自由作業の前に練習作業（ドリル）

(e). 「比例」(Proportion)

読み書き聞き話すの四方面は勿論、発音綴字語原語形語彙技能語義

等の各部門、又は練習作業(ドリル)、自由作業、翻訳作業、直接作業、精読、多流の各分野に於て、その目的に応じつゝ、特にあるものを強く取扱ふことなく、適当な比例を保たせるやうに教授する。

(f) 「具体」(Concreteness)

理論よりも実験を、抽象よりも具体を先にすべきである。問題の要具をはっきり示す例、しかもそれは数多い程よい。尚且、その例は具体的にして、最も明瞭簡明に要点を示すべきもの、即、生徒の日常生活に関連あるものでなければならない。生徒に興味を示す方法にも、直接聯想、翻訳、定義、内容によるものなどあり、翻訳のみが唯一無二のものではない。教師の工夫により、最適のものを選ぶことが必要である。

(g) 「興味」(Interest)

何事をなすにも、興味をもっていなければ成功しない。但し、興味をもたせるために、教授の質を変へてはならない。習慣形成が退くつだからといって、その作業をやめて、翻訳等の他の作業にきりかへてはならない。なすべきことをしないでほっておいてはならない。下の如き工夫によって、習慣形成の如きなすべき作業を興味あらしめるべく努力すべきである。

(i) 生徒にむつかしさを感ぜしめて、それをのりきろべく努力させることは必要ともいへるが (Man is not happy unless he strains every nerve とも古来いわれている如く) 困惑におとし入れて途方にくれさしてはならない。

(ii) 生徒に進歩感を自覚せしめる。

(iii) 競争心をおこさせる。

(iv) ゲーム式練習

(v) 教師は生徒に対し、厳正にして、愛情ある正しき態度を示すこと。

(vi) 作業に変化を与へる。

(h) 「進歩の合理的順序」(A Rational order of progression)

如何なる方面を先にし、何れを後にするかといふ問題は多くの学者によって種々論じられているが、要するに従来の方法は新しい方法と正反対の順序をとっている。即ち現在は教育学と心理学を基礎にしてまず音の構成法を授け、次に文章を記憶させ、次に文章の構成法を系統的に授け、然る後に語の構成法を授ける。古い方法は、つめこみ主義で進歩も遅く、主として、体系と理論に終始したが、新しい方法は

運用の面に重点をおいている。
(i)「多方面よりの学習」(The multiple line of approach)
同一の目的に向って、各種の出発点より同時に進むべきである。我々は各自の最后の目的とする所に少しでも近づく爲に各自の方法、課程、練習、訓課又は方法を全体として統一づけたもので、従来の各派の主張を精細に検討して何等の偏見なく、その採るべきを採るといふ一の選択主義に立脚して、円滑なる折衷方法を立てゝ、之を諸方面より実行してゆくべきである。

(j)「記憶材料と構成材料」(Memorized matter and constructed matter)
我々の言語材料のすべては「記憶材料」として又は「構成材料」として所有せられるものである。前者は、完全に記憶されたものであり、後者は我々が、だんだんと組立て、又は一つづゝ構成してゆくものである。記憶材料から構成材料を作るのに下の三つの方法がある。
(i) 文法的構成。辞書の中の語を記憶材料として語形法文章法、派生法、依文などの理論を研究し、意に応じて構成材料を作ることである。
(ii) 活動単位的構成 (Ergonic construction) この方法では多少出来上った文章と "ergon"(運用の単位)とを記憶材料として用いる。適当な表やドリル形式の作業を用いて上の二記憶材料から必要な構成材料を、いくらか自然な方法で作り出すのである。
(iii) 転換法 (Conversion) 分類された各種の文章を記憶材料として用い、之を適当な各種の練習によって他の形式に転換するのである。

今日の教授法の最大の欠点は「文法的構成」にのみたより、他の二つの方法を無視していることにある。「活動単位的構成」及び「転換法」によって、direct method の目ざす所へ近づくことが出来る。

(5) 複合的実行法
複合的実行法の理論的根拠は知的系屑尊重及び一国語の各相を均整にしかも最も能率的に学習せしめることにある。教育は被教育者の心理性能に応じて、千変万化に原理原則を応用して、具体的位置に応ずるやう仔決断と直観とを教育学と心理学の知識以外に持つことを必要とする。かゝる臨機応変の才は、不断の方法の研究と鍛練によってのみ得られる。

故に我々は学の規定する法則（興味、程度、比例、整済、正確、目的、級依業、個人依業）を遵奉しつゝ、生徒を同情を以て観察しつゝ、適当な練習型を用いる教授法を修得し、実際の運用にいかんないやうに期さねばならない。

6. 外国語教授理論における問題

上述した語学学習なり語学教授に関する理論は言語の基礎的性格とか幼児の母国語習得過程において観察される諸事実とかを基にしてたてられたものである。したがってその理論は多くの人々によって認められているものであり、その中に多くの真理を含んではいるが、語学教授理論即外国語教授理論と解することは必らずしも適当とは云い難い。とくに日本人が全々語系を異にした英語を学習する時に然りである。以下外国語教授理論に関して問題となる点を若干考えてみよう。

(1) 母国語習得と外国語学習　　言語は思想感情の表現の道具であるとともに思考作用そのものの道具である。我々が幼児の母国語習得の過程を観察してみると、彼等は如何にも自然に、且さして意識的にではなしに母国語を聞いたり話したりするようになる。このような言語能力は人間の子たる幼児に与えられた *natural capacity* であると同時に又母国語を習得すること自体が子供の思考作用の発達段階と正に平行しているのであって、その間にいささかの無理も感じられない。一つの単語なり表現なりを習得することが幼児の *concept* を増し、又思考を豊かにする所以であって、母国語習得は幼児の思考作用の発達、又は思想の表現伝達の本能的要求と完全に一致している。而るに一度子供が思考の具、思想表現の具としての母国語を習得した後において、外国語を学習するのは母国語習得とはその発達段階、必要性、特徴、困難さなどにおいて大きな相違が出来てくる。外国語学習が幼児の場合、彼等の母国語による *concept* の数は比較的少数であり、又母国語の統辞法とか母国語の発音基底などの如き既得の言語習慣はさほど *rigid* でないために、外国語学習は大人の場合ほど難かしいものではない。（但し我々はこの場合幼児に対する *Bilingual* の悪影響を忘るべきではないが）しかし母国語の言語習慣をしっかり身につけ、母国語的言語反応が板についている成人が外国語を学習するとなると、いかに成人に対し幼児の精神年令に帰れとか、無意識学習をやれとかを強請し、幼児の母国語習得理論をそのまゝ外国語教授に適用しようとすると種々の無理が起って

来る。この点を考慮に入れる時、単なる無意識な学習の上に、更に有力な手段として理性に訴える方法も再認識されなくてはならないであろう。 Structuclism を信奉する人々の考えの中にも我々の理論と相通ずるものがあるのを感じる。

(2) Primary Speech と Secondary Speech との分類について

我々が母国語を聞いたり話したり、読んだり書いたりする場合の mechanism, 即 Speech circuit については前述した。しかして、我々が母国語を使う場合のメカニズムを、外国語学習の場合、行い得るであろうか。又行うことが正しい学習法であるかどうかは一考してみる必要がある。成程前述した言語使用のメカニズムにおいて常に共通に存在する要素が acoustic image であることは事実である。したがってパーマーが、この事実からして外国語の学習において先づ聞いたり話したりすること、それによって primary speech によく習熟し、しかる後に secondary speech に進むべきであり、the spoken form of language first, then the written from と考えるのは一見極めて理論的である。しかも彼のこの意見では、外国人と話しをすること、外国人の言うことが分ることも外国語教授の大切な目的であるということからと同時に、proficiency in using oral language is the most powerful help towards our assimilating the material of both the spoken and the written languages という信念によって支えられており、今までの外国語学習の結果の良くないのはこの正則な理論によらなかったからであると結論する。

彼の意見の中、聞く力、話す力、書く力が必要だからそれを練習するというのは当然であろうが、しかし話す力、聞く力がそのまゝ読む力の大きな助けになると考えるのは、その理論的根拠も薄弱であり、又その理論を証明するに足るだけのデータもない様である。この問題は Transfer の問題の一部として心理学者も色々研究しているが今の所我々は多くの心理学者とともに possibilities of transfer from one skill to another are minimal であり、We learn to do what we do ; the direct route is the shortest と考えざるを得ない。したがって話すことの練習は話すことのために行われるべきであり、それが読み方、書き方の大きな助けとなるという考え方は捨てられるべきではあるまいか。パーマーの理論もあくまで話すことを主眼点としたものであると考えることによって、その中にふくまれる真理はより大きくなり、且その

与える示唆もより正しいものとなるであろう。

(3) Active Abilities と Passive Abilities. パーマーは前述した gradation の項の中で Reception before Production なる問題を考えているようであるがこの問題は少しくつきつめてみると、彼の今一つの gradation に関する命題 Ears before Eyes と矛盾することが分る。勿論彼にとっては一つの大前提があるので矛盾とは思われなかったのかも知れないが一度大前提そのものを取りはづしてみるとこれは大きな矛盾とならざるを得ない。Huse も述べている如く言語の abilities には passive なものと active なものとが考えられる。受動的なものには、聞き方、読み方、能動的なものには話し方、書き方の能力がある。しかしてこの二群の能力の間には大きな心理的相違があるのであって、例えば泳ぐのを見ると実際に泳ぐことの間にある位の差がある。他人がアクセルをふんだりハンドルをまわして自動車を運転するのが分るのは、あくまで受身的なものであって、これに習熟するのはさほど困難ではない。所謂自動車運転の仕方を知り実際に運転してゆくのは能動的能力であり多大の練習を必要とする。外国語学習に関する受身的な能力と能動的な能力との内にもこれと同じ位の大きな gulf があるのであって両者に存する心的差異は極めて著しいものがあろう。かく考えてみるとパーマーの如く、二つの異質的である Hearing と Speaking とを、又 Reading と Writing とを一諸にして primary speech と secondary speech とに群別することは、発生的に記述する場合は別として、外国語学習理論の場合はやゝ疑問とせざるを得ない。パーマー自身も、speaking より reading の方が容易であると考えていたことが見えなくもないが、この点をとくに明瞭に主張したのが M. West 一派の人々である。彼等の意見の中にも一応の真理が認められるのであって、我々としては the spoken from first なる考え方と同時に written form first なる主張もあることを忘れず今後の問題を考えて行きたいと思う。

この問題と関聯してこゝで考察しておきたいのは、外国語教育の目的として所謂四つの skills を樹てることの適、不適である。勿論言語の本質からして英語を学習する時、聴く力、話す力、読む力、書く力という四つの技能を追うことは極めて正しいし又理想とすべきである。文部省の英語科指導要領にある通りである。しかし我々が現今の中学校英語教育の実状、教員の素質、才能、生徒の質又とくに英語教育の成果を客観的に考えてみる時、我々は余りにも多くの目標を追いすぎているので

はないとも考えられる。アメリカにおいて Reading Method を主張する人々の意見は、言語理論からと同時に、アメリカにおける主として二ヶ年の外国語教授という特殊の事情に端を発しているのであるから、日本においてそれをすぐ模倣するのは愚かしいことであるが、それとは別に、日本における英語教育の目標も少しく限定されるべきだとの感をもつものである。今のまゝの状態が続くならば中学校における英語教育無用論さえ起るかも知れない。もし英語学習においてやはり active な skill は極めて学習に困難であり、しかも多大な労力を必要とするということになれば当然受動的な hearing 、とくに reading を目標とした授業が行はるべきであって、正しい発音の教授、Reading のための conventional oral work の如きもすべてこの線に副って再編制されなくてはならぬ。外国語学習の本質からみて、又日本における諸条件からして、将来教師となる人々でさえ、話したり書いたりの如き、active skills に習熟することは易しいことではない。この外に教師自身が出来ないことを、しかも一時間の半分以上を oral work にあてることの適、不適の問題は、今後十分討議され研究さるべき問題であろうが、もちろん我々はかく云ったからといって、古い文法一点ばりのあたかも言語学の授業のようなものを思っているものでないことだけは明瞭にして置きたい。

　この他外国語教授の理論に関して問題となる点は種々あるのであろう。例えば心理学的に見た Thinking in English の問題もその一つであり、この点に関しても我々は従来の理論をそのまゝ受け入れることは出来ない。こゝにはたゞ Judd の言葉を引き、将来の問題として残しておく。"The fact is that any young person who is learning a foreign language is quite certain to do some, if not most, of his thinking in the vernacular. It does not follow that, because the learner does not translate orally, he does not translate in his mind, using the vernacular word as the link by which he connects the foreign word with its meaning."

　以上極めて簡単であるが外国語教授の理論に関して問題となる点を考えてみた。我々は今こゝでこれらの問題について直ちに解決を求めようとするものではない。たゞ外国語教授理論に対しても幾多未解決の問題が残されていることを率直に認めると同時に、又それによって徒らに非

建設的な懐疑論におち入ることなく、却って今後の実験なり思索によって、日本人が英語を学ぶ時の適切なる理論を樹立して行こうとするものである。「外国語なるものの必然の制限を意識し、而も言語学習上の基礎事実に立脚し、適当な目標に向って必要の努力をつくし、真摯の態度に自然の興味と満足を感じつゝ虚偽を許さない言語の道をふみ行ふ」と述べた石川林四郎氏の言葉は、今尚我々に教える所が多い。

g 英語学習開始の最適年齢

我が国に於ける英語学習が、通常中学一年級に始まることについての学的根拠を追求することは無駄である。

「中学に入りて英語を学び、漢文を習う」という grad の問題は、学問的実験、実証の結果ではなく、小学校、中学校という学校種別から来ているのであって、明治大正時代の高等小学校、尋常小学校に於て開始した過去の歴史的伝統を追従しているに外ならない。

従って我が国に於ける「英語学習開始の最適年齢決定」に対する結論は、少くとも、数年後でなければ生れないであろう。数年後とは、現在その方面の研究、実験、実証が一部大学に於て行はれているが故に、我々はかくいうことが出来るのである。天才教育、早教育としての外国語学習に非ずして最適年令決定に関する研究としての外国語学習は、米国に於ても、行はれていることを H. B. Dunkel (Second Language Learning) によって知ることが出来るのであるが、我々は、その前に先づ二つの問題を処理せねばならない。

英語教育が人間教育において持つ二つの価値がそれであり、
通常実用価値、教養価値と呼ばれているものである。

真の外国語教育としては之等二つの価値は不可分一体とならねばならないことであるが、之については、他章にゆずることとする。問題は之等二つの価値を生徒に持たせる適令決定のための実験、実証が行はれねばならないことにある。

一般的について英語学習開始の最適年令は10才から12才が考えられると, Bloomfield も述べているが、この年令以前に行っても進歩が遅いため後から始めたものに直ちに追いつかれて、早くから始める価値は少いと言えるであろう。次に10～12才よりも遅く始められた場合には、言語学習に欠くべからざる飽きざる演練に堪え くなり、Consious, *logical reference* が先になって、*unconscious automatic habit making* が出来なくなるであろう。常に *identification* を行って *fusion* の域に達することが困難となる理由もここにある。而も、初年級テクストに最も必要な *necessary simplicity* が却って無味となり学習意欲を害する原因となるのである。ここで特に注意すべきことは、言語学習は年をとるに従って衰えるような特殊な *intellectual power* によるものではないといふ事実である。衰えるのは *power* に非ずして *feeling* であり *attitude* 或は学習意欲である。飽くざる演練に耐えざる場合、学習の成功は期し難いであろう。之に反し10〜12才に於ては *simple* な教材に於ても常に新規な関心を持ち、しかも第二外国語学習についても第一外国語に於ける場合の経験と演練に於ける必要な忍耐力が援用されて、学習意欲は更に向上することさえあるのである。

最適年令は又学習の目標に於ても相違するであろう。聞き方、話し方の能力と技能とを最後の目標とする場合には発音器官が固まっていない時期をねらって *articulation* の充を期さねばならないであろう。従って、読む技能よりも口頭能力が目標である場合には「早ければ早いほどよい」という通常の用語があてはまる場合も多いのである。

読みの力を究極の目標とする場合には、生徒が母国語の読みの力を修得している限りにおいて、10〜12才を越える場合も大きな害を伴はないであろう。その理由は、母国語において経験した現存する言語習慣が役立つからである。

外国語学習を習慣形成から入ろうとすれば10〜12才は8〜12才、6〜12才でもよいのであるが12才を動かすことは非能率的であることをここで書く必要はないであろう。併もかゝる時期に於ては生徒、児童は英語という言語事実よりもその雰囲気、記号よりも事物の方に関心を覚える時期であることを認めねばならない。

10〜12才より開始する場合、教科課程の内に於て取扱うか、外にするかは、重要な問題である。この実は我国に於ける小学五年級を開始の時期とする実験、実証に期待するものが大である。

之を要するに、我が国に於ける『英語学習開始の最適年令』決定は、実

験、実証の結果にまつべきであって、現在としては、かかる実験、実証が国家的規模において行はれることを特に強調する以外に手はないであろう。

Bibliography:—
　Agard & Dunkel: An Investigation of Second-Language Teaching
　Judd: Educational Psychology
　Crow: Educational Psychology
　Durrel: Improvement of Basic Reading Abilities
　Mackee: Teaching of Reading
　Huse: Reading and Speaking Foreign Languages
　Vossler: Positivismus und Idealismus in der Sprachwissenschaft
　〃　: Sprachgeist
　Cole: Modern Foreing Languages and their Teaching
　Dunkel: Second-Language Learning
　Edmonson: The Administration of the Modern Secondary School
　Commission on Teacher Education, U.S.A: Teachers for Our Time
　West: Bilingualism, Calcutta, ure of Education
　〃　: Language in Education
　Handschin: Methods of Teaching Modern Languages

5. 英語科教師論

凡そ教師を大別して、次の二つの型をあげることが出来る。
知的要素（cognitive, intellectual factors）を強調する人と、情意的要素（non-cognitive, emotional factors）に強勢をおく人とがそれである。
前者は担当学科の力を広く深きことを念じ後者は教養一般の豊かなることを旨としているようである。我が国に於ける英語教師論に於ても凡そ前記二つの型を論じているようであって、常に常識の域を脱していないようである。併し常識論としての英語教師論が必ずしも常識でないところに此の章を設ける価値があると考えられるのである。

勿論限られた時間と紙数とを以て英語教師論全般を取扱うことは不可能であるが、詳述は他日の研究にまつことにして、此処では重要なる項目をあげて出来るだけ具体的に英語教師の像を作る鎚を振ることとする。

我が国の英語教師を論ずる場合、過去に於ける英語教師、現在に於ける英語教師、及び将来あるべき英語教師の各々について論ずることが期待されるかも知れない。蘭学者の担当した初期の英語教師、或は横浜出発のイギリス船に乗り遅れた船の理髪師が、失業救済のため英国大使館の斡旋で外人教師として我が国の或る学校に奉職したという当時の事実を考える時、過去の英語教師論も亦注目すべき一部門であろう。或は又、性別、年令別等をも顧慮しつつ、都市、農山、漁村、寒村、僻地、高島等凡ゆる可能なる地域社会に適応する英語教師論を、各々論ずることが望ましいことであるかも知れない。併しシラバスの性格から考えて、過去現在の教師よりも将来、或は明日の英語教師を仕立てる教師論を追求し、如何なる地域にあっても妥当する model English Teachers を論ずることが目的に適うものと考えられるのである。次に又教師一般論として国語科教師論、数学科教師論、社会科教師論等々と他の教科教師論に対する英語教師論を考えるならば、各科教師論も出てくることになるであろうけれども、此処では他教科教師論とは連絡なく英語教師論を独立して考えることとする。

我が国の英語教師は我が国の外国語教師である以上、欧米諸外国の外国語教師と軸を一にする面のあることも当然考えられるのであるが、併し英国に於ける仏語教師、米国に於けるスペイン語教師と同日に語ることは出来ない。何故かなれば異った語に入って文字、語形、語法を全然異にする我が国英語教師は、欧米諸外国、中にも印欧語を母国語とする国々間の外国語教師よりも、更に多くの困難を持つからである。とも在れ、ラテン語、ギリシヤ語等の死語の教授者にあらずして、生きた現代外国語教師としての英語教師論は、二十世紀後半の我が国状に即した生きた外国語教師論でなければならない。従って此処では、明日の英語教師を論じ、各地域の土壌に深く根ざす Rooting force を持つ Model Teachers of English as a Foreign Language を論ずることが無難であろう。

ラテン語、ギリシヤ語の教師ならば流暢な読解力と容易な書き方の能力があれば一応外国語教師としての適格あるものと認められるのであろうけれど

も、現代外国語の場合には、之等の能力の他に、二つの能力、則ち、母国語としている外国人の中、教養ある人々に匹敵する聞き方、話し方の能力を持つことが加はるのである。このことは論をまたず自明なことであるが故に、此処で敢て強調する必要はないであろう。英語教師に対してかゝる自明なる事実が要求されることが明日の我が国英語教師に、又中等学校英語教師養成の任に当る教員養成大学に対する要望となり、引いては英語科教育法の講座の重要となり、英語教師論が常識として済まされないものとなるのである。本シラバスに於て詳述し得ざる英語教師論の内容を具象化することは英語教員養成大学に於ける英語科教育法講座担当者の本務であることは勿論、その他の教職教養、専門教養も本この線に沿って教科課程が組まれるべきことを敢て強調したいものである。

前述の如き英語教師に要求される能力を欠ぐ教師は最初から指導に成功することは困難であり、仮令彼等が唯一のコーランとしての教師の手引きを棒げして、この is, あの is, 進行形、補語、完了形等と和家的文法上の facts を指摘して見たところで、或は又教室を泥芝居の場とし、時にも仮名を読みか如き英語の歌を交えて見ても、言語学習の重要なる因子(factor)である連想の習慣形式も出来なければ、又生徒に演練の機会を与えることも出来ないであろう。斯くの如き英語教師の下に行はれる英語学習は単なる時の浪費であるというよりも、生徒の側に於ける英語学習の憂鬱、能率を低下せしめる罪の方が大であり、learning よりも unlearning の方が遥かに困難である事実を併せ考える時、かゝる学習は最初から行はない方が有利であろうとまで極言する言語学者 (L. Bloomfield) もある位である。斯くの如き激しい詞は、そのまゝ受取ることは出来ないであろうけれども cognitive factor を主張する部面からは、かゝる激しい文句の起ることは当然と言うべきであろう。

無用の英語学習はかゝる教師の処理する学習だけに止まらない。仮令前述の如き要求に対する適格を持った教師と雖も、言語学習の原理に通ぜざる、或は方法と実践に習熟せざる教師についても同断であろう。

更に又、英語学習に必要なる聞き方、話し方、読み方、書き方の能力を教養ある英米人に匹敵する程に具えていても、教育学的、心理学的、或は又英語学的教養に欠けているものについても、同様に無用の烙印を押すことが出来ると思はれる。教養ある英米人が必ずしも直ちに英語教師となり得ない事実がこのことを証明しているのである。今世紀の偉大なる原子物理学者アイ

ンシュタインが教壇に立った場合必ずしも最も優れた物理教師となり得るとは限らない、と述懐した一米人の詞は、教師のあるべき姿の一面を伝えているのである。

英語教師は又豊かなる一般教養を具えた人でなければならない。世界における我が国の位置と同胞間にあって、我が国の果すべき機能を憧憬した卓越せる世界観の持ち主であることが望まれるのである。第一次世界戦に於て東洋の鍵を握る Key-country となった日本が第二次戦に敗れたにもかゝはらず再び世界の Key-country となっている厳然たる事実を考える時、次の世代を背負って立つ若き人々の教育の直接担当者たる教師の重責を認識した人でなければならぬ。大学に於ける一般教養はかゝる観点に立って教育課程が構成さるべきものであり、学生も亦一般教養を単なる学部に於ける研究以前の基礎学科と考えないで、豊かな教養を持った good man となる課程と考えるべきであろう。日夜揃励格勤、職員室にあっては奮闘、教室においては熱情こもる授業を繰り返しながらも学習効果が皆目上らないといった風景は想像するだに悲しいことであるが、英語教師に要求される qualities の重要なる節面の欠げている教師にあっては、兎角おこりがちな悲劇である。このような教師は、ついには成績不振を生徒と共に手を組んで泣き悲しむ病的な短気者になるか、或は又成績不振の原因を、生徒の側に於ける英語に対する関心の欠除及び努力の不足、甚だしきは生徒の智能の低劣等におくことによって、自己の力の及ばざることゝなし、何れ他日途がつけば勉強するであろうとか、入試が迫れば何とかやるであろうとか、悲しむべきは、縁なき衆生度し難し等と節合良き古諺の蔭にかくれた無関心な easy-goer となるのである。

英語教師は又他教科教師と同様に personality を重んずる人間でなくてはならない。生徒の必要、関心に無関心であってはならない。教校そのものは成程教師依成のものが多いことは英語科の特殊性とも言えるのであるが、常に生徒の personality を尊敬して処置すべきことは当然である。生徒の personality と共に尊敬さるべきものに教師自身の personality がある。之は自由世界の教育の原理であり、民主社会の自由の基盤であるが故に敢えて強調してはばからないものであろう。而して英語教師は専門の職業人でなければならないと同時に立派な市民であることが指摘出来るのである。

我が国に於ては、古来教職に対して天職なる詞が当てはめられて来たので

あるがこの詞は再吟味を受するものである。天賦とはつまり生れながらに優れた人々が教職につくことを意味しているのであろう。英語の *Born-teacher* なる語もこのことを述べているのであるが、要は如何にして生れながらに秀でた人々を教職に安んじて就かしめておくかの問題にかゝっているのである。かゝる人物を教職に集めるための要件を考えることは直接英語教師論の問題ではないかも知れないが、之は楯の反面であって、一応此処で取りあげることも無意味ではないであろう。教師に対する国家、社会の尊敬の念は高くなければならない。我が国における法務官に対してはらはれると同様に高くなければならないことは言をまたない。勿論我が国における教師はかゝる要求状件が満たされざる時と雖も、自らの素質を自覚して、教職を去るが如きものは少いであろうけれども、国家も社会もあげて、生れながらに優れた適性を持つ教師が安心して教職に採り得る様な考慮と施策の実行とが、やがて我が民主国家確立の基礎にあることを強く深く認識すべきである。特に英語教師の研究資料、読書費用等は教科の性質上高額に昇ることが指摘出来るのである。

次に英語教師は正確なる科学的判断を下すことの出来る人でなければならない。英語教授に於ける凡ての学習活動には、常に評価が伴うものであって、その評価の目的と方法及び結果を研究して、緻密にして正確なる判断を下すことが必要である。この実については評価の章に於て詳細述べることとするが、英語教師は評価の目的と方法とを熟知して生徒、学習の評価のみならず教師自らの評価をも各程再三行う用意がなければならぬ。

最後に英語教師の重要なる教養として、教材の科学的取扱いについて言及する。英語科教育法に於ても或は又多くの英語教師の中にも、如何にして言語事実を生徒に附与するかという方法論の研究に熱中する傾向が強いのであるが我々はその前に先ず <u>何を</u> の問題を一歩掘り下げて埋える必要がある。 <u>How</u> よりも <u>what</u> が先行するのであって、このwhatを直ちに教科書なりとして、教科書を如何にして教えるかに汲々としていては到底授業の成功は収められないであろう。英語教師は英語とは何ぞやの問題を先ず解決せねばならない。その解決の過程、分析と綜合、及びその適用の方法が科学的であることが必要条件となるのである。正確なる音素の把握は勿論のこと抑揚語、文の強勢、リズム等音韻の方則に従うことが教師のみならず英語学習全体に渡って要求される中一般的のものである。語彙の配列も亦科学的であり

ればならぬ。この点については、content words と function words とをあげて詳述した C. Fries の処説は H. Sweet の form-words, O. Jespersen の particles と共に外国語としての英語を担当する教師に極めて優れた科学的態度を教示するものとして、研究が要望されるであろう。英語を運用している三つの factors の中 word-order も亦英語教師は充分に使いこなせなければならぬ。我が国教科書中に多く見られる無理な、而も不必要な語順は正常な語順に還元するだけの用意と親切とが必要である。教科書選択に当ってもこのことは第に考えられなければならぬ。

文型についても同様に研究せねばならぬ。伝統的な動詞中心の文型の設定のみに安んじてはならない。之等の点は教材論に於て詳述するであろう。

以上の如き qualities が英語教師に要求されるに対し現在の我が国の教員養成大学に於て如何なるカリキュラムがたてられているかを一考することは明日の英語教師の問題として、本章の分担する一部であると考えられるが故に、某大学教育学部の教科課程をのせることとする。此処に特記せねばならぬことは、この度のIFELに於てこの方面の討議が充分行い得なかったことは真に残念であったが、後述する英語科教員養成論のIFELに於て補完されることを念じて止まないものである。

某大学　　四年制履修規程抄

(1) 学生は在学中一般教養科目、一般外国語、一般体育、教職に関する専門科目及び教科に関する専門科目について、合計126単位以上を履修しなければならない。

(2) 英語科教員科の教職に関する専門科目
　　教育原理（中等）、教育学、教育課程、教育方法
　　及び指導　――――――――――　四単位以上
　　教育実習（中、高）――――――　五　〃
　　教科教育法　――――――――――　五　〃
　　その他、教育哲学、教育史、教育社会学、教育行政学、教育統計学、児童文化、社会教育等、教職の選択科目として加えた科目について履修した単位を合せて22単位以上履修しなければならない。

(3) 教科に関する専門科目

英語科教員科の教科に関する専門科目は、専門科目群の（英語学、英文学、言語学）三分の二以上に亘って、それぞれ四単位以上と合せて30単位以上履修しなければならない。

以上を一覧表にすれば、次の如くなる。

四年制単位履修表

一般教養科目				体育	外国語	教職に関する専門科目						教科に関する専門科目	小計	教科及び教職に関する専門科目			合計
人文科学関係	社会科学関係	自然科学関係	小計			教育心理	青年心理	教育原理	教科教育法	教育実習	選択必修	小計			卒業論文	選択必修	小計
12	12	12	36	4	10	3	4	5	5	7	24	30	30	28	8	32	136

二年制単位履修表

一般教養				体育	英語或は独語	教職に関する専門科目						教科に関する専門	小計	その他の教職及び教科に関する専門	合計
人文科学	社会科学	自然科学	小計			青年心理	教育心理	教育原理	教科教育法	教育実習	選択必修	小計			
6	6	6	18	2	4	3	4	3	5	2	17	15	10	66

(4) 四年制二年制の専門科目についてその内容を列挙すれば

四年制　　　　　　　　　　　　二年制

講義題目	単位数	講義題目	単位数
音声学講義	2	全左	2
英文法〃	2		
英文法演習	2	全左	1
英語史講義	2		
英会話	1	全左	1

英作文演習	1		全左	1
英語学 〃	3		全左	1
言語学講義	2			
ドイツ語	1		全左	2
(比較のための他外国語)				
英米文学史講義	4		全左	2
風物論講義	2		全左	2
英語則演習	2		全左	1
エッセイ演習	2			
小説演習	2		全左	1
英詩演習	2		全左	1
合計	30		合計	15

上記を更に分類すれば

四年制　　　　　　　　　　　　　二年制

英語学 { 講義 8 / 演習 8 } 計 16　　　英語学 { 講義 2 / 演習 6 } 計 8

英文学 { 講義 6 / 演習 8 } 計 14　　　英文学 { 講義 4 / 演習 3 } 計 7

　　　　　　　計 30　　　　　　　　　　　　計 15

以上を必修としその他は特設科目より英語、英文学の講義、演習を選択する。

(5) 教科教育法の三単位の内容については、本シラバスに取扱はれる内容全般に渉る必要がある故に、三単位に収めることは困難である。免許法に於ける教科教育法の規準を如何なる根拠によりて三単位と決定したかは不明であるが、将来これを増加する必要のあることは明なことである。この大学の学生も増加された教育法五単位を履修しているようである。

以上を要約して英語教師は次の各々を夫々具えた人であることが望ましい。

(1). 豊かな一般教養を具えた人。

(2). 教育学の諸問題に通じ常に教育的、問題解決の可能なる人

(3). 心理学的教養を具えた人

(4). 英語教授の目標を遂行するに必要なる言語学的、英語学的基礎を持つ人。

(5). 科学的態度をとり得る人
(6). 専門職業人として、生徒、学習、学級の管理に長じた人
(7). 民主的社会に於ける優れた市民となり得る人。

我々は本章の冒頭において Model Teachers of English と言う詞を使ったのであるが、この複数形には或る意味を持たせたいのである。良き英語教師は、決して全く一様な教師を意味するものではない。英語教師論が若し一様なる uniformity を求めるものと仮定すれば、その様な教師は非現実的なむしろ危険な教師を求めることとなるであらう。仮令前述の各項目の何れかの点に於て多少弱点ありと雖も、その他の点に於て之を凌駕するものがあれば、かゝる教師は良き教師のカテゴリーに入るであらう。問題は前述の項目が教師に於て如何にバランスを取っているかにかかっているのである。加うるに良き英語教師としての条件は一度得れば終るといった様な、"one and forever" なものではなくて、常に陶冶さるべき性質のものである。言はば静的なものに非ずして、常に動的に向上を要求して止まないものである。従って前述の項目を逐条詳述することによって、model teachers of English を仕立てようとすることは、沌教的なものになるかも知れない。此処では、良き英語教師としての基礎的条件を分析して、明日の英語教師の目標の一助とすることに止めたい。

殊に他学部学生にして教職希望の学生に対する取扱い、又は副免許として二科目以上を求めて英許免許状を求める学生の補導等は、現状特に向う五ヶ年間は、先ず英語教師の需給関係という教育行政上の問題とからむ関係上此処では之に答案を与ふることは困難であるが、少くとも英語教師たらんとするものに要求される最少限度の必要条件を設定し、個々の学生の能力を評価して特別のカリキュラムを示すことが教科教育法担当者の補導の限界にあることを指摘して将来の研究にまつことにしたいものである。

以上の項目を今一層具体的に掘り下げれば、英語教師には凡て次の諸項が常識として体得されることが望ましい。

(1). 英語の聞き方、話し方、読み方、書き方に上達していること。
(2). 発音、変勢、抑揚等の Enunciation に優れていること。
(3). 教材の研究のみならず、広く英語学、英文学に興味を持って常に読書すること。
(4). 英語学習の原理に通じ常に教授に創意工夫をこらすこと。
(5). 英語教師として所定の課程を終えたくあること。

(6) 英語教授の方法及び理論に常に敏感であること。

(7) 現職者のために行はれる会合には、進んで出席し、常に英語教師としての自己の力を強めること。

(8) 英語を母国語とする国々の地理、歴史、風俗、習慣、及び物の考え方、表現の仕方、表情、ゼスチャー等に通じること。

(9) 英語以外の他の外国語の教養をもつこと。

(10) 学校内外に於て、英語教師に要求される公私の service に親切に応ずることが望ましい。特に農村、漁村、寒村、僻地、島嶼等にあつては、英語教師は通訳、翻訳の service-center の如く社会は信頼している事実を認めて、欣然として、之に奉仕する心構えを持つこと。

(11) 単に英語の授業のみならず生徒、学級、並びに教室の監理について、常に用意周到であり、凡ゆる可能なる変化について、敏感であること。

(12) 英語科の学習は他教科に比して著しく生徒の反応が具体的に見えるものであることを認めて、常に評価を怠らず、凡ての学習活動には常に評価を持つこと。

オノノ項の処理については、特に次の諸点に注意することが望ましい。

A、生徒の把握

教師は次の諸点について常に生徒を熟知していることが望ましい。

(1)、一般的、心理的能力

(2)、特殊なる心的能力

(3) 過去及び現在の教育経験及び幼年期の行動

(4)、教材、教具、教科書等、手引、練習帖、掛図、聴視覚教材等と、各生徒との実際的関係

(5)、生徒の経済的、社会的背景、及び家庭、地域、社会の経済、文化の水準

(6)、指導性、協調性の質と量

(7). 教科外活動に於ける地位

(8) 仕事に対する一般的態度

(9) 英語以外の他の領域に於ける能力

(10) 英語以外の他の領域に於ける指導性

B. 学級の監理

　學習指導及び諸問題の取参照

C. 設備の監理

(1) 英語教室は生徒によき motivation を与える設備、教具を充実し、個人に於ても或は又集団学習に対しても容易に使用し得る利便を持つことが望ましい。

(2) 視聴覚教材を充実し有効にして適切なる使用に留意せねばならぬ。

(3) 雑誌、新聞、テスト問題、模範答案等随時変更を加える必要のある教材の整備は入念に怠りなく行はねばならぬ。

(4) 辞書参考書等生徒及び教官の研究図書整備に留意せねばならぬ。以下通常の辞書類を整備するに要する費用は各校のピアノ一台の半額に足らないことを申し添えたい。

New Oxford Dictionary

Dictionary of Americanism

Encyclopedia Britanica

Standard English Dictionary

New Webster Dictionary

Concise Biographical Dictionary

Familiar Quotations

Bibble Concordance

Modern English Usage

Modern American Usage
Pronouncing Dictionary (Jons Kenyon's)
American College Dictionary
Concise Oxford Dictionary
風物関係書
英和、和英大辞典
Collocation Dictionary
Idiomological Dictionary ; Others
教科教育法関係書

 之を要するに教師論に於ては、教師は<u>何を</u>の問題を主として取扱ったのであるが問題は之を<u>如何にして</u>のことが考えられなくてはならない。<u>如何に</u>の問題は教師養成論として別にIFELを設けて研究する必要であろう。

6 教材論 (教科書を主として)

1) 選択の基準
(1) 教育の立場から

生徒の知識、技能を伸ばし、望ましい社会人に育成することを目的として、教師が手段に用いる材料が教材である。それ故、教師がこれを用いてその目的に役立てうることの出来るものは、有形、無形を問わず、宇宙のあらゆるものが教材となり得ると云って差支えない。生徒の知能を伸ばし、望ましい社会人に育成するという目的からすれば、その目的には価値はないというつくも、用いてこれを用を価値あるものとすることが出来る。そこで石川義味では、人類至験が教材になるといってよい。つまり、事物、諸現象、機括等が、教材となり得る。或時は、人文主義と文学主義との対立に於てなされ、又或時は、理想主義と現実主義との対立に於てなされたというような例もある。

然し、教材の概念は、直接的には、学校で教師が予め計画設定し、教室の内外に於て生徒に提示し得るものと限定することが出来る。広く Resource Unit としての教材を考えてみると、教材の一部分として、教科書以外に、pamphlets, periodicals, films, slides, pictures のようなものも考えられる。然し意味では、教材は、教育課程に付与された学習経験の一部面である。英語科教育の場合で云うならば、英語学習という目的に密着した関係にある。英語の音声とか文学とか、及び英語を通して得られる知識や教養的な部面が、重要な役割をするわけである。そしてその材料を、学習が容易に進められるように、適当したりするのに使用なように編さんしたものが教科書である。だから教科書は、教育課程と表裏一体の関係にあるとも云える。ある場合には、教育課程に盛られた教材がぬきさ出されて教科書ともなり、ある場合には、教科書の教材が材料になって教育課程が構成されることもあり得る。日本の現状では、時間と労力との関係上、むしろ後者の場合の方が多いのではないだろうか。

勿論、教科書はもともと完全なものではない。だから、これは色々な方法で補われなければならない。例えば補助読物とか、Visual Aids とか、学習計画とか、教師自身の技倆とかによって補われなければならない。

教材は、本質的には必ずしも印刷されたものを意味しないのだから、教師の準備さえよければ、教科書なしでも学習は進められるわけである。現に、或教科に於ては、定った教科書というものもなくて毎回次々あらわれ、生徒はただ参考図書を紹介される丈けに止まるものさえある。又、教科書をResource Unit の一つとして Reference 用に取扱うという行き方もある。英語科に於ても、教科書なしで学習を進めていることは、必ずしも不可能ではない。然し、現実にはこれは非常な時間と労力とを要し、教師は到底その負担に堪え得ない。何故なら、英語は外国語である特質上、その学習には、模倣を含めての多くの技術や訓練を要するものであり、又、音声や文字が日本語のそれとは全然異ったを要するものであり、又、いつも英語を話すだけで学習を進めてゆくということは困難だからである。教師は、適切に編さんされた教科書にrefer しながら授業を進めて行った方が、時間と労力との点に於てのみで無く、生徒の学習効果の点でどれ程有効であるか計り知れないであろう。とにかく、By means of them, a better type of teaching can be done in spite of the handicaps of the textbook, as well as with the full use of it と云える。

ところで、教材を適切に選択し、よい教科書を編さんするということは、なかなか容易なことではない。古来幾多の試みがなされ、進歩もしてきてはいるが、教育課程が時代の思潮や社会の進歩と共に、その影響を受けると同様、教科書も絶えず改善されてゆくべきものであり、生長をなしつつあるものと云わねばならない。時としてこれは、新たな段階に先んずることさえあり得る。そこで、適当な教材を選び、教科書を編さんするとすれば、どんな観点に立ってなすべきであろうか。

教科書はもともと、教育課程との間に密接な関係があり、学習は幾分系統的に教科書内の項目の順序に従って進められること、又教科書はややもすると、学校全体の教育課程の優劣や効果を決定する傾向のあることを考えてみると、実際の学習に於て、教科書の意義がどんなに重要であるかがわかる。

教科書に取り入れらるべき教材は、二つの面から考えられる。即ち第一は、英語教育も教育の一環である以上、教育という広い見地から眺めること、第二は、英語という教科の特質を考えることである。

それでは、教育の見地からすれば、どのように眺めたらよいだろうか。教育は、子供を望ましい個人及び社会人に育てあげることであるとされている。教育に於ては、その考え方に幾多の変遷があったようであるが、現代の考え方では、一言にして言えば子供中心主義であると言えよう。常に生徒の関心とか、必要とかを洞察し、社会の要求を考えて、生徒を育てて行かねばならない。教師が上から授けるという態度でなく、生徒の生活の中から個性を伸ばし、才能を磨いて、よりよい社会の形成に与るような人間に育て上げることである。つまり、学習の進め方に於て、重点が学科から子供に移されたのである。この考え方は、教材の選択に当っても充分考慮を払われるべきである。

第二に、英語科という学科の特徴を考慮することである。英語は外国語である以上、単なる *informative* な要素だけを含むものではない。言語である特質上、多分に技能的な面を持っているものである。その点、社会科や理科とは著しく性質を異にしている。*Drill* を要する面が多いので、どのようにして *Drill* を効果的になし得るようにすべきかを、重視しなければならない。

我々は、教育上の思潮に無関心では居られない。そこで、前述したような教育の考え方に依りながら、どのようにしてどのような程度に技能的な面を効果的に習熟させ得る教材を選択すべきかが問題になる。勿論、技能的な面の学習を行いながら、ある附帯的な教育効果を得ることはあり得る。例えば、言語意識を鋭敏にするとか、分析的な頭脳を練るとか、よく文意を理解しながら読書する能力を養うとかがそれである。

要するに、教材の選択に当っては、教育の正しい本義に依りつつ、而も英語学習の聞き、話し、読み、書くという技能増進の、能率が上るようにすることを、その目標とすべきである。

（2）選択科目の意義から

英語教科は現在制度上は選択科目になっているが、選択科目の意義について少し考察してみたい。

中学校教育が、義務教育である以上、旧制中学校の場合と異り、それは子供の基礎教育の一側面であることを、先ず念頭に置かねばならない。

生徒は小学校で一応基礎教育を受けてきたわけであるが、中学校に於ても小学校と同様、理想から言えば、各教科は総合的に教授されるべきであろう。然し又、子供の心理の発達から言うと、初めは総合的に理解されたもの

が、次第に分化されてゆくのは自然なことである。事実、教育課程は教科に分割されて、子供の必要や関心や適性や能力や、又将来の志望等に応じて、選択し得る仕組になっている。それならば、純粋に一般普通教科と見なされるもの以外は、皆選択教科であるべきでないだろうか。又一面から考えると、教育というものは、生徒の直接の関心や必要だけを満足させれば事足れりとしてよいものだろうか。もし仮にそうであるとするならば、極端に言えば、教育は昔流の読み、書き、そろばんだけで間に合うとも言える。そうであったら、義務教育を延長した意義も疑わしくなる。三年の中学校教育をも義務制にしたわけは、よりよい資質の社会人や国民の育成を望むからに外ならない。今や教育に於ける世界の大勢は、「すべての者に中等教育を」という傾向にあると言われている。一層よく、物事の道理もわかり、深く味い、社会の出来事も理解出来、公正な判断が出来、身辺の諸問題も処理出来、よりよい社会人となるためには、ただ日常の用が足りればよいとするだけでは余りに功利的であるように思われる。こう考えてくると、日本の現状に於ては、外国語の一つ位は、ともかくもわかるということが望ましいことではないだろうか。

然し又、他の一面から考えてみると、日本に於ける英語学習は、欧米に於ける現代外国語の場合と事情が異り、日本とは音声や文字や語形が全然異っていて、学習者にとり、並々ならぬ困難を伴っている事実も考に入れねばならない。そこで、生徒は中学校入学当初、非常な関心、希望、期待を以て学び初めてはみたものの、全然進歩の可能性がないとか、或は将来英語でわからなくともさほど困ることもないとかいう者は、義務教育に於ては、英語学習を継続させることは、或は無理であるかも知れない。（然しこのことは、他の教科についても言えないことではない。）そこで、私見によれば、中学校一年に於てはすべての生徒に英語を必修せしめて、外国語に接する機会の均等を与え、二年以上は、個人の能力なり、適性なり、将来の志望なりに従って、選択せしめるというのが、最も妥当な線ではないかと思う。従って、教材を選ぶに当っても、一学年用のものはごく程度を低めて、或場合には概観的取扱にするとか、統合科目の中に含ませる方法を講ずるとかすることも、一応は考えられる。但し、その時には、教材が厳選され、且掛地図、掛図教材、又可能ならば、ラジオの助等と相まって、*Visual Instruction* を沢山行わねばならない。又そういう時には、学校の各部門の間に、一層強い協力が必要とされる。学科間の障壁を取除き、教師は生徒の関心と必要とを同情的に理解することを要求されるわけである。そして二学年以上に於て

は、一学科として独立した扱をなし、順次程度を少しづつ高めてゆくという風にしていったらよいのではないかと思う。勿論、最初から独立した教科であるなら、一層効果的ではある。

ここで注意しなければならないのは、子供の関心とか必要とか言っても、それは非常に衝動的、一時であり勝ちだから、教師は常に自己の識見を以てそれらを正しい方向に導いてゆかねばならないということである。

(3) 単元構成から

日本で単元ということが強調され出してきたことは、戦後の教育の一特徴である。単元という考え方は、古くはドイツのチラーから初まっているということではあるが、これがアメリカへ入ってからは、Utilitarian Philo-sophy を土台として、独特な発展を遂げたのである。一言にして言えば、前にも述べたように、child-center という教育観に基いた単元の考え方である。Virginia 州に於ける研究によると、" centers of interest" adapt-ed to the "major functions of social life" were selected for each year; one might call these centers of interest the forerunner of the so-called "large unit" of today. である。これが更に発展して、ついには Virginia study の中では、全教育課程を活動運動として解釈し直そうという企が認められるようになった。関心の第一項的中心に加うるに、子供の教養的、娯楽的要望のための各学級或は各学年用の「一般活動」の一翼も見える。

要するに、単元は学習に於ける一つのまとまりであって、それは、生徒の生活や活動を中心とした生活単元、或は経験単元と呼ばれるものと、教科を中心とした教材単元とに大別することが出来る。そして学年の初に、大単元を計画するに当っては、教師が生徒の過去の経験、生徒の関心、生徒の能力、前の学校に居った時分の生徒の進歩や諸問題、及び生徒の必要等を予め既発し、又学校で使用し得る教材を調査し、表にして置くことが要求される。そして人間的関心の何か大きな中心が設定される。例えば

一、二、三年　「身近な環境の中に於ける生活」

四、五、六年　「もっと広い環境の中に於ける探険と発見」

七、八、九年　「自然及び社会の力に対する調整」

十、十一、十二年　「現代諸問題の個人的及び集団的統制」

というような設定をするわけである。

経験単元と言えば、子供なり生徒なりの生活を中心とした学習の計画や運

め方であり、教材単元と言えば、その生活や経験を分析していくつかの教科に分ち、その教科の教材を中心とした学習の計画やその進め方である。そして今日日本では、一口に単元学習と言えば、経験単元のように考えられているが、そこには問題があるようである。元来チラーの考では、単元学習とは再発見の方法により、生徒自らが発見してゆく学習法である。それだから、教科の学習であっても、それが再発見の方法による学習であるならば、単元学習と言ってもよいわけである。生徒が教師の指導により、自ら計画を立て、その目的に応ずるように方法を考え、それによってある知識や技能を習得することが単元学習である。上述のような考え方からすれば、英語科の教材を選択するに当っても、教材単元では単元学習にならないいいう理由は成立しない。むしろ経験単元の精神を生かしつつ、教材学習に適切なような教材を選ぶべきであると思う。

然し、経験単元の好き方でも、その人を得れば、やってゆけないことはない。けれどもそれには非常な困難を伴うことが、総合授業に於て立証されている。一例を挙げれば、Wisconsin High School でフランス語を担当している Laura Johnson 女史は、実験の結果、総合法の価値を十分認めながらも、旧来の水をももらさぬ教え方に共通な目標と、総合式に於て可能な目標との間には、矛盾の憂あることを、次のように告白している。If I com-centrate on the technical aspects of the language which must form the basis of all further study, how can I fi-nd time to concentrate time to correlate my work with that of other departments? Or if I reach out as I sh-ould, beyond the technical limitations of language study, how can I find time to teach the fundamentals? Like most di-lemmas it has no final and ultimate answer, but involves a reasonable compromise between the two extremes. Without ever forgetting that our first responsibility is to teach our students to read and understand, to pronounce and spell, if not actually to speak and write the foreign language, we must realize that it is the cultural values of the language that justify the study of its technical aspects[3]

然し、外国語学習の直接の目的を、或程度の聞き、話し、読み、書くこと だとすれば、それに有効な方法が考えられねばならない。言語は、多分に技 能的な面があるのであり、技術を要するものである。そうだとすれば、Drill の面が当然重く考えられねばならない。単元の本来の意味からすれば、教師 の準備の如何によっては、教科書は必ずしも必要ではない。「読書用及び学 習用の印刷された材料は、経験を構成するのに必要な形ではあるが、然しそ れは学習に用いられる唯一の手段ではない。」※4 然し又、「必要な知識を 覚えさせ、学習習慣を確立し、又必要な技術を身につけるためには、形式な Drill が必要とされるという事態も又起り得る。」※5 英語学習の場合もこ れに該当すると思う。単元学習の盛んなアメリカに於てさえ、外国語学習は 、殆んどみな経験単元外の学習として行われておるのも、まさにこの故に外 ならない。

6. 選択の着眼点
(1) 内容について

それでは、具体的にはどんな教材を選択したらよいであろうか。これは前 にも述べたように二つの面から考えられる。即ち、*informative* な面と、 *functional* な面とである。前者を内容的と名付ければ、後者は形式的 と呼んで差支ないと思う。前者は言葉を通して専ら生徒の個性なり経験なり を成長発展させるのに役立つ面であり、後者は、言葉そのものを聞いたり、 話したり、読んだり、書いたりすることの出来る能力を養う面である。

先ず、内容の面の方から述べると、どんな項目を材料として学習したらよ いかについて、無統制、無秩序であっては効果がない。やはり生徒の心理的 発達に応じて、大体の順序がなければならない。ここに、生徒の関心とか、 必要とかが、大きな意義を持ってくるのである。そこで試案として、極めて 大ざっぱな項目を記してみよう。

 i. 生徒個人の生活で身近なもの
  自分のこと、自分の身近な周囲の人々や動物のこと
  起床、就寝のこと
  食事のこと
  時計の時刻の言い方に関すること
  週や季節や月の言い方に関するもの
  登校、下校のこと等
 ii 社会生活と密接な関係あるもの

家庭生活 ── 親、兄弟、共同作業、祭日のこと等
学校生活 ── 遊戯、課業、遠足、音楽会、クラス会、スポーツ、課外活動、劇、英語演話会等
社会活動 ── ボーイスカウト、議会、慈善事業、平和運動等

iii、専ら教養に関係し、知見を広めるもの

科学 ──── 科学的事実、発明、発見、科学者の伝記や逸話、科学上の将来の予想等
文学 ──── 作者の伝記や逸話、作品解説、簡易化した古典の名作
（古典から一、二片、参考資料として所々に取入れるのもよい。）
芸術 ──── 芸術家の伝記や逸話、作品解説等
風物 ──── 英国や米国、或はその他の国々の、地理、正史、制度、風俗、習慣、国民性等

この風物に関することは、非常に大切なことで、英語を教材として覚えるためにも役立つばかりでなく、英語学習を通じてその国民性を知ることは、大きな教育的意味を持っているのである。

尚、Jespersen は、その著 How to Teach a Foreign Language の中で、一番よい教材は、生徒がその外国人の国民性の中で、最も美しいものを愛するようになるような読本である。────世界中の語学教師は、生徒にその文学作品を読ませ且互い理解ある交際をする資格を希望の青年に与えることによって、国民間に善良な永久的関係を確立する為には、ヘーグの平和会議よりも遥かに有力なことを示すことになるだろう。[46]という意味のことを述べているが、従うべき言葉であると思う。又 Handschin は、外国語学習の教材としては、Inspiring Thought を含んでいるから、classics がよい。然し注意すべきことは、生徒は外国の現代の事情も知る必要があること、及び古典には難語が沢山あるから、初学者には簡易化したものを読ませる要のあることであると述べている。[47]とに角、外国語を学んだことのある者は、多くの免れ難り勝ちな偏狭な考え方を脱し、国際的な精神が養われ、寛容（Tolerance）の徳が養われるようになることが多いと言われるのも、理由のないことではないと思われる。

以上、試来として、大きな項目だけを挙げたが、教科書の編さんに当っては、技能面のことをよく勘案して、適度配合されるべきである。

(2) 形式について

英語の技能的な面の教材を考察するに当って、先ず我々はどのような英語を教材として取入れるべきかを一応考えてみたい。それは、標準語の問題で

ある。

　どこの国語でもそうであるが、英語は歴史的に幾多の変遷を経てきた。昔は Anglo-Saxons によって話されていた国語であるが、地域によってその地域特有の方言が話され、標準語というものがなかった。Chaucer の時代になって初めて、政治の中心地であるロンドンを中心とする Dialect が次第に広まり、標準と考えられるようになった。Chaucer の名作 Canterburry Tales はそうした言葉（今から言えば中世英語）で書かれたものである。Dialect については、Local Dialect の他に、Social Dialect というものが考えられる。上層社会の人達の間で通常話されている言語と、下層社会の人々の間で通常話されている言語との間には、発音なり表現形式なりに、多少異っているところがあることが認められる。そして、社会や国家の重要な事柄を処理する人々の言葉が「標準」と考えられるようになった。このようにして現在では、英国では南部地方の教養ある人々の話している英語が、標準英語と考えられるようになったのである。Fries は規範文法の不当なることを唱えている所でこう述べている。English has been said to enforce the point that it is "standard" not because it is any more correct or more beautiful or more capable than other varieties of English; it is "standard" solely because it is the particular type of English which is used in the conduct of the important offices of our people

　ここで、中学校の教材としては、British English を選択すべきか、American English を選択すべきかの問題がある。American English と言っても、もとは British English と同じものであったのだが、その英語が米国に於て、米国の国語として独特な発達をし、米国に特有な単語、発音、語法、綴を有するようになったのである。そして、米国に於ても、諸地域に於て異った特徴を有する方言が行われているが、概してきえば、New England 地方の全米国に広まった。New England, the South, the Middle West 等、地方地方によって多少の違はあるというものの、それらに共通な a set of Language があり、それによって国の政治的、社会的、経済的、教育的、宗教的生活に関する大きな事柄が処理されるようになった。その言語を使用することが、社会の重要な事柄に対して責任のある人々と絶えず接触していることを暗示し、その言語がある程度の Social Prestige を附与される結果となった。これが米国の「標準語」である。そしてそれはもともと、昔のロンドン英語から由来したものであり、た只米国に於て独立な発展を遂

げるために、英語の標準語と少し異っているというだけのことである。

だから、日本の中学校に於ては、まず英国の標準英語を教材として取入れることが妥当であろうと思う。Curme は米人でありながら、その著 Syntax の序言に於て、米国英語がある特徴を持った英国英語であるに過ぎないとして、英国英語を本体として文法を論じ、米国英語に特有な表現形式は挿入的に説明している程である。又、実際上から言っても、現在のところ英国英語の方が多く世界の国々に拡ままっており、それだけに世界に於ける受容価値が多いわけであるし、又その発音や語形に於ても、現在のところ英国英語の方が米国英語よりも Variant が少いのであるから、学習者に取って、外国語入門には容易であると言える。ただ米国は今や世界の有力な国家となって、国際社会に於て重きをなし、且又わが本国と北太平洋を隔てただけの隣国であるので交渉が頻繁であることのために、米国英語の特異性に全く無関心であることは出来ない。そこで、教材としては英国英語を取入れながらも、実際の学習に当っては、教授者は米国英語の著しい特異性を有する点にだけ、適当な機会に触れる程度にした方が、実際的にも便利でもあり、且効果的である。結局中学校では、英国の標準口語体を教材とすべきである。ということになる。

そこで今度は、技能的な面から見てどのようなものを教材として取入れたらよいかということについて述べたい。

理想から言えば、教科書は英語の運用練習の模本であるべきである。それで、初年級に於ては、専ら Oral Introduction に留意して教材が選ばれるべきである。言語習慣を覚えるには Code（言語体系）としてよりも、Speech（言語運用として覚える方が原理的に正しいことは、諸家の認めるところである。外国語学習の究極の目標は Reading であろうが、それに到る過程としては、ある程度聞き、話し、読み、書くことが出来ること、特に口頭練習が大切であり、Grammar Translation Method に依っては非能率的であることは、権威ある言語学者達の均しく認めるところである。Bloomfield も the student who does not know the sounds of a language finds difficulty in learning to read it [9] と言い、又 Fries も、---- it is extremely doubt-ful whether one can really read the language without first mastering it orally [10] と言っている。

このようにして、語形の配列も *Oral Work* に適するようにすべきである。又、前後の文が連絡あるように工夫することも大切である。観念上全くつながりのない文を、ただ文法的体系の順序でだけ並べた教科書の愚劣さを *Jespersen* は指摘している。*"

発音は、語系を異にする外国語のことであるから、兎角誤り易いので、適当な個所に発音口形図を示し、正しい発音をする際の発音機関の練習の便にするとか、或は又同一方式に依る発音の数語を既習の教材から拾い出して、帰納的に理解させるのに便にするとかすべきである。

次に量語の問題であるが、これは文法的考慮に依るよりも、日常語が先に出るように考慮が払われるべきである。ここには *Vocabulary* の問題が入る。*Vocabulary* はその *Frequency* の多いのが先づ日常語であると考えられているが、その選定に当っては、主観的判定によらず、出来るだけ客観的な調査を基礎とすべきである。*Vocabulary* の *Frequency* については、*Thorndyke* 初め幾人かの研究があり、日本では英語教育研究所が調査して発表した *The Second Interim Report on Vocabulary Selection* もあるから、それらを参考にするのもよかろう。ただここに注意しなければならないのは、*Frequency* の *Range* に於ては低いが、日本語化した英語で、案外に日常使われている語もあるわけであるから、そういう語は無理に後まわしにする必要はない。

又に *Collocation*（連語）であるが、これは現在のところ *Vocabulary* の調査程研究が行われていない。今后の調査研究にまつ所大であるけれども、やはり最も頻繁に現われると思われるものから、先に教材として選ぶべきである。

構文形式（*Construction - pattern*）についても、中学校に於ては、どの程度までのものが適当であるかを調査し、それによって配列が考えられるべきである。徒に文法の体系の順を追うことなく、最も平易な、日常使われている構文から、順次難しい構文へと及ぶべきである。

次に、新語の現れる程度についても考えなければならない。一頁に新語が十も二十も出るというようなのはよろしくない。最初は精々一、二語乃至二、三語がよい。三年に到つてさえも十語もあったら多過ぎるだろう。精々五、六語以下が適当と思われる。

文法については、言語は精神的資産となるようなものを選ぶべきであり、*Situation* が大事なのであるから、文法は従にすべきである。文法の体系の順序を追うことなく、教材の中から帰納的に判断させるような仕組にす

べきである。そのためには、教科書中の原文をもとにして、同一文法事項について練習題を、復習を兼ねて設け置くことも考えられる。このようにして積重ねていった幾つかの文法的事項を、ある時期に達した時(三年後期が適当と思う)、文法の体系の荒筋を総まとめするという風に教材を選ぶべきである。この際簡単な語形表や、構文表を掲げ置くことも便利である。作文や英習字も、独立してでなく、読本に関連させて練習させるべきである。

次に副読本について一言したい。一年は専ら入門期で、基礎的事項について練習するのであるから、ある一定の教科書を定めて、それを材料として徹底的に理解運用出来るようにすべきであるが、Reading の力を増進するには、多読も重要な一要素である。Handschin は、彼の提唱する Reading Method に於て、こう述べている。…… *progress in reading ability is greatest when there is extensive reading of appropriate material both in and out of class, when all objectives except reading ability is relegated to the backround, and when a minimum of attention is given to grammar study.* [12]
先の教科書を Intensive Reading 用とすれば、後者は Extensive Reading 用、或は副読本用と言うことが出来る。二年以後は Intensive Reading の外に、ごく平易な、簡易化して書かれた Extensive Reading 用教科書を用意することは、極めて効果的である。これは専ら興味本位の童話、逸話、伝記等を載せ、Motivation (動機づけ)にも充分注意が払わるべきである。又、Extensive Reading の一種として、Weekly を併用することも考えられる。何れにせよ、生徒が自ら楽しく多く読む風に、教師が適当に指導すべきである。

又、地域社会の必要に応じた教材を取入れた教科書も考えられる。これは、各都、道、府、県単位で考慮することも考えらるし、或は又、都市用、農村用の区別も考えられる。

最後に、教科書使用について、教師の注意すべき事項を二三述べてみたい。教科書は、教科書は、教材選択の Expert によって論さんされるものであるが、それには必ずしも長所ばかりあるわけではない。短所も伴っているわけである。そこで教科書の採択や使用に当っては、教師は慎重に研究し、次の事項に注意すべきである。

　i　それを使用しようとする学校の、目標と原理とに副っていること。

ii 教師の教授法と教材の配列とが合致していること。
iii Reference 用として、学校図書室に揃えるものは、十五乃至二十冊補助教科書として備え置くこと。
iv 教育課程作製に当つて、余り教科書に頼り過ぎてはならない、ただ自分の教育作製という、True Function に於て、道具として用い、教育課程を豊かにし、学習研究への刺戟の指針にすべきこと。
v 又、教科書に対する一般人の関心や質疑を歓迎すべきである。
vi 教科書採状には、次の諸点に主として留意すべきである。
 (a) 提示されている主眼点はどうか。
 (b) 教材の範囲はどうか。
 (c) 個々の生徒の進歩の速度の変化はどうか。
 (d) 語いの Gradation が年令及び学年に対して相当しているかどうか。
 (e) Drill 及び復習材料が適切であるかどうか。
 (f) 生徒の成長、学問、関心、及び進歩に適切な注意が払われているかどうか。☆13

尚、教科書編さんに関しては、教科書の質をよくするためには、営利事業の自由競争にのみ任せることなく、学者、専門家、実際経験家等の衆智を集めて、編集委員会を組織するのもよいであろうし、又、適当な研究機関を設けて、色々な角度から共同研究調査するというような組織を作ることもよい方法であると思う。又同時に、教科書を賢明に運用し得る智識と技術との素養を有する教師の養成ということも大事な仕事である。

Bibliography
1. J. Minor Gwynn : Curriculum Principles and Social Trends, P. 205.
2. Ibidem. : p. 152.
3. Charles H. Handschin : Modern Language Teaching. p. 365.
4. Smith Stanly & Hughes : Junior High School Education, P. 238.
5. Ibidem : p. 240.
6. Otto Jespersen : How to Teach a Foreign Language, P. 180

7. Charles H. Handschin: Modern Language Teaching, P. 227.
8. Charles Carpenter Fries: American English Grammer, P. 13.
9. Bloomfied: Language. P. 105.
10. Charles Carpenter Fries: Teaching and Learning English, p. 6.
11. Otto Jespersen: How to Teach a Foreign Language. P. 13-4.
12. Charles H. Handschin: Modern Language Teaching. P 69.
13. J. Minor Gwynn: Curriculum Principles and Social Trends, P. 218-9

II. 教科課程論

I. 英語教科課程の目標

a. 言語の本質

 言語は思想、感情を相手の人に伝えるために発達した方便物である。生きた言語の本質はその言語が話されることにある。距離とか、時代の区間とか、またはその他の事情のために直接に伝達し得ない時に文字を用いるのである。

「言語は音声言語（spoken language）が本来の姿であって文字言語（written language）は謂わば二次的言語である。このことは、文字を持たない野蛮人のいることや、文字は知らないが話は出来る幼児のことを思えば容易に首肯することが出来よう。文字言語は音声言語に比べて、はるかに後期に発生したものである。声の届かない処にいる人や、又は後世に自分の意図を伝えるために発達した。」

（石橋幸太郎：新英語教育講座第一巻）

 従って話す言語と書く言語との間には多少の差があるのが普通で、それぞれの特色を持っている。二人の人が直接に口頭で互に思想、感情を伝達しあう場合を考えてみると、双方が或一つの言語を相手にわかるように話す能力と、聞いて理解する能力、即ち所謂第一次技能を持っていなければならぬ。間接的に文字を用える場合には、相手にわかるように書く能力と、その書いてあるものを読んで理解する能力、即ち第二次技能を具えている必要がある。母国語に於ては、第一次技能の方は国民全部が自然的、無意識的に習得し得るものであるが、第二次技能は学校其他による特別な養成が必要である。

b. 外国語の学習

 外国語を自然的に習得することは極めて稀であって、意識的、継続的の学習活動が必要である。これは第二次技能ばかりでなく、第一次技能養成にも必要であり、此の点が母国語の習得の場合と異り、その他種々の障害が加って外国語学習を困難にする。若し習う生徒の側に外国語学習の目的を充分に弁えず、その必要を充分に自覚していない時には、教授の困難さは更に幾倍かになるであろう。我国の学校に於ける外国語教育の第一の目的は主として読書力の養成にあると考えてよからう。権威者達の意見も此点では一致していると思う。人によっては先ず読書力を養っておいて、会話力の必要が生じたら、別にその練習をしたらよいと言っている。しかし大事なことは、初歩に於ては第一次技能特に発音練習の必要を否定するものは誰もいないことである。外国語学習の基礎的段階に於ては、会話能力が目的であっても、又読

書力が目的であつても、四技能を合せて養うことが必要であり、その習得もまづ聞くことから始めて話す練習を積んで後に読むことと書くことの修練に進むことが最も自然的、合理的であることは心理学者、言語学者の定説だからである。即ち最初の或期間は専ら oral work で耳と口の訓練をすることが必要とせられている。

Henry Sweet: All study of language, whether theoretical or practical ought to be based on the spoken language.

Bloomfield: The student who does not know the sounds of a language finds difficulty in learning to read it.

Fries: It is extremely doubtful whether one can really read the language without first mastering it orally.

H. O. Coleman: Even if literature were our ultimate aim, reason would still demand that we should begin with everyday talk and writing. (他にもあるが省略する)

c. 語感

英語には英語特有の語感がある。語感はその国語の生命とも言えよう。歌詞を読んだだけではその内容しかわからぬ。節をつけて歌つてこそその歌が生きてくる。「ことば」としての英語を学ぶには、この語感を養うことが極めて重要である。語感を知ることによつて literal identification だけでなく intellectual identification、更には emotional identification も出来るようになる。語感は理解、記憶の助けにもなる。

J. A. McGeoch: The conclusion that the use of rhythm as opposed to none accelerates learning provides one of the reasons why poetry is more easily memorized than prose.

d. 中学校英語教授の目標

(1) 一般目標

中学校英語教科課程の目標を考えるに当つては、学校教育法に示された中等教育の目標を常に念頭においてせねばならぬ。これは忘れられ勝ちのことであるが、根本的に重要なことである。教科課程そのものゝ目標は、中学校

英語教育が英語学習の基礎的段階に属する事実に鑑み、既に述べた一般外国語の場合と同様の目標であるべきことは言うまでもない。又異る点は、中学校は義務教育であり、たとえ英語は選択科目とはなつていても、生徒全体を対象としているので教養面をも重視すべきことである。此の意味で文部省の学習指導要領中にある目標「A、一般目標」に言われてあることは当を得た主張であると思う。

(2) 技能上の目標

又「B、おもな技能上の目標」中に述べられてある「ことば」としての英語を聞いてわかる技能、口頭で表現する技能、読んでわかる技能、及び書く技能を発達させること、その標準は中学校生徒の発達段階に適当であると一般に認められたものとすること、についても理論的には賛成である。しかし現状では、設備の不充分、時間的の制約、教員の不足等のため幾多の困難があり、又地域差、能力差、時間数、進学志望の有無等によつて四技能に多少の軽重をつけたり、標準に斟酌を加えたりすることの必要な学校もあろう。現に東京都教育委員会の「教育課程」には特に「地域目標」と言う項目があげられている。

(3) 教養上の目標

英語の学習と共にその背景をなす所謂風物知識を得ることは教養上極めて大切なことである。英語国民特に英連邦とアメリカ合衆国の世界に於ける地位、英語の世界性に鑑みて、これら国民の生活様式、物の考え方、風俗、習慣を理解することは英語の学習と密接な関係があるばかりで無く視野を広め生活を豊かにし、我国民の向上発展に資する処が大である。中学校に於ける目標としては、それぞれの学年に於て取扱う言語材料に関連のあるもの、直接関連はなくても適切であり、英語の学習に対する興味を喚起し又は教育的であると考えるものに限定すべきで、この面に過度の重点をおいてはならぬ。

6. カリキュラム及び単元の問題

戦後カリキュラムという言葉が盛んに用いられ、他の教科においては種々の形式のものが実験されているが、英語には固有の学習体系があつて教科教育課程を中核とすることが一番適当であると思う。無暗に流行を追うことは勿論いけないが、現状に満足して改良進歩を少しも考えないのも不可である教師たるものは常に斯道の動向に注意して、研究を怠らず、向上発展に努力すべきである。

単元法についても同様、英語の学習に合理的順序が大体一定していて教材単元によることが最も安全であると思われるが学習効果をあげるためには経

験単元の長所を採用することの望ましい場合もあろう。

f. 学年別目標

英語に限らず凡て語学習得は反覆練習が最大の秘訣である。第一学年に於て習得したことが学年の終了と共に終るのでなく、第二学年はもとより第三学年、更に高等学校に於ても繰返し練習されなければならない。従って各学年別について明確な目標は立て難い。しかし初学年に於ては或程度の作業順序があるので大体の各学年別目標をあげることにする。又注意すべきことは一旦教科書を選定したなら、その学年の教材が大体定まるので、学年目標も自然一定して来るということである。故に教科書の選択が極めて重要な要素となるので選択には非常に慎重な検討を必要とする。教師は教科書の奴隷となることなく自主的に之を生かして使う態度も亦必要である。

第一学年

正しい発音の基礎を作ること。日本語と全く異る英語の語法を知らしめ、その使用に慣れさせること。語感を養わせること。復習の習慣をつけること。英語の学習に興味を持たせること。学年相当の教材についての四技能を発達させること。適当な風物知識を得しめること。発音符号を一通り知らせること。

第二学年

第一学年の目標を継続発展せしめること。辞書の使用によつて預習する習慣を作ること。第二学年の教材のみでなく第一学年の教材をも含めて、その四技能を発達させること。適当な風物知識を得しめること。

第三学年

第一学年及び第二学年の目標を継続発展せしめること。帰納法によつて文法事項を整理させ、類推作業によつてその法則の演繹訓練をすること。考える事によつて教材の内容を理解する態度を養うこと。話し又は書いて簡単な自己表現の出来るようにすること。中学校全学年に於て学んだ教材について四技能を発達させること。精読のみでなく博読をもする態度を養うこと。

一年の中心が Hearing, Speaking であれば二年はそれに Reading が加わり、三年は更に Writing が加わるべき性質であるが三年制の中学に於ては、その配分は Reading を中核として一年は Hearing (+Reading) 二年は Speaking (+Reading)、三年は Writing (+Reading) とすべきであろう。　（小川芳男：中学一年の英語）

東京都教育委員会

第一学年：　聞き方、話し方、読み方および書き方について基礎的な練習

をする。即ち主として学校生活、家庭生活などについて書いた現在形の単文を反復練習せしめ「知る」よりもむしろ慣れることに重点を置く。特に入門期においては発音を重視する。

第二学年： 聞き方、話し方、読み方、および書き方について第一学年よりも程度は高くなるが基礎的英語の練習を主とし、文法的に云えば過去、未来、現在完了、受身、不定詞などを含む平易な単文及び短文を習得せしめる。あわせて外国人の生活様式などを理解させる。

第三学年： 第二学年に練習した聞き方、話し方の技能を確実にし、特に読み方、書き方の方面に意を注いで文法的知識を整理する。あわせて外国の風俗、習慣、思想、感情を理解し、我が国文化の発展に寄与しようとする態度を作らせる。（東京都中学校教育課程）

8. 其の他の問題

中学校の英語教育は高等学校英語教育の基礎を作るためのものであると一般に考えられている。中学校側でもそのつもりでいる人が多いのではあるまいか。しかし現実には中学校卒業生の過半数が直ちに社会に出て行っている。東京都でも約48%（このうち13%は定時制に進学）を占めているのである。この事実からすると現在行われている中学校英語教育がこのまゝでよいかという問題が起る。この問題は充分検討を要するものと思われるが、未だ一般的には取上げられていないようである。

John A. McGeoch	: The Psychology of Human Learning
小川 芳男	: 中学一年　英語の教え方
〃	〃 二年
〃	〃 三年
Palmer	: The Principles of Language Study
研究社	: 英語教育講座　第一巻
語学教育研究所	: 外国語教授法
〃	英語入門教授法
岡倉 由三郎	: 英語教育
福原 麟太郎	: 英語教授の理論と実際

2. 四技能の関連

a. 聞き方と話し方

聞いて理解すること，相手に分るように話すこと，読んで理解すること，相手に分るように書くことは夫々同一物に於ける表裏の関係にあると考えることが出来る。普通前の二つを *primary skill* (オ一次技能) 後の二つを *Secondary skill* (オ二次技能) と呼ぶ，但しオ一とかオ二とかは発生的順序であって決して其の重要性を意味するものではない。オ一次技能を養った後でなければ本当の意味に於けるオ二次技能は養われない。勿論厳密に考えれば全く表裏の関係にあるとは言い難い，何故ならば話す場合書く場合に使用される語彙は *Active vocabulary* (能動的語彙) 又は *Reproduction vocabulary* (再現語彙) と呼ばれ聞いて読んで理解出来る語彙は *passive vocabulary* (受動的語彙) 或は *Recognition vocabulary* (認知語彙) と呼ばれていて，人は誰でも此の両方を持っているが，その比率は約1対3の割合だと也られていて表裏に量的の差があるからである。旧制度の中等学校に於ける五年の *Reader* を読む者が三年程度の欧文力があればよいと考えられていた。併し中学校で習得すべき語彙は生徒の *passive vocabulary* になる事は勿論出来るだけ *Active vocabulary* ともなるよう取扱う事が望ましい。構文に於ても同様である。*palmer* は言語伝達の経路を次の如く挙げている。

(i) *Primary speech circuit*
   (A)
   Concept - Acoustic Image - phonation - Audition (B)
   Acoustic Image concept

(ii) *Secondary speech circuit*
   1. Writing - reading circuit
   (A)
   2. - Acoustic Image   Acoustic I. - Concept (B)
   graphic I. - graphation - graphic Vidation - graphic
   Visual I.

1935年 peter Hagboldt は "Language Learning" の中で此等四技能は相互依存関係にあることを証明している。即ち *Speaking = Hearing + Inner - Reading; Reading = Hearing + Speaking; Writing = Hearing + Speaking + Reading* で読方，話方，書方の何れに習熟せんとするも同方より始むべき事を唱えている。尚後尾哲夫氏は "英語教授の理論と実際" の中で四つの技術の習熟 (*English* as speech) を追求するならば先づ第一に Hearing に基礎を置かねばならぬ。基礎工事が不充分で土台がぐらつくことは殊に易より難えや第一技術から第二技術えと移行せねばならぬような外国語教授に於ては最も注意を払わねばならぬことで、Swift がその著 "The mind in the making" に確固たる報酬工事は学習の中途にあらわれる plateau (停止期) を無くするのみならず学習を嫌な面白くない仕事と思わせないようにするものである。Burton 教授は「理解を与えず必要を悟らしめずして技術を与えんとドリルせば時間と精力を浪費す。ドリルは理解と必要とが先決問題である」と "The guidance of learning Activities" (1944) "学習活動の指導" に述べているが英語教育の目的と価値とを第一時間に徹底せしめることが基礎工事を確固にすることと共に是非実施しなければならないことである。」と述べているが指導者たる教師の銘記すべき言である。

斯くの如く新しい英語教育に於ては入門期の数週間(語学教育研究所では六週間を適当としているが四週間或は三週間でよいとする者もある)で発音に馴れさせ英語の語感に親しませた後極めて簡単な問答によって機械的に読方、書き方の作業を加えて行く。これは教室の活動に変化を与えるのみならず生徒が家庭に於て復習するための材料を供給することにもなる。元来聞くと話すは表裏の関係にあり有機的に相互に作用するものである故此の二者は相関的に行わねばならぬ。Palmer の The Five Speech-Learning Habits にも先づ Auditory observation. その次に Oral reproduction の habit が挙げられている。Palmer によるまでもなく Speech としての英語は Art である。Art を習得するには先づ夫れに習熟した者に指導して貰わねばならぬ。従って指導者たる教師は入門期に於ける発音訓練が生徒の英語学習の成否を決する重要な要素となることを自覚して指導に当るべきである。

b. 読方と書方

斯くの如く聞くと話すとは密接な関連があるが、その話す英語を書き表わす Visual symbol としての文字を見て読むことも出来ることが必要である。それが出来て始めて書く練習が出来る。従って読むこと、書くことは有機的関係があり、この二つは並行して行わねばならぬ。読むことに習熟することにより書くことの技能を習得することは吾人の経験の証する所である。Want を Reading = Visual image of word - acoustic image → kinesthetic image ; writing = idea → acoustic image → kinesthetic image → graphic motor image と分析している。

　中学校で書方を課する意味はそれによつて英語独特の表現法を意識的に習得し、日本語と英語の異同について確実な知識を得かくて英語の読解力の向上に役立てることに意味があるのである。書くこと、読むことは相互に目的となり手段となつて共同の目的たる文字による英語の運用力養成を期するのである。

c. 多様感覚の刺戟 (Multiple Sense Appeal)

　吾々が物事を記憶するに三つの型がある。即ち視覚型 (Visual Type), 聴覚型 (auditory type), 運動型 (motor type) であつて、それによる記憶を夫々 visual memory, auditory memory, motor memory と呼んでいる。個人的にも年令的にも差異はあるが視覚型の者は主に文字を覚えるに早く、聴覚型の者は耳に聞いた音をよく記憶し、運動型の者は発音や書くことによつて早く覚える傾向がある。併し現実の問題として人は純粋に一つの型をのみ有すると考えられない。皆此等三つの型を或る程度に並有しているものである。語学学習にはあらゆる感官に訴える事が最も有効なる事は衆像の認むるところである。従つて同一の英語を聞きもし、見もし、書きもし、発音することが同一の時間中に絶えず繰返されることが最も効果的である。David Hartley は " Observation on Man " (1740) で oral, auditory, visual, manual の四つの mental image を交互に活動せしむることが言語学習の不可欠条件であると述べている。又 palmer は " The principle of language " (1920) P. 82, 九箇則中九項目 Multiple Line of Approach の中で各方面からの各種の方法で、各種の形式の作業で、総て同時に実行されねばならぬ。即ち時には精読せよ、別の時には通読せよ、特殊の目的のため適当な時には翻訳を充分せよ、又別の機会には特殊の目的のため翻訳は全く案ぜよ、初期には時として、しばしば訓練作業を多く与えよ、後に於て学生が充分熟練したら自由作業を充分与えよ。又初期には記憶作業を、他の時には学生自ら文を作る作業を与えよ。要するに外国語又は外国語の特殊な点に対して同時に違つた多くの出発点から接近せよ。」と述べているが、

まことに味うべき言葉である。更に John A Mcgeoch は "The psychology of Human Learning" (1942) P.169 に Henmon や Cohn の説を次の如く引用している。"Use of both visual and auditory stimulation in combination has usually been found superior to the poorer of the two when they are used separately and to be superior in some cases to either one" (Henmon, 1912)

"When kinesthetic stimulation in the form of movements of articulation is added to visual stimulation, to auditory, or to the two combined, the most frequent result has been an increase in rate of learning" (Cohn, 1897)

近頃視覚教育が盛んに研究されているのも上記の理由に基くものである。併し其の反面、時には耳と口とのみを使っての訓練ばかりに集中したり、眼、口、手等のみに重点を置く事も亦必要である。方法時期を誤ると同時に二つ以上の感覚を働かす事によって精神の集中を妨げ注意を散漫にする事があるからである。盲人の耳による記憶、聾者の目による記憶が如何に常人のそれに較べてすぐれているかを考えると、注意の集中の必要な事が分る。前述の John A. Mcgeoch の "The psychology of Human Learning" P.171 の中に次の言葉が見出される―

"When visual and auditory presentations are used together, subjects seem to be distracted by the lack of complete simultaneity of the two and lose whatever advantage would result from summation of the two stimulations, if other things were equal."

d. 四技能と地域的生徒経験えの適応

次に四技能の習得は生徒の一般的能力や学校の特色を考えつゝ生徒の要求と関心に応ずるように計画することが大切である。都市と辺びな農山村や商業都市、又は外人の多く集る遊覧地に於ては英語の技能に対す

る要求は夫々或る程度違うであろうし生徒の関心にも差異があるであろう。斯く考えれば辺びな農山村に於ては主として第二次技能の養成に留意するし、又外人に接する機会の多い地方に於ては第一次技能の養成を心掛けることが望しいであろう。此の点に関しては、以下に文部省中学校高等学校学習指導要領英語篇三巻 P.618-619, IV を参考に引用する

1. 聞き方と話し方の経験に関して

　何人かの権威者の意見としては、大ざっぱに名づけて「日常会話」なるものを本式に始める適当な時期は、だいたい中学校第3学年とされている。しかし生徒の住んでいる地域がたまたま外人客の多く寄り来る名所であるとか、英語を耳にすることが非常に多い場所であったり、また学校にたまたま英語に達者な教師がいる場合には、この種の経験はそれより早目に始めてもいゝし、また大いにやってもよい。

2. 読み方の経験に関して

　英語の耳と口とによる方面の能力について必要の殆んどなさそうな辺びな場所に生徒が住んでいる場合には、読み方の経験に、比較的多くの時を入れることが賢明である。（以下省略）

3. 書き方の経験に関して

　書き方の経験は、外国のいろいろな会社と連絡する必要のある商業都市においては、より多く力を入れなければならないであろう。このような都市においてはまた広告という面から英語を効果的に使うためのじゆう文んな知識も必要となつてくる。（以下省略）

3. Curriculum の構成

a. Curriculum とは

Curriculum については、戦後既に数十百種のこれに関する書物が出され、数多の評論を経て、遂に流行の時期が去ったかの観があるが、英語科の指導については、尚一応も二応も、是非考えなければならない大きな問題である。

理屈を抜きにして常識的には、これは①一つの学習の過程であって Course of Study と同じ意味に用いられる。教授内容を予め定めて、教師が順次之を教えて行く場合と、②学習そのものを指す場合とである。文部省の「学習指導要領英語篇」は、この意味に用いている。言いかえると学習の Scope と Sequence とを規定するものである。即ちある学習の内容を単元にまとめ、この単元を学年、学期に、生徒の発達段階に応じて配当し、その学習過程を評価に至るまで計画したものであるということができる。
従って Curriculum の作製に当っては、教師だけでなく生徒の参加も原則としては、当然に予想されるものである。

b. Curriculum の種々の型について

色々の型が学者によっては挙げられているが、文部省の学習指導要領は次の五種をあげている。

(1) Subject-matter   Curriculum
(2) Correlated   〃
(3) Fusion   〃
(4) Core   〃
(5) Experience   〃

語学教育の本質から見て、直接英語教育に関係あるものは、Subject-matter Curriculum であろう。英語に限らずすべての外国語の学習指導には、高度の専門的技能と、十分慎重に計画された学習経験を基礎にした指導案が必要であり、それを習慣にまで持って行くような drill が必要である。その他の型は時宜に応じて考慮する程度で、教課を中心にして指導して行く型が、この場合適当ではないだろうか。

c. 英語科の Curriculum について

(1) 教科カリキュラムとなると

英語科のカリキュラムは、結論としては、当然カリキュラムとなってくる。指導する教師の経験と、学習する生徒の経験とを以てしては、絶対に生徒の need と interest とか、地域社会の need に適応したカリキュラム

の編成は、中々困難である。従て文部省の学習指導要領の中の「教科書採択基準」（これは殆どそのまゝ教科書検定基準である。）に基いて採択した教科書を中心としたカリキュラムを作ることが一番安全であろう。

　(β) カリキュラム編成上の語いと文型

　　　教科書を中心としたカリキュラムを編成する場合に、その語いについて、又その文型について考えなければならないことは；

　従て教科書が編さんされる場合に、その語いについては、最も使用頻度の高いものを、即ち日常生活に一番必要なものゝ中から選択されてはいるが、各々の教科書によって幾分か差異があることは免れない。従って中学校で是非修得されなければならない一定の基準があったら大変結構だと思う。これには又一定の段階を設け、生徒の能力に応じて修得できるように配慮されると尚一層指導に役立つであろう。

　文型についても同様で、一定の中学校用の Sentence Pattern を定めて欲しい。この型の選定については、文法的な文型を基本とするか、又は最近の外国に於ける外国語教育の場合要用いられる Word order を基本にした文型を用いるかは研究を要することである。

　(c) Minimal Essentials と能力別指導のカリキュラムについて

　　　現在の義務制中学校に於て選択教科として外国語が課せられ、その指導が教科カリキュラムによって行われる場合、そのカリキュラムは相当伸縮性のあるものでなければならない。その経験と能力に於て、極めて多種多様な生徒に対して、出来る限り各々の能力に応じた指導を必要とするすれば所謂 minimal essentials の問題を十分考えることが大切になって来る。

　(d) 英語科の単元法について

　　　単元とは何か、単元学習とは何か、についてはカリキュラムの問題と等しく論じ尽された観がある。文部省の学習指導要領は、単元法とは、関連のある学習経験を一つの中心問題又は話題の下にまとめようとすることをいうと定義してある。英語学習の場合この単元法の効果はどうであろうか。

　単元学習に関する色々の説を見ると、生徒の経験、生活と学習を含めての経験を基礎とすることが重要視される。仮に之を経験単元と名づけると、従来の如く教科書を中心として、これを順序通り学習して行けば自ら指導の目的が達せられるとの予想の下に、教科書の部分部分を単元と考えて指導する場合、之を仮に教材単元と名づけることが出来るだろう。

　文部省の学習指導要領は、その百十四頁以下に所謂経験単元法と称すべき学習展開例をかゝげている。篤志的な実力のある教師が、この様な単元法に

よる指導を行うことは非常に望ましいことで、その実験報告を早く承り度く思っているが、平凡な我々教師には、この様な指導法を常時行うことは、それが余りにも大きな問題を含んでいるので、十分の自信を以て実行する勇気は現在持っていない。

従って、どうしても所謂教材単元による指導を進めて行きたくなるのであるが、これは実は語学教育の本質から来るものではないだろうか。中学校の英語科指導の如き、学習の過程に於て学習経験を積んで行く教科に於て、はじめから経験に基く学習指導ということは、相当無理であって、ある程度までその学習経験が積み重ねられてからの問題であると思う。

(e) 教科外教育活動について

教科外教育活動と、本来の英語科カリキュラムとの関係についても数多の問題があるが、元来教科外教育活動は、生徒の自発的な活動と了解されてはいるものヽ、現状では教師の指導が大巾に入り込むのが普通である。従つて正課の課程を援助するために、非常に大きな役割をつとめるものと思う。前述の単元法による学習を、この教科外教育活動に於て取り上げ、生徒の need と interest に基いた指導を行えば、貴重な実験例が期待できるのではないだろうか。

(F) Curriculum 構成の手順および留意点

中学校3ケ年の英語 Curriculum を構成するに当ってはまずその教養上、技能上の一般目標、各学年における教養上、および4技能上の具体目標を明らかにすべきである。(本書11, 12参照) 次に

(1) 現行教科書を基本として構成することヽし、その手順を考えて見よう

(a) まず適切な教科書を選ぶことが大切である。適切な教科書とは目標にかなったものということになるが具体的な条件を試にあげれば、(イ) 英語教育目標と時代の進展とにかなつている。(ロ) 内容が生徒の発達状態にふさわしく興味深いものであり、英米文化風俗、諸外国の民主社会についての教材を含む。(ハ) 出来るだけ平易なしかも Standard (暗誦するに足る) 文章から成り、難易の Grading が穏当である。(ニ) 文法、文型の配列が適切である。(ホ) 難いと発音を欄外に示すなどして特別の注意をしている。(ヘ) 多様な learning activities をとり入れ英語の生活化に力を注いでいる。従って Exercise も又多様である。等であろう。

(b) 1週4時間とし、教科書を一通り見て Lessons の年間割当をするが、現行教科書は完全では決してないからこれに盲従せず適当に取捨政択することが大切である。即ち本書教科課程論中の狙い、文の構成、風物知識等を参考し

更に地域性や生徒の素質等を考えて、年間に教授すべき大体の程度、範囲を定め、無理な所や必要でない所は省略し、足らぬ所は補うがよい。特に基礎的なものゝ反復練習に重きを置き、欲ばつて上すべりしないよう注意すべきである。

(c) 次に One lesson (又は関係深い two or three lessons を一まとめにしてもよい) 毎に下の項目に留意して立案する。

(イ) 内容 (教養) 上の目標と、4技能上の目標を具体的にかく。

(ロ) 4 skills をのばす為には生徒はどのような学習活動や経験をすべきかを具体的に書く。例えば Speaking については教材に即した問答、文型や語句を応用しての口頭作文 (Have you ever----? At last 等) の如く、学習経験や活動は出来るだけ多様にし自発的に且つ生活に直結するよう工夫する。

(ハ) lesson 中の文法、文型語い、風物 (又は内容) の主要なものを列挙する。(ニ) lesson 中に使用すべき教具類、特に Audio-Visual aids の利用を考える。(ホ) 評価の項目および方法を考える。

(ヘ) 備考として他 lesson 又は他教科との関連について記する。

J. O. Gauntlett は単元法 (後十) の良い所は参考すべきであると説いた後曰く "Whether one adopts the usual method of giving a course divided into lessons or not, the teacher should work out a list of objectives obtain a clear picture of what he intends to see done, and evaluate the results. What is more, he should---- provide variety, integrating the aural-oral with the written and one type of learning activity with another." Lesson によつて力点の置き所は異るであろうが、大体どの lesson においても 4 skills の drill ということを念頭におくこと。

(d) 第一学年入門期の 4 weeks ばかりについては本書の入門期の指導法を参考して特別の plan を立てること。この際 oral work のみに終始せず、生徒の学習心理を考えて alphabet のよみ方書き方や、最もやさしい words を通しての正しい発音の練習を加えることも良い。

(e) 一学年においては入門期より年間を通じて発音と文字との関係を一通り master させるため words を通しての発音練習の機会を多くするよう計画する。

(ﾊ) 文法事項は組織的に取扱わないで、各 Lesson において主眼とする所を徹底させておき、第三学年の末に簡単な例文をもって一まとめにすると良い
(2) 単元法による構成について、

ここにいう単元法 (Unit System) とは文部省指導要領英語科編 105頁以下に述べてあるような意味での Unit System をさすので、見方によっては経験単元法とも云えよう。現行英語教科書の中には内容の類似した Lessons をいくつか集めて Unit と称し、'School Life' とか "Sports" とかいう title をつけているのがあるがこれは我々のいう Unit (system) とは関係がない。さて英語の年間カリキュラムをこの単元法によって構成することの無理なことは前項に述べてある通りであるが、ただこの方法は生徒の needs と interests を主とし実際上の経験と自発的計画学習を重んずる点において、この方法を時々英語のカリキュラムにも取入れて行うことは有意義なことではあるまいか。(又教科書中心の行き方にもこの方法の良い所は参考すべきであると考えられるので本項(I) においてもこの点を考慮に入れた。) たとえば "Let us give a birthday party" という Unit においてまず生徒と共同で計画を立て、招待状から dinner の用意、guests と host の交歓食卓の etiquette, recreations 等を実地にやることはただ Birth day party の lesson を学習するだけとは現実さだけでも大いに違うと思う。ただ問題は生徒の英語力にあるので従って中学生には困難と考えられ するが、もっとやさしい Unit を計画することも出来ぬともあるまいか。とにかく指導要領 114頁以下にある 3 sample units を研究し、同書 280頁以下「中学校における生徒の経験例」を参照して時々応用して見ることは興味あることである。なおこの方法が Club 活動において極めて自然に行われ得ることは前項に述べた。J. O. Gauntlett は "Every little learning experience when done around a meaningful project, takes on life, and that is of paramount importance" と云っている。

3. Curriculum 構成資料について

教科書を基本とする構成の具体的一例としては東京都教育委員会作製の英語科教育課程 (第二次案) が参考になる。

次にかかげるものは同じく教科書を中心とするものではあるが年間の教材を大きく4又は5の groups に分けてそのおのおのに年間の内容上、技能上の具体目標を割りあて、之を扱うに全く各 Lesson を扱うと同じ方法をもってしたものである。つまり $\frac{1}{50,000}$ の地図を $\frac{1}{25,000}$ の地図に引き直し、鳥瞰的

なおもむきを与えたもので年間計画を鳥瞰するのに多少の参考になれば幸である。たゞしカリキュラムは5a000地図式、即ちLesson単位くらいに構成しておいた方が実施し易いと思うが、とにかく、各教師又は学校は、教科書を基本とし、一方に中学英語の程度範囲の基準を参考し、他方地域性や生徒の実態を考慮して、実施し易いものを作るべきであろう。

　九　カリキュラム構成資料（一例として）
　　　　　（一　年　の　部）

題目名　Part 1　Look at the world map　時間 12時間

目　標　(1) 国際人となる為の英語の必要性の認識
　　　　(2) 日本語との根本的な構造上、表現上の相違点の理解
　　　　(3) 英語の音への聴覚訓練

学習内容と活動
　(1) Preliminary Research と英語学習の目標及び必要な心構え
　(2) 簡単な挨拶と動作を伴う英語 (Intonationの三型 ⌢ ⌢ →)
　(3) 教室内の物品の名称と日本語化された英語について話合い.
　(4) Hearing……英語の音楽レコード, Gesture を伴う Oral Introduction
　(5) Hearing, Speaking……教科書の5課位までの準備的に、やさしい Question and Answer を行い Classroom English になれさせる.
　(6) Alphabet の読み方 (特に小学校のローマ字的 方の匡正)

評　価 (1) 英語の重要性及び日本語との構造上表現上の相違が理解出来たか.
　　　 (2) 簡単な Question and Answer や動作を伴う英語が Interool を置かずに出来る様になったか.

資料施設 (1) 世界地図, Wall map, 発音器官図
　　　　 (2) 教室内の諸実物、見本、
　　　　 (3) 英語音楽レコード, 殊に童謡レコード
　　　　 (4) テープレコーダー, 幻灯機, 16ミリ映写機等あれば利用したい.
　　　　 (5) Preliminary Research

備　考　この期間に Oral だけに終始すると生徒があき易いので、適当に Alphabet や単語の読方等を加味する方が効果がある場合もある.

題　目　Part 2　In the Classroom　時間 30時間
　　　　(Noun, Pronoun, Verb, Article)

目　標 (1) 今迄習った発音練習を生かし、文字と音との関係を知る.
　　　 (2) 自分の名前、身分、や友人や教室内の事物が話題として話される.
　　　 (3) Noun, Pronoun, Verb, Article の大体の意味を理解する.
　　　 (4) Sentence について (単文) 理解を深める.

学習内容と活動
　(1) Noun……知っている単語を教材にして普通名詞と固有名詞を分つ.

(2) Pronoun ―― I, you, he, she, it, this, that の用法の drill
　　　(3) Pronoun の所有格 my, your, his, her, its の用法の drill
　　　(4) Classroom English の種類を増し、実物を見て名詞の spelling
　　　　　を云わせ、I-my, you-your 等の区別と用法を反復練習する。
　　　(5) Alphabet の Penmanship を少しづつ課す。(教室で手ほどきを
　　　　　して、あとは大部分 Home work とする)
評　価　(1) 普通名詞と固有名詞の区別が出来たか
　　　(2) 既習の Pronoun の正しい用法が出来るか
　　　(3) 既習の単語について spelling が正しく云えるか
　　　(4) Alphabet の活字体筆記体が大文字、小文字共完全であるか
資料施設 (1) Well map 及び諸実物
　　　(2) Alphabet の大きな表
備　考　始めて Text に入るが、Alphabet は小学校ローマ字で大体習って
　　　ある事が多く、且 Part 1 で読方を練習してあるので、Home work と
　　　して書方に入っても良い。Oral は入門期から先に行くに従って分
　　　量は減るが、必ず時間の前後には行うことにしたい。

題目名　Part 3. School life　　　　時間 ３０時間
学習内容と活動　(Noun, Pronoun, Verb, Article, Adjective)
　　　(1) 平叙文と疑問文。終止符と Question mark. (Am.-Am.? 等)
　　　(2) Who と What の用法と Intonation. (Who are you? My name is ‥‥)
　　　(3) 形容詞の簡単な用い方 (red, white, black, yellow 等)
　　　(4) 縮語 (I'm, It's, isn't) 等の説明
　　　(5) Article の説明と Countables, Uncountables の説明
　　　(6) Be 動詞、Have 動詞について種類及び人称変化を Question and
　　　　　Answer によって反復練習して徹底する。
　　　(7) Home work (特に夏休中の課題として) として Penmanship
評　価　(1) 平叙文と疑問文、感嘆文の区別が理解出来たか
　　　(2) Article の用法が理解出来たか
　　　(3) Be, Have 動詞の変化が理解出来たか
資料施設 (1) Sentence building cards, 及び Flash cards.
備　考　本単元の途中で一学期の入門期を完了するので、Hearing Speaking
　　　の中心から次第に Reading, Writing を加味し、夏休次の自学に便な
　　　らしめる。暗誦は少しずつ量を増して習慣づけることにしたい。

題目名　　Part 4　　Home life　　時間　40時間
　　　　　(Pronoun, Verb, Helping Verb, Preposition.)
目　標　(1) 外国家庭と日本家庭の風俗習慣の差の理解する.
　　　　(2) Pronoun を中心として Verb, Preposition を学習する.
　　　　(3) 時計の読み方から数の表し方を知る.

学習内容と活動

Pronoun
　(1) 人称代名詞の使用、格の変化、性別を簡単な文章によって理解させ一覧表を作る.
　(2) 所有格の作り方と Apostrophe S.
　(3) 時、距離、天候を表す It の不定用法

Verb
　(4) Be, Have 動詞に普通動詞の区別
　(5) 三人称現在単数のSについて

Helping Verb
　(6) Do, does, Can の用法
　(7) What と助動詞の併用文
　(8) does を用いた時の動詞語尾のSの省略

　(9) Preposition 理解の為 (特に場所) There is ---. Is there ---? Where ---? の構文に慣れる.
　(10) Some, Any, How many ---? の用法を練習し、数詞に入って行く
　(11) 比較語法、形容詞の比較級、最上級の理解の為 Oral drill を行う.

評　価　(1) 人称代名詞とその格、数、性別の変化が理解徹底出来たか.
　　　　(2) 名詞の所有格の作り方が利用出来るか
　　　　(3) 助動詞持に does, do の用法が理解出来たか.

資料施設　カード及大型時計文字板
　✿ カード学習 (仮称) が本単元の構文理解の為に極めて有効である. カードは生徒一人一枚又は数枚持っていて、教者を与れた問題の解答を英文に直し、且 Intonation をカードの持つ位置によって知る方法で、出来上ったカード構成文を読み合う方法である.

題目名　Part 5　　Social life　　時間　32時間
目　標　(1) 二年以上から選択制を執る学校が多いので Surrender Value を考えて一応入門完成期の終了を期すべきである. その為に
　　　　(A) 文化的背景として英語国民の風俗習慣の理解を深める.

(b)文法的には各名詞一通りの知識を習得する。
　　(c)辞書の引き方をおぼえる。(発音符号は一年の終りまでに、文
　　　は二年始めまでにして一応読み方がわかるようにしたい。
　(2)過去、未来形の提示により今後の指針を与える

学習内容と活動
　(1) Helping Verb — may, will, shall, must について簡単な導入
　(2) Verb — Be動詞の現在と過去未来形、現在の進行形の作り方
　(3)前置詞、場所、時、関係の前置詞について活用してみる。
　(4)特に進行形については徹底的にdrillする。
　(5)辞書引き競争と曜日、月名の暗誦競争
　(6)動詞の変化、特に不規則動詞をしっかり暗記する。

評　価　(1) Be動詞の各変化が反にまとめられるか
　(2)現在と過去の区別がはっきりしたか、Tenseの転換が出来るか。
　(3)記憶された単語数が大体標準に達したか（☆語いの項参照）

備　考　(1) Reviewの際 Oral drillだけでなく、三学期に入ると dictation
　　を行う事が効果的である。
　(2)曜日、月名の説明には風物知識的説明が望ましい。

　　　　（ 二 年 の 部 ）
題目名　Part 1. Story telling　　　時間　　　時間
目標　(1) Hearing, Speaking 中心より Reading, Writing と平行的に進め
　　て行く。
　(2)易しい英文物語（特に英米人にとって常識化されたもの）に親しむ
　(3)現在形、過去形の区別を理解し、活用を覚える。

学習内容と活動
　(1)やさしい物語の暗誦 (breath-group に注意) と所謂 Thinking
　　in English の習慣の助長
　(2)基本的な Word, Phrase, Clause, Idiom, Sentence
　(3)現在形、過去形、及び進行形の理解の徹底を計る。
　(4) Conjugation の暗記

評　価　(1)易しい物語を理解することが出来るか
　(2)正しい発音と Intonation, breath-group が正確であるか。
　(3) Conjugation が言えるか

資料施設(1) Fable (特に Aesop 等の教訓が外国人と我々と如何に相違し共通す

るかを知るために必要である。
(2) Conjugation, Sentence Pattern の表

題目名　　Part 2　　Look at the world　　時間　　　時間
　　　　　　　　　　　　　　(Helping Verb)
目　標　(1) 欧米の風物知識を知る
　　　　(2) 手紙の書き方を知る
　　　　(3) Helping Verb について理解する。
学習内容と活動
　　　　(1) 外国の大都会、名所、住宅の理解と認識（地図幻灯等利用したい）
　　　　(2) 手紙の書き方を練習する。（実物見本が欲しい）
　　　　(3) Helping Verb について一年の時の知識を理解徹底せしめる。
評　価　(1) 外国の風物を理解し日本人との生活様式の差が理解出来たか。
　　　　(2) 英文手紙が書けるか、解読出来るか。
　　　　(3) Will, shall, may, can, must の用法の理解活用が出来たか。
資料施設(1) 地図、絵葉書、外国郵便物
　　　　(2) 幻灯、16ミリ等あれば利用したい。
備　考　(1) 夏休みの宿題として、英文日記、手紙等を課したい。
　　　　(2) 外国との Pen-Pal に参加する事は最も望ましいことであろう。

題目名　　Part 3　　Autobiography　　時間　　　時間
　　　　　　　　　　　(Verb, Active and Passive)
目　標　(1) 世界の著名な人物につき、その生涯、事業を知る。
　　　　(2) Voice について理解し、活用を計る。
学習内容と活動
　　　　(1) Washington, Lincoln, Marconi, Bell, Columbus 等の生涯及事業
　　　　(2) Voice の転換の理解徹底
　　　　(3) Participle, Relative Pronoun 等が出て来るが、詳しくは三年で説明するが、此処では大体の理解に止める。
評　価　(1) 偉人の生涯、事業が理解出来たか
　　　　(2) Voice の転換が出来たか
資料施設　年表、課外読物

題目名　　Part 4　　Daily Life　　時間　24時間
　　　　　　　　　　(Present Perfect, Infinitive)

目　標　(1) 欧米の年中行事を理解し、風物知識を得る。
　　　　(2) 日常生活に必要な商用文、ポスター、広告、新聞等を理解する。
　　　　(3) 不定法及び現在完了形について理解する。

学習内容と活動
　　　　(1) christmas を中心とする年中行事について話合う。
　　　　(2) 商用文、ポスター、広告を実例によって研究する。
　　　　(3) 例文により不定法、現在完了形の用法を徹底的に研究する。

評　価　(1) 欧米の年中行事を大体理解したか。
　　　　(2) 例文によって不定法、現在完了形の用法が区別、活用出来るか。

資料施設 (1) 英文雑誌、新聞、ポスター
　　　　(2) 少年少女向き英詩（christmas carol の如きもの）

題目名　　Part 5　　　補充
目　標　(1) 復習として今迄の四技能の応用を計る。
　　　　(2) 英詩について初歩的知識を得る。
　　　　(3) 特に言語的内容の充実を計って現在過去未来各進行形、現在完了
　　　　　　形受身形、及不定法について例文によって知識の統一を計る。

学習内容と活動 ‐‐‐‐ 略

　　　　　　三　　年　　の　　部

紙面の都合上、三年の部は必要な言語的目標と内容的目標を列記するに止め
順序方法は、採用した使用教科書に従って進めて頂き度いと思う。

(A) 言語的目標（三年で理解しておく最低基準線として）
  (1) Relative Pronoun (2) Subjunctive (present), (3) Infinitives, (4) Gerund
  (5) Participle, (6) Past Perfect (7) Narration (8) 時の一致 (9) 英語詞, (10) 基本
    的な Prefix, Suffix

(B) 内容的目標
  (1) Thinking in English の基礎を作る。
  (2) 外国の家庭生活、学校生活、年中行事等風物に対する関心を深める。
  (3) 英語劇を演出して見る。
  (4) 英語の背景として英米の国民性の特質を知り其の根底にある Democracy
    に対する理解を深める。
  (5) やさしい英詩を鑑賞する態度を養う。
  (6) 諸文を読んで内容を理解する力を養う。

(7) 電話、電報、道案内等既習の会話を活用する態度を養う。

☆ Subjunctive mood は生徒の学力に応じて取扱う。又三年生には辞書を引いて自学自習させる事や自由英作文、日記、dictation 等が重要度を増して来る。Pen Pal 等も奨励すべきであろう。Test については別項に評論されているが、少く共一週に一回位、簡単な Paper Test が行われる事が教師自身の指導法上の反省の為にも望ましいのではなかろうか。

参 考 文 献

1. 文部省 ： 学習指導要領（英語科）
2. 梅根 悟 ： 単元論
3. 宮田丈夫 ： 教育課程論（昭和25年）
4. 東京都教育委員会 ： 東京都中学校教育課程（第二次案）英語科の部
5. 岡山県教育委員会 ： 英語科カリキュラム（中学校高等学校）昭和25年
6. 池永勝雄 ： 英語科カリキュラムと能力別指導（昭和26年）
7. 松川莩太郎 ： 英語教育の諸問題（英語教育大系13巻）（昭和24年）
8. Alberty : Reorganization of High School Curriculum
9. A. O. Gauntlett : Basic Principles of English Language Teaching (Sanseido, 1952)
10. Gwynn : Curriculum Principle and Social Trend
11. A. G. Melvin : Teaching a Basic Text in Education (New York, 1944)
12. F. B. Stratemeyer : Developing a Curriculum for Modern Living (New York, 1947)
13. A. Jersild : Child Development and the Curriculum (1946)
14. F. A. Butler : The Improvement of Teaching in Secondary Schools
15. Revlin : Teaching Adolescents in Secondary Schools
16. Kate V. Wofford : Teaching in Small Schools (1947)
17. A. J. Harris : How to Increase Reading Ability

4. 中学校に於ける文型の取扱い。

本項に於て主として問題とするものは、中学校英語教育に於て、教科内容、就中その言語材料中に、

1. 如何なる文型を包含せしめることが必要且十分であるか.
2. 如何なる順序に文を与えるべきであるか
3. 各文型について学習のlevel をどの程度を期待するか
4. 如何なる形に文型を整理分類することが教授上有効であるか.

という諸点についてである。

<u>a. 英語教授に於ける Sentence Pattern の意義</u>

英語教育実施上、抽象的に文型を与えて、演繹的な学習活動を行うということなどは在り得ない工夫は文法全般に関して述べる所で同様である。

然し外国語学習、殊に語系を全く異にする日英両国語の如き場合にあつて、文型語法というものが学習上大きな助けとなることは無視出来ない。往々にして此点について誤解が存するのであるが、文型を取扱うことが、文を解剖して見ることやそれによって文の構成を行うことを究極目的とするような事は論外であるが、或る文の内容を把握し、或る内容を表現する文を構成するということが、*Fusionの段階を経て Operation の段階に到達する過程に於ける一手段、用具として文型というものを取扱うならば、単に「教師が心得て居れば良いもの」というに止まらず、積極的に文を活用することを当然考えなければならない。　＊語学教育研究所「外國語教育法—第三章」

----- But besides such formulas, useful phrases and sentences, there are many "patterns" that must eventually become the customary molds into which the productive expression must fit without conscious thought. Examples in English are the word order patterns of statements, questions, and requests, and the fixed positions of single word modifiers of substantives. These in the early stage of language learning, remain for considerable time on the level of production with conscious choice rather than of production as an automatic unconscious habit. Only after much practice of the same "patterns" with diverse content do the patterns themselves become productively automatic. -----
(Fries - Teaching and Learning English As A Foreign Language P.9)

b、文型の選定に就いて

英文の構成、文型に関しては既に諸文法学者の論議を盡した所であるが、我々の当面する問題は諸説の比較検討ではなく、我国に於ける英語教育、特に中学生を対象とする英語教育という立場から、英語教育の目的達成の一手段として考える場合に、如何なる形に英語の文型を分類整理すべきであるかということである。此の立場から考える時に、自から望まれる條件というものが想定されるのである。即ち与えられる文型は

A　理論的に整理されたものであると同時に出来るだけ理解が容易でなければならない。

B　簡潔なことが望ましいが、中学校に於ける教材に関しては明確な説明を与え得るものでなければならない。

C　中学生がそれをも物差しを用いるように、実際的に用い得るものでなければならない。

c、文型の分類整理に就いて

前章に於て述べた所を考慮して中学校に於ける教授上使用すべき文型を考えると、従前の所謂 School Grammar に於て行われた所の、所謂 Five Fundamental Forms of Sentence は sentence pattern というものを verb 中心に考える以上 fundamental なものには相違ないのであるが、之を以て中学生に教材中の文型の説明を行う事は単なる教師の自己満足に終って何等生徒の学習上の助けとはならないのである。

然しながら一方、F.G. French, G.H. Vallins（共）C.C. Fries その他（米）などの比較的新しい此の方面の研究などから、その述べる所を咀嚼することなしに採用することは、それぞれの研究が、学習者として期待している者が何であるかを考えた上での考慮が拂われぬと、単に学習上の負担の増加に終ることになろう。　教師自身としては之等の研究を通じて、文型と

脚註　F.G French Common Errors in English. 1949 Oxford press
　　　G.H. Vallins　Good English　1951 Pan Book, London
　　　C.C. Fries　The Structure of English　1952 Harcourt,
　　　　　　　　　　　　　　　　　　　　　　　　　Brace & Co
　　　　〃　　　An Intensive Course in English 1950
　　　　　　　　　　　　　　　　　　　　　G. WAHR Publish Co

いうものの理解を深からしめ、教授に際しての真の指導力を養せねばならぬことは云う迄もないことである。特に French の著に於ては文型の分類整

理を手可簡潔に、Fries の *Intensive Co* に於て彼等の取扱いを知るに最も便であろう。

之等の考慮の後に、我々に最も親しみ深い語学教育研究所の *Idiomatic and Syntactic English Dictionary* 中に示され、且「基本英語文型」として知られるものが、比較的教師の要求を満すに近いものとしてあげうるよう。恋しく我々は常に直接学習者に接し、その学習状態を観察し、その困難を共に苦しむ所の第一線の教師こそ、此の分野に於ても又最も力強い関拓者でなければならぬことを痛感する。

本文中の文型表は以上の点を基礎とした所の一試案である。

d. 文型教授上の着眼

文型の整理は動詞を中心としてなされる。従つて文型の教授は動詞の教授を切り離すこと出来ぬ。そして或意味に於ては、この動詞を中心にしての語句の相関連というものについての説明が文法の重要部分を占めるとも云えよう。(*Introduction to An Intensive Course of English : Grammar - Fries* 参照)

中学校に於て教えるべき文型は、可能な範囲に於て少い方が良いと考える。即ち一つの文型 (*I had my watch stolen.*) が他のそれより容易な文型によって置換されても実用上差支えないような場合に、強いてその両者を教さねばならぬということはないし、ましてその為に容易な方の文型の学習が *operation* の段階に到達せずして終るというような結果を招来するが如きことは絶対に避けるべきであろう。勿論此の事は或る意味では「能力差に応ずる指導」という問題と関連するのであるが、前述の主旨によって必要最少限の文型というものに対する *operation* が確保にされる範囲に於て他の文型が取扱われるべきであるということは根本的条件であると考える。此の点に関して同時に現存する代表的な教科書についての文型の検討（別表）を参照し、「教科書にあるから教える —— のではなく、教科書を使って自分の生徒を教えるのだ」という信念を以て此の問題に処することが強く希望されるのである。

文型に於ても、その教授上の到達目標は他の総ゆる部面と同様に、二つの大きな基盤の上に立つことを明確にせねばならない。*(Two major levels — production and recognition)* 且又型全般についてこの二つの区分を明確にすると共に、同一文型についても、中学校三年間の過程に於けるこの二到達目標が明確にされなければない。

* It seems important   recognize the fact that one's mastery of any language – even of one's own native language – is always on the two major levels, production and recognition.
(Fries: Teaching and Learning English as a Foreign Language)
* 外国語教授法（語学教育研究所）一三章 p.67 参照

e 文型整理

以上述べた主旨によって文型を次表の如く整理した。特に本表に就いて述べる点は次の通りである。

一つの文型を習得した場合、次にその一部の置換によって他の文型が出来ることを理解せしめること。

一つの文型の或位置を占める語句は同じ性質を有することを帰納的に理解せしめること。

最後には同一文型でもAの主旨によって或程度　　する事を兼わず実際的ならしめたこと。

	I V.M	S	+ V	+ V.M	I	II	III
1	A) Adverb	He	comes	here every day	P		
2	A') Adverb Phrase	He	came to see me / walked	for three miles		P	
3	A") Adverb Clause	He	walked	till he was tired out		R	P
	II C	S	+ V	+ C			
4	B) Noun or Pronoun (BC)	This	is	a dog	P		
5	C) Adjective (3C)	The piano	is	black	P		
6	" Noun or Adjective	It	seems	difficult		R	P
7	D) Adverb	The desk	is	here	P		
8	" Present Participle	He	came	running		R	P
9	" Past Participle	He	sat	surrounded by his children			R
10	" Prepositional Phrase	I	believe	in that man	R	P	
11	" Infinitive	She	came	to understand it			R
12	E) Adjective + (for one) Infinitive	The point	is	difficult for you to understand.			R
13	" too + Adj or Adv + Infinitive	The point	is	too difficult to understand.			R
14	" Adj. or Adv. + enough + Infinitive	The point	is	easy enough to understand.			R

#	I	I	II	Note
1	現,現進,完全自動詞,副詞の連帯 場所,時の副詞の修飾	過去,現定,過進	過去	副詞の順序に注意
2		A go, come, etc B walk, work, etc	A. II との区別 B. P-cost R-weigh measure	B 前置詞が長くなると名詞か副詞用法. It cost me 30 yen me 賓 Ol
3		Cf 45 – 51	全 K	
4			Cf. 42 – 43	
5		adj phrase of value etc. Cf 46	Cf 48	
6		R Become, look,	PIII他 fall, feel, grow etc	Cf.II. 語彙による
7	ado & prepositional	P-Prepositional Phrase		
8		R-come, go, run, sit	PII他 keep, stand, lie, stop.	Cf 語彙による
9			R sit, stand, become	
10	look at, look for cost for.	Call on, arrive at, belong to.	ask for, complain of, depend, laugh at, listen to ('ʔ')	前置詞を動詞が支配するもの
11			appear, come, happen seem	
12			P – は 15 で行う	Cf. 15
13			P は 48 にて行う	Cf. 48
14			PII Composed で表現する方法 ある.	Cf. 48

II		(S)	+V	+C	+S		
15	F) S(It)+V(is)+Adj +(for one) Infinitive	It		right for you to say so		R	D
16	G) S(There)+V(Be)+N. (+Prepositional phrase)	There			a book (on the desk)	P	

III		S	+V	+O			
17	H) Noun or Pronoun	I	know	Mr. Smith (him)		P	
18	" Gerund	I	like	swimming		R	P
19	H') Gerund with object	every child	likes	eating candies		R	D
20	H') Infinitive	We	decided	to go		R	P
21	H) Relative + Infinitive	I	know	what to do		R	D
22	I) O+Prepositional Phrase	He	asked	me for some more		R	D
23	H') Reported Speech (Direct Speech)	He	said	"That's splendid!"		P	
24	H') that clause (Indirect ")	He	said	that he was very tired		R	P
25	H') Dependent Question	I	wonder	if he can come		R	D

IV		S	+V	+O_I	+O_O		
26	J) Noun	I had	gave	me	a book	R	P
27	" O_D + to etc + O_I	I had	gave		a book to me	R	P
28	J') Relative + Infinitive	They	told	me	how to do it		R

I		S	+V	+O_I	+O_D	I	II	III
29	J" Dependent Question	They	told	me	who he was		R	
30	J') that clause	He	told	me	that he would leave Tokyo		R	

V	C	S		+O	+C		
31	K) Noun	We	called	our cat	Jack	R	R
32	L) Adjective	The sun	keeps	us	warm	R	D
33	" (to be) + Adjective	I	think	him	to be honest		R
34	M) Infinitive	They	want	you	to come tomorrow		R
35	N) Infinitive without 'to'	We	heard	her	sing	R	
36	O) Present Participle	We	heard	her	singing (a song)	R	D
37	" Past Participle	We	heard	the song	sung		R
38	P) get + O + Past Participle (have)	I	must get	anew suit	made		(R)
39	Q) S+Be+Past Participle	The box was made by him.				P	
40	R) S+have(get)+N+Past Participle	I had my watch stolen.					(R)
41	Compound Sentence S) Sentence + coordinate conjunction + Sentence	Some are white and some are red				D	

	I	II	III	Note
15				
16	prepositional phrase (場所)	N.+Adj, Adj. equivalent	cf 43	
17		cf. 42	cf. 43	
18	like (hate)	begin (stop) enjoy & like, enjoy, hate, stop etc.	need	cf 8 to go shopping, shooting
19				
20	like, begin, learn	want, wish, try	forget, promise, make up ones mind	what, how what etc. when
21		how	what	cf. 28 who then など
22		ask for, thank for	compare with, depend on, make of	cf 10
23		Reporting V. — 現	Reporting V. — 過	
		Reported S — 現過	Reported Speech — 過過 J	
24			Reporting V — 過	
			Reported — 過完	
25		if, why, what	how, who, whose, where	cf 23
26		buy, hand, lend, send, show, teach, tell, ask (R)	全文 (P)	cf 語彙
27	give, send, write	buy etc to 以外の Prep. を		26より27を早く行う
28		とるもの.		cf 21

	I	II	III	Note
29			what, who, where, how etc	cf 24, 26
30			Tell and to - etc はどの形 成限因 Direct Speech だけにする	
31		call, name etc	make, elect, choose etc	順序 成順章によって Nに意識をつける
32		keep, find etc	make etc	全上
33			Pは24によって行う。Past についてば行わね (to have been)	cf 24
34			help + Root Infinitive 他は通常にする	cf 20
35		verbs of perception	make, have etc	
36		全上	35との比較, stress verbs of perception について	
37				
38				cf 35
39		material - of, from	how owns to beloved of, by one with something	
40			have - stolen, have - cut (R)	
41	(and, or but)	both - and, yet, still, however, while etc	either or, neither nor, whereupon etc	語彙に大き

			I	II	III
	Complex Sentence				
	(1) Adjective Clause				
42	S + Adj. Clause + V ---	The man whom you met is Mr. A			P
43	S + V + C + Adjective clause	This is the one that you were looking for			P
44	S + V + O + Adjective clause	I know the place where you were born			P
	(2) Adverb clause				
45	A Time	I will read when I have time		R	P
46	T) B Degree	He is as clever as his brother (is)	P		
47	C Cause or Reason	It is cold because it is windy			P
48	U) D Consequence	The book is so difficult that I can't read it		R	P
49	V) E Purpose	I got up early so that I could catch the 1st train			R
50	W) F Condition	If you come I will tell you about it.		R	P
51	G Concession	Though he is poor he is happy			R
	Imperative Sentence				
52	X) V + C	Be diligent.	P		
53	V + O + Infinitive without 'to'	Let him come in		R	P
	Exclamative Sentence		I	II	III
54	Y) What + a(an) + N + S + V!	What a fine house it is!	P		
55	How + Adj + S + V!	How beautiful the house is!		P	
56	How + Adv. + S + V!	How fast they are swimming!		P	
	Emphasis				
57	(1) Inversion	Away he went! Away went Mr. Smith!			R
58	(2) It is ... that	This that I have lost			R
59	(3) Do; Oneself	Hope you will succeed			R
	Ellipsis				
60	Z)	What for? Why not? How about ...? If not etc		R	R

註 1. 疑問文型、否型は定則により得るので省略した。

2. 文型の例は対照にならしめるため出来得る限り語学教育研究所のものと同一の文例とした。

3. 副詞節はA項のに戻ならしめる為、した文型も収めた。

4. Alphabet は文型のグループを示し右局の check 一ツは phrase を二ツは Clause を示す。

	I	II	III	Note
42				
43			Relative Pron (((0)+S+V;S+V+C(0))より極めてRel.	
44			adv. Rel.adj.は扱わぬ。	
45		as~as (so as)	when, as soon as till	before, after, while, since,	etc
46		more than	倍数 端数 等	比較級による数比較の表現	etc
47			because, for	since, as	
48			so~that, such that (R)	so~that such that (P.)	cf. 13, 18
49				that~may, can will shall	cf.
50			if~現.過 ---- R	if~現過—P. 直説;were to-P. unless, suppose (R)	cf. 45, 52
51				Though,~ever (may)	
52		Preparatory drill から入る	~and, or (cf.50)		
53			Let	make (have, bid)	

f 文型提示の順序

前表中 R は *recognition* を P は *production* を示す。前表に表示した学年別表示は高等学校に進学することを期待する場合を示す。中学に於て英語学習を終了する場合は、概ね、第一学年度は表示、第三学年に於て、*recognition* 第三学年に於て *production* のものは *recognition* の段階に、第三学年に於て、*recognition* の段階のものは、その大部分を除外し他のものの *production* の段階到達に全力を傾くべきであろう。

各文型の提示は次の如くする。

4－5－7－16－17－1－52－46－9－18－29－26－10－54－55－56－2
－39－41－8－36－35－28－31－32－15－19－47－48－12－13－14

以下は教材内容等により順序を決定するが良いであろう。

参考として現在最も広く用いられている中学校英語教科書3種類をとってその中に於ける文型の最初に表われる時期を検討すると次表の如くになる。

	1	2	3	4	5	6	7	8	9	10	11	12	13	14	15	16	17	18	19	20	21	22	23	24	25	26	(義研文型 予)
A	1	3	6	4	7	5	14	15	2	12	8	9	18	16	20	12	11	22	13	10	23	X	24	17	19	25	
B	1	5	4	26	X	12	21	8	3	14	9	18	7	22	10	23	17	16	24	19	X	15	11	20	13		
C	1	2	3	4	6	7	9	8	12	5	15	10	24	11	16	13	17	14	23	20	X	19	18	21	16		
並	I 5	I 5	I 5	I 4	IⅢ 12	IⅢ 14	Ⅲ 13	I 5	I 14	I 5	Ⅱ 4	ⅢI 3	I 14	ⅢⅡ 13	IⅢⅡ 22	ⅢⅡ 3	ⅢⅡ 11	ⅢⅡ 11	ⅢⅡ 12	ⅢⅡ 3	Ⅱ 2	ⅢⅠⅢⅡ 1	2	2	1	2	1

註棚は5種類について学年別に初めて教科書中に表われたものの比率

参考文献

Analytic Syntax, Otto Jespersen. Copenhagen 1937.
An Inventory of English Constructions', E.L. Thorndike and others. 1927
One Hundred Substitution Tables, H.E. Palmer. Heffer. Cambridge
Common Errors in English, F.G. French Oxford Univ Press. 1949
Good English, G.H. Vallins Pan Book, London, 1951
The Structure of English C.C. Fries, Harcourt, Brace Co 1952
An Intensive Course in English 〃 , GWAHR Publish Co 1950
英文基本文型　　　　語学教育研究所　　　開拓社

5. 中学校に於ける文法の取扱い

文法を中学校の英語教育に於て如何に扱うべきか既に論議を盡されているので、今回の研究に於ては紙面の割当の関係上、文型の取扱いに中心を置いたのであるが、無論本項については次の代会に十分なる検討がなさるべきである。唯此処に極めて概念的な言い方ではあるが、考え方の基調をなすべきものについて触れて置き度いのである。

中学校に於ては従来の所謂文法的説明は寧ろ文型的、語順的なものとなるべきであって、文章を解剖分析することは避けるべきである。又文法的な形式を完成する為に到底咀嚼し得ぬ程度の文章を取扱うことは全く無意味であると云えよう。例えばSubjunctiveに関する説明から、Subjunctive past Perfect, 〃 Future, were to などを説明する如きである。飽迄取扱うべき教材の理解運用の助けとしての文法でなければならず、その範囲を超えるべきではないのである。

英二文法的説明は「日本文法」の枠索と整然を旨にし、その利用し得るものは進んで之を用いるべきであり、語法の相違点を認識せしむべきである。

5. 語い

a. 標準学習語い

中学校三年間に学習すべき語いの程度は如何なるものであるべきか。文部省が望ましい数として示したものによれば、一年 300語ないし600語、二年 400語ないし700語、三年 400語ないし700語、合計 1,100語ないし2,000語である。この数はわが国の中学校の現状に照らして大体妥当なものと思われるが、単語の教え方の基準が示されないし、また質的にどんな単語が選ばれるかが問題であるから、成るべく早い代会に語い選定委員会の如きものが作られて、高等学校程度も含めて標準学習語いを選定することが望ましい。ここでは参考文献の欄に示されている（1～6）及び現行中学校英語読本を参考資料として中学校三年間における英語語いの最少必要量の表を一つの試案として示すこととする。

語いの中に含まれる単語を生徒の学習の立場からどういう基準で計算したらよいかは一考を要する問題である。単語はその発音、綴り、意義、用法上において学習の立場から困難の程度は種々ちがっているから、これに対応するような数え方は到底できないが、さりとて派出語、合成語などをみな同じように一語として計算することも、またこれを全然計算の中に入れないことも外国語の殊に初期の学習者の立場からは不合理のように思われる。（連語の立場からは別の考慮を必要とするがこの方面における統計的な研究がまだ発表されていないからここでは触れないこととする。）そこでごく大ざっぱではあるが派出語、合成語などを独立した一語と数えないで言語と数えた方がよいのではなかろうか。次にかかげた表ではかっこ（ ）及び〔 〕内のものを言語と計算してある。（ ）にかこんだ語はその原形が既習であることを示している。この表には固有名詞は除いてある。また風物知識などを習得するために更に若干の語いを増加することが考慮される。これらをあわせ考えて中学校三年間（一週四時間）の標準語いの最少必要量は上述の計算法で 1,500語ぐらいが適当ではなかろうか。これも能力差、学校差、地域差などによって加減されるのが当然である。

b. 中学校標準語い表（試案）

　　　　　Radius Ⅰ （約 640 語）

a(an), about, above, absent, across, aeroplane (airplane), after, afternoon, again, ago, air, airship, album, all, alone, also, always, am, and, animal, another, answer, any, anything, apple, April, are, arm, as, ask, at, August, aunt (auntie), autumn, away, baby, back, bad, bag, baseball, basket (basketball), bat, be, beautiful (-ly), because, become, bed (bedroom), bee, before, begin, behind, bell, bench, best, better, between, big, bird, black, blackboard, blue, boat, body, book, boot, both, bottle, box, boy, bread, breakfast, bridge, bring, brother, brown, brush, build, building, bus ('-bus), busy, but, butter, button, buy (bought), by, call, can (could, cannot, can't), cap, car, card, carry, city, class (classroom), clock, cloud, coat, cock, coffee, cold (-ly), colo(u)r, come (came), comma, cool, country, course, cousin, cover, cow, cross, cup, cut, dark, daughter, day, dear (-ly), December, deep (-ly), desk, dictation, dinner, dining-room (dining-table, dining-car), do (did, done, does, don't), dog, doll, door, down, draw, dress, drink, drop, during, each, ear, east, eat, egg, eight (eighth, eighteen, eighteenth, eighty, eightieth), eleven (eleventh), else, end, English, enough, enter, envelope, even, evening, ever, every, everything, exercise, eye, face, fall, family, far, fast, father, February, feel, field, fifteen (fifteenth, fifty, fiftieth), fill, find, fine (-ly), finger, fire, first, fish, five (fifth), flag, floor, flower, fly, food, foot (feet, football), for, fork, four (fourth, fourteen, fourteenth, forty, fortieth), fox, Friday, friend, from, front, fruit, full, game, garden, gate, gentleman, get (got), girl, give (gave), glad, glass, go (went, gone), gold, good, good-by(e), grandfather (grandpa, grandmother, grandma), grass, great, green, ground, grow, hair, half, hand, happy, hard, hat, have (has, had), he (him, his, himself), head, hear (heard), heat, help, hen, here, high, hill, hold, hol:day, home, hope, horse, hot (-ly), hour, house, how, hundred, hungry (-ily), I (me, my, mine), ice, if, ill, is, ink (inkstand, ink-bottle), into, iron, is (isn't), it (its, it's) jacket, January, July, June, just, kangaroo, keep (kept), kind, king, knife, know (knew), lady, lamp, land, large, last, late, leaf, learn, leave, left(s), leg, lesson, let, letter (letter-paper, letter-box), light(n.), like¹(v.), like²(a.), line, lion, lip, little, live, long, look, lose, love, low, lunch, make (made), man (men), many, map, March, match¹ (match box) may, May, mean, meat, meet (met), middle, mile, milk, minute, Miss, Monday, money, monkey, month, moon, more, morning, most, motor-car, mountain, mouth, move, Mr (Mr.), Mrs, much, must, name, near, nest, net, never, new, next, nice (-ly), night, nine (ninth, nineteen, nineteenth, ninety, ninetieth), no, noise, noon, north, nose, not, notebook, nothing, November, now, number, o'clock, October, of, off, often, oh, O.K.(OK), old, on, once, one, one², only, open, or, other, out, over, own, ox, page, papa, paper, parent, park, pass, past, pear, pen, pencil, people, piano, pick, picture, piece, pig, pin, place, plant, play, please, pleasant(-ly), pocket, pond, poor(-ly), post, present¹, present², pretty(-ily), pupil, put, quarter, question(question-mark), quick(-ly), quiet, quite, racket, rain, rat, reach, read'(reader), ready, receive, red, remember, rest¹, ride, right¹, right²(-ly), rise, river, road, room, rose, round, run(ran), sail, same, sand, Saturday, say(said), school(schoolboy, schoolgirl), sea(seaside), season, seat, second'(-ly), see(saw), sell, send(sent), September, set, seven(seventh, seventeen, seventeenth, seventy, seventieth), several, shall, she(her, herself), shone, ship, shoe, shop, short, show, shut, side, silver, sing(song), sir(S-), sister, sit(sat), six (sixth, sixteen, sixteenth, sixty, sixtieth), sky, sleep, slow(-ly), small, smell, snow(snowball, snowman), so, soft(-ly), some, something, sometimes, son, soon, sorry, sort, south, speak, spell(spelling), spend(spent), spoon, spring, stamp, stand(stood), star, start, station, stay, stick¹, still¹(ad.), stop, story, stove, street, strong(-ly), such, summer, sun, Sunday, supper, sure, sweet(-ly), table, take(took, taken), talk, tall, tea, teach(teacher), tell(told), ten(tenth), tennis, tent, than, thank, that(those), the, then, there, they(their, them), thing, think, thirteen(thirteenth, thirty, thirtieth), this(these), three(third), through, throw, Thursday, till(until), time, to, to-day(today), together, to(-)morrow, too'(=also), tooth, top, town, toy, train, tree, try, Tuesday, turn, twelve(twelfth), twenty(twentieth), two, umbrella, under, up, upon, use, very, visit, wait, walk, wall, want, warm(-ly), was, wash, watch'(n), water, way, we(us, our), weather, Wednesday, week, well, were, west, what, when, where, which, while'(conj), white, who(whose), why, will, wind, window, wing, winter, wish, with, without, woman, wood, word, work, world, write(wrote, written), year, yellow, yes, yesterday, yet, you(your, yours), young, zoo,

Radius Ⅱ (約 760 語)

able, act, add, address, Aesop, afraid, afterward(s), against, age, agree, ah, alive, allow, almost, along, alphabet, already, although, among, angry, anyone, anyway, appear, arithmetic, [armchair], army, around, arrange, arrive, [ate, eaten], attention, [baby], bake(baker, bakery), band, bank, bare, bath(bathe, bathing, bathroom), battle, bear¹, bear²(bore, borne, born), beast, beat(beaten), [became], [been], b.g.(begun), believe, belong, below, bend, (bent), beside, besides, beyond, bicycle, [birdie], Birthday, biscuit, bit¹, bite(bit², bitten), blind, blood, bloom, blossom, blow(blew, blown), board, boil, bone, bottom, bow, bow-wow, branch, brave(-ly), break(broke, broken), breast, breath(breathe), breeze, brick, bright(-ly, -ness), broad, brook, [brought], bud, [built], burn(burnt), bury, bush, business, butterfly, cage, cake, calm(-ly), camp, capita, captain, careful(-ly), carriage, cattle, [caught, catcher], cause, cent, centre(-er), century, certain(certainly), chain, chance, change, cheap(-ly), cheer(cheerful,-ly), cheese, cherry(cherry-blossom, cherry-tree), chicken, chief, chimney, chocolate, choose(chose, chosen), clean(cleaning), clear(-ly), clever(-ly), climb, close, cloth(clothes), coal, coast, collar, colon, common(-ly) company, complete, contain, conversation, cook, copy, corn(cornfield), corner, correct(-ly), cost, cotton, count, creep(crept), cruel(-ly), cry, curtain dance (dancing), danger(dangerous,-ly), dare, date, deal, decide, delight, dew(dewdrop), diamond, dictionary [didn't, doesn't] die(dead, death), different(difference), difficult, dig(dug), dine(dinner-time, dinner-party), dirty, discover, dish, distance(distant,-ly), divide, doctor, dollar, dozen, [drank, drunk], drawing -room, dream, [drew, drawn, drawing], drive(drove, driven, driver), drown, dry, dust, duty, eager(-ly), eagle, earn, earth, easy(easily), edge, either, elder (eldest), electric, elephant, empty, enemy, engage, engine, enjoy, escape, everybody(everyone), everywhere, examine(examination) example, except, excuse, expect, fail, fair, fairy, famous, farm(farmer), fat, fear, feather, feed(fed), [fell, fallen], felt, fellow, few, fight(fought), finish, fit, flat, [flew, flown], float, follow, fond, fool(foolish,-ly,-ness), force, foreign, forest, forget(forgot, forgotten), form, forward, [found], free(-ly), freeze, (froze, frozen), fresh(-ly), frighten, frost, fun(funny), future, 'gain, gas, gather, general, gentle, [given, gift], glove, God(god), golden, [gotten], grammar, grand(-ly), grape(s), gray(grey), greet, [grew, grown], guess, guide, gun. habit, hall, handkerchief, hang(hung), happen, [happiness], hardly, harm, [haven't, hasn't, hadn't], hay, health, heap, heart, heaven, heavy, [hers] hide(hid, hidden), history, hit, held, hole, honest(-ly), honey, hotel, however, [hundredth], hunt(hunter), hurry, hurt, husband, idea, [I'll, I'm, I've], imagine, important, inch, increase, indeed, inside, instead, interesting(interest), invite(invitation), island, [itself], join, journey, joy, judge, jump, kettle, kick, hill, kind^2, [kindly, kindness], kiss, kitchen, knock, [known], lake, language, later, laugh, law, lay, (laid), lazy(-ily), lead(led), least, [left^2], lend(lent), less, let's, library, lie, lie^2(lay, lain, lying), life, lift, light^2(-ly), lily, list, listen, lonely, length, lord, loot (loss), lot, loud (-ly), lovely, machine, mam(m)a, manner, march, mark, market, marry, master, match² (v.), matter, might, meal, [meant], means, measure, medicine, meeting, member, memory, merchant, merry (-ily), message, metal, mill (wind-mill, water-mill), million, mind, miss, mistake (mistook, mistaken), mitt, mix, moment, motor (motor-boat, motor-bus), mouse (mice), Mt. (Mt), mud, music, narrow (-ly), nation (national, -ly), nature (natural, -ly), nearly, neck (necktie), need, neighbo(u)r, neither, news (newspaper), nobody, no., noble (-ly), noisy (-ily), none, nor, [northeast, northwest] note, notice, nurse, nut, oak, obey, oblige, ocean, office, oil, opinion, orange, order, ought, [ours, ourselves], outside, overcoat, owe, pack, pain, paint, pan, parasol, pardon, part, party, path, pay (paid), peace, peach, peep, penholder, penny (pence), perhaps, period, person, phonetic, pine (pine-tree), ping-pong, pipe, pity, plain, plan, plate, platform, playground, (pleasure, pleased), plenty, point, policeman, pool, pork, possible (impossible, -ly), post-card (postman, post-office, post-box), pot (teapot), potato, pound, pour, power, president, pretty² (ad), price, prince, print, prison (prisoner), probably, produce, promise, proper, proud (-ly), public, pull, pump, pure (-ly), purpose, purse, push, quarrel, queen, (quietly), rabbit, race, radio, rail (railroad, railway), [rainy, rainbow, raincoat], raise, rather, [read², reading, reading-room], real (really), reason, remain, reply, rest², return, ribbon, rice, rich (-ly), ring¹ (rang, rung), ring², ripe (-ly), roar, roast, rock, [rode, ridden], roll (roll-call), roof, root, rope, [rose, risen] rough (-ly), row¹ (v.r.), row² (n.) rub, rule (ruler), [runner, running] rush, sad (-ly), safe (safely), sailor, salt, [sang, sung] Santa Claus, satisfy, saucer, save, [seashore], second², secret (-ly), seed, seek (sought), seem, [seen], semicolon, sentence, separate (-ly), serve (servant), settle, shade, shadow, shake (shook, shaken), shape, sharp (-ly), sheep (shepherd), sheet, shell, [she'll], shilling, shirt, [shone], shoot (shot), shore, [should], shoulder, shout, shower, [shown], sick, sight, sign, silent, silk, simple, since, sink (sank, sunk), sitting-room, size, skate (skating), ski (skiing), skin, [slept, sleepy, -ily, asleep, sleeping-room], [smelt], smile, smoke, smooth, soap, sock, sofa, soldier, sound, soup, [southeast, southwest], sow, sparrow, speed, splendid (-ly), spoil, [spoke, -spoken, speech), spot (sportsman), spot, spread, square, upstairs (downstairs), steal (stole, stolen), steam (steamer), steel, step.

stick² (stuck), still²(a), stocking(s), stone, store, storm, straight, strange(-ly), stream, [street-car], strike (struck, stricken), strength, study (student), succeed (success), sudden(-ly), suffer, sugar, [sunshine] supply, suppose, surely, surprise, swallow, sweep (swept), swim (swam, swum, swimmer, swimming), tail, taste, taught, tear¹ (tore, torn), tear(s)², telephone, terrible (-ly) [that's], [theirs, themselves], therefore, thick(-ly), thin(-ly), thirst (thirsty), though, [thought], thousand (thousandth), [threw, thrown], thunder, thus, ticket, tie, tiger, tiny, tired, tongue, to(-)night, too², tool, teeth, touch, toward(s), towel, tower, trade, tram (tramcar), travel (travel(l)er, travel(l)ing), trip, trouble, true (truly, truth), trunk, tunnel, twice, understand (understood), unless, used, useful(-ly), usual(-ly), valley, vegetable, view, village, violet, voice, wake (woke, awake, awoke), war, watch²(v.), wave, weak(-ly), wear (wore, worn), welcome, wet, wheat, wheel, whenever, whether, while² (n.), whom, whole, wide(-ly), wife, wild(-ly), win (won), wipe, wire, wise(-ly), within, wolf, [women], wonder (wonderful, -ly), [wooden], wool, worm, [worse, worst], worth, [would, won't], wrong, yard, [yourself, yourselves]

参考文献

1. IRET: Second Interim Report on Vocabulary Selection （昭和6年）

2. E, L, Thorndike: A Teacher's Word Book of the Twenty Thousand Words (Teachers College, Columbia University New York, 1932)

3. Ernest Horn: A Basic Writing Vocabulary (College of Education, University of Iowa City, Iowa 1926)

4. 菅沼太一郎: 統計的研究, 各学年別「中学標準英単語」（慶文堂, 昭和10年）

5. Faucett, Palmer, Thorndike, West; Interim Report on Vocabulary Selection (P.S. King & Sons, Ltd, London, 1936)

6. Lawrence Faucett & Itsu Maki: A Study of English Word-Values, Statistically Determined from the Latest Extensive Word-Counts（松邑三松堂, 昭和7年）

6. 風物知識

津軽

註 1. 基礎論教材論参照
 2. 次に記せる事項，例語について風物知識を併せ教授すること出来る。

a. 気象に関し
例語. sun, moon, star, cloud, rain, snow, hail, mist, fog, thunder, lightening wind storm
  north pole south pole Equator

b. 植物など
例語 rose tulip dahlia lily pansy dandelion morning-glory oak maple rubber tree bamboo
grass lawn moss hay straw

c. 生物について
例語. pig dog cat rabbit hare sheep mouse rat ox cow deer donkey tiger bear lion monkey elephant camel kangaroo goat squirrel
  hen cock rooster chicken robin goose turkey parrot dove pigeon owl swallow sparrow eagle canary
  salmon trout
  worm ant frog fly fire-fly mosquito bee butterfly

d. 人間
 (1) 身体について 例語 face head hair eye ear nose mouth cheek lip neck shoulder chest back arm hand wrist finger elbow stomach leg knee foot toe
 (2) 家族 例語 father mother grandfather grandmother brother sister baby
 (3) 呼称 Jack Charles Mary Mr. Williams Mrs. Brown Miss Green Sir Madam Dad Mom
 (4) 住居に関し 例語 house cottage cabin-hut villa building home room living room sitting room dining room drawing-room bedroom bathroom toilet nursery study kitchen barn hall closet stairs porch veranda fire place elevator lift roof

wall floor door window ceiling garden yard
(5) 家具，設備など　例語　table desk chair stool bench sofa arm-chair bed washstand lamp carpet rug curtain fan switch clock watch telephone radio television picture
(6) 食器具，道具類　例語　cup saucer glass plate dish bowl knife fork spoon pan kettle pot tray icebox can-opener hammer saw driver scissors shovel nail
(7) 飲食物など　例語　breakfast lunch supper dinner tea soup dessert snack bread sandwich cereal cake cookie pie pudding doughnut pancake hot cake salad meat fish butter jam cream cheese sauce coffee tea cocoa juice milk icecream

    to fry, to bake, to roast, to boil, to toast
    flour wheat oat barley corn grain rice
    beef pork mutton chicken fish
    tomato potato onion carrot pea celery bean cabbage
    orange lemon banana apple pear peach cherry strawberry berry chestnut nut
    cigarette cigar tobacco

(8) 服装に関し　例語　coat trouser dress gown pants shirt underskirt underwear pajamas jacket apron stockings socks belt handbag bag suitcase shawl cap hat silkhat shoes boots slippers handkerchief lace collar necklace bracelet ring
(9) 運動．娯楽など．例語　tennis baseball football basket-ball soft ball volley ball pingpong golf skating skiing boating swimming hiking climbing camping square dance
    movie music play party radio television
    accordion harmonica piano violin guitar drum harp
(10) 正しい作法，礼儀について．実例 (a)挨拶の仕方 (b)会の持ち方 (c)手紙の書き方 (d)食卓での作法 (e)紹介の仕方 (f)正しい服装について
(11) 官名，職業など　例語　king queen princ-e princess president bishop minister mayor secretary professor teacher farmer master servant keeper manager clerk blacksmith carpenter barber grocer baker maker worker policeman soldier sailor

doctor nurse banker hunter driver operator news boy bookseller

e、年中行事等　例語　New Year's Day Carnival
Lincoln's Birthday Washington's Birthday Easter
All Fool's Day May Day Derby Day
The Independence Day Thanksgiving Day Christmas

f、交通に関し　例語　car motorcar automobile bus streetcar
tramcar train aeroplane airship truck coach carriage boat ship
steamer
　　street avenue highway road path canal waterway airway
railway subway

g、公共の場所・施設等　例語　classroom school campus high school
college university library museum theatre hotel inn station
church chapel public hall settlement hospital court park
parliament
　　village town city

h、計量・金銭などの単位　例語　mile metre yard foot inch acre
bushel gallon quart pint litre ton pound ounce gramme
pound shilling penny dollar cent

i、地理・歴史
　(1) 地勢　例語　land sea mountain hill ocean river stream
pond moor lake waterfall bay coast plain highland
　(2) 洲名　Europe America Asia Africa Australia South America
　(3) 国名など　例語　British Empire Great Britain England
Germany France Switzerland Norway Sweden Russia
Italy Spain Austria Belgium Holland Ireland
　The United States of America U. S. A. Canada Mexico
Brazil　　　　　　　　　　　The United Nations
　India China Japan

(4) 海・山川など　例語　The Pacific Ocean　The Atlantic Ocean
The Arctic Ocean
　　The Hudson River　The Mississippi　The Thames　The Seine
The Rocky Mountains　The Alps
　　The Panama Canal　The Suez Canal　The English Channel
The Straits of Dover
(5) 世界の主都市など　例語　London Paris Berlin Rome Vienna
Singapore New York Washington Boston Chicago Los
Angeles San Francisco Oxford, Cambridge
(6) アメリカ合衆国の主要州名など　例語　California Michigan
Virginia Philadelphia Illinois Kentucky New York
Ohio Pennsylvania　　　　Hawaii Alaska Columbia
(7) 建造物等　例語　The Eiffel Tower　The Arch of Triumph
The London Bridge・Westminster Abbey　The Empire
State Building　The Statue of Liberty
(8) 世界の名士　例　William Shakespeare Lord Tennyson
William Wordsworth R.L. Stevenson H.C. Anderson
H.W. Longfellow R.W. Emerson M. Maeterlinck
Beethoven Michelangelo Napoleon Nelson Marconi
Edison Watt Nansen Columbus
Washington

J. Bibliography
(1) Encyclopaedia Britannica　(2) Daily Mail Year Book
(3) Kron: Little Londoner
(4) Brewer's Dictionary of Phrase and Fable
(5) Sweet　飯島東太郎　英国風物誌　正続二巻　大日本図書出版
(6) 篠田錦策　英国の風物
(7) 中川芳太郎　英文学風物誌
(8) 福原麟太郎　春宵倫敦子
(9) 福原麟太郎　風物知識（英語教育叢書）　以上研究社発行
(10) 渡辺義一　英語の教養、創芸社
(11) Universal Encyclopaedia
(12) Compton's Pictured Encyclopaedia and Fact-Index (Chicago)

(13) Scherer　America Pageants and Personalities
(14) Doren　American Scriptures
(15) 石川林一　アメリカ現代風俗篇（英語英文学講座）　研究社
(16) DiBeli　England

Ⅲ. 学習指導
1 学習指導の一般

　学習指導とは生徒の学習活動を助け生徒の目ざす目的を達しめて、生徒ののぞましい成長発達に寄与することである。英語科においては生徒をして教科の目標に達せしめることが学習指導にほかならない。しかし英語科においては学習指導に深い関係のある次のような種々の條件があるので、それらの條件を充分考慮しその方法を定め充分学習指導の効果をあげるようにしなければならない

a. 諸條件と学習指導
(1) 必要 (needs)

　　needs については Social needs と生徒個人の individual needs の二つが考えられる。Social needs を考えると１９４７年版 Course of Study の中にある調査によっても都市は英語の needs が比較的多く、都市をはなれるにつれて needs が少なくなることが示されておるが、日本における地域社会というような副合狭い地域からは、学習指導上考えねばならない地域毎の Social needs の差を導き出すことは困難である。これに反して学習指導において考慮しなければならないのは individual needs であろう。中学校生徒の individual needs として大体次のものがあげられる。進学のための needs、職業のものの needs、前二者のようなはっきりした needs を感じていないが何となく英語を学習したものの三つである。英語学級にはこれらの needs をもつ生徒が混然としているのであるから、どの needs をもつ生徒が多いかを考え、またどの needs をもつ生徒にも満足を与えるような指導をなすよう考慮しなければならない。

(2) 地域

　　地域と学習指導との関係を考えるとき学習環境が一番問題となる。都市では public signs なども多くみられ、外人も多く英語の素養のある人達もあり従って家庭でも学習環境にめぐまれて居る。地方農山漁村において

は学校、英語の授業時間をのぞけば生徒にとって学習環境は絶望に近いことを考えねばならない。授業時間において学習指導の効果を充分あげるよう努力しなければならない理由である。

(3) 生徒

　　生徒に関してはその質と人数と年令とが考えられる。中学校は義務教育であるので生徒の素質の間に大きな差があるのが普通である。優れた者、普通の者、中には精神薄弱者もいることまで考えねばならない。個人差に応ずる学習指導が是非必要であることになる。困難なことではあるが色々指導法を研究してそれぞれの生徒を満足せしめなければならない。生徒数は何教科にせよ少いことにこしたことはない。一クラス20人〜30人位が理想的であろうが、理想的な人数を定めることが問題ではなくて、教員数、教室が足りなく、生徒数が多い現状からどの程度の人数までが実現可能の数であるかが問題であろう。英語の学習指導では個々の生徒が対象である。授業中に個人指導ができるかできないかが生徒数の一応の基準となろう。46人〜50人が限界ではなかろうか。生徒数が多いと学習指導効果は反比例して減少するものである。年令については年令が多くなるにつれて指導の困難になるので英語を履習する生徒は一年の時から始めさせるべきである。

(4) 教師

　　教師については能力と受持時間数とが考えられる。教師の指導能力が学習指導の効果を規定する一番大きな原因であることは論をまたない。教師は常に自己の能力をのばすよう努力しなければならない。受持時間数も能力に関係深い。いくら能力があっても時間数が過重であれば能力が充分な効果を生まない。色々の事情を考えても一週17,8時間が限界ではなかろうか。

(5) 時間数

　　語学の学習は時間が多くかかることは誰でもよく知っている。週3〜4時というのが全国で一番多いのではなかろうか。この時間数は英語学習上からみて充分な時間とはいい得ない。Course of Study 一般論にも4〜6時間必要なことを示している。選択教科なるが故にこの時間数を確保しないのは誤りである。授業できる程度の人数のクラスにし、その生徒に少くとも週四時間以上指導し効果を充分あげることが選択教科のほんとうの姿であろう。

(6) 教材

英語の指導はどうしても教科書がその主たる教材とならざるを得ない。それ故教科書の選定が学習指導の大きな問題となる。教師の能力と生徒、地域等を考えぴったり合ったものを選定し充分活用したい。その他教材として Course of Study の　　　にあげられているものも活用して学習指導の万全を期するのが望ましい。

(7) 学級編成

学級編成も学習指導に関係深い問題である。学級は等質のものと異質のものとの二つが考えられる。一年の初めは等質上近いクラスであるが中ばすぎると個々の生徒の学力は千差万別になり異質クラスになるであろう。しかしこの異質クラスのまゝ一斉指導するのが普通である。授業時間内で個人指導を加え差をちぢめるのがのぞましい。すっかり差が大きくなってしまって指導に甚だしく困難を感ずるようになったらその対策として能力別学級に編成し指導することが考えられる。これは等質に近づけることを意味するが厳密に云えば純粋な等質は存在しないのであって、細分してゆけば結局個人になってしまう。能力別学級編成のクラスにおいても学習指導上から云えば異質学級にほかならないことを銘記すべきである。

b. 学習指導法 (Teaching Meathod)

学習指導の方法として多くの語学者が研究し特定の名称をもって数多く発表されているが、現在特に関心をもたれ研究され応用実施されているものを大分すれば、

○教材を中心に読みを主として行うもの (Grammar or Translation Meathod)
○口頭授業を中心に直接的に行うもの (Oral Direct Meathod)
○前二者の中間をゆくもの　　　　　　(Eclectic Meathod)

の三つに分けられる。これらの方法にはそれぞれ長所短所があり前項にあげられた諸条件という制約もあってその適用に慎重を期し、それぞれの長所を充分生かすようにしたい。もちろん同一の方法をもって入門期から三学年終了まで指導してゆくことは不可能であり、実際存在し得ないのであろうけれども、学習者の発達段階に応じた適切な方法は、教授者の能力性格に影響をうける関係上ほぼ一定するのが自然であろう。これは教授者を中心に考えたのであるが、方法論的にいって一般的には

○口頭直接法は入門期初学年において重視され
○高学年に進むに従い訳読的活動が加味される傾向となり
○従って教師の文法内容説明も多くなってくる。

のように実際的には取扱われる。しかしこの方法とっても地域環境、教師、生徒等の諸条件を考慮して適切な方法を見出し実施し学習指導の効果を充分あげるよう工夫努力すべきである。要するに *method* があって生徒を指導するのではなく、生徒があってそれに応する方法が生れるべきであり、しかもその方法は教師の人格能力から自然とにじみ出るもので、また教師の能力は不断の工夫研究にまつこと大なることを忘れてはならない。

C. 教材を主とする指導法と経験単元による指導法

経験単元（*Experience Unit*）による学習は *Problem Solving* の学習であり従って内容を主とする学習であると考えてよかろう。英語における経験単元については *Course of Study* の *Bk 1* にくわしくのべられている。英語科における *Cultural Aims* を達するには直接的な適切な学習とも考えられる。経験単元による学習指導は、経験単元の学習が生徒各自が討議し合い報告し合って得た自身の研究問題を解決するための学習なので、問題解決の方法、計画についての指導が根本の問題となる。つまり問題解決のみぎを指導することである。それには生徒の学習活動を容易にするために環境に諸條件を調整し、活動の諸計画、結果の整理に必要な指示をよえなければならない。実に個人差についての指導を念頭におくこと、注入でなしに自発活動を尊重し生徒の経験の再構成ならびに問題解決のための自主的自律的学習体験によって、学習を透してし社会発展に寄与しうる能力を啓発するよう考えねばならない。

経験単元による学習指導も英語という教科の特殊性から基底として言語、材料がその裏にあるということを忘れてはならない。従って教材を主とする指導法と同一になる場合が多くならざるを得ない場合が多い。言語材料を通して問題を解決させるところに英語科の経験単元が存在するのである。英語の経験単元による学習指導はおそらく日本においては実験の域を脱していないし、参考書もごく少いのであるからその取扱いは諸條件とにらみ合せて特に慎重を期さなければならない。

教材を主とする学習指導法はbにのべたものがとりもなおさずそれであり、日本の現状では学習指導はほとんど大部分が教材を主としてあるので以下その要点について述べよう。

2 学習指導法

a. 学習指導の実際

(1) 各時間の指導計画

　英語教育の目標を達成するためには何を何時誰に誰がどのように指導するかが問題である。従って「どのように」という学習指導の実際は英語教育の目標、材料、生徒、時期と時間数、及び指導者によって規定される。

Iduse は "All methods may be good or bad according to particular situations to which they are applied" と言っているが、学習指導の実際は千差万別であり、同一の指導者であっても常に同じ方法を用いてよいとは限らない。英語科はその教科の特殊性から、指導者は高度の専門的技術を要求せられ、教育課程そのものは使用する教科書によって著しく左右されるのが当然であるが、他のどの領域よりも教師の強力な指導が必要である。教師は教材に対して正鵠を得た価値判断を下し、その価値との所在をつきとめて、これを最も有効適切に生徒をして学びとらせるに最も合理的な手段方法を取らなければならない。

　毎時間の指導は年間指導計画、否中学三年間を通じての全体指導計画に取っては、かけ更えのない一時間であること、即ち全体指導における位置づけを充分認識してその指導計画を立てなければならない。従って一時間分の予定教材を設定する場合その指導計画は凡を次のような研究調査と決定に基くことが必要である。

(a) 既習の教材及び将来指導する教材とどのような連関があるかを、内容と言語の両方面から充分研究調査する。

(b) 上記の研究調査に基いて、その時間の指導によって達成すべき目標と重点とを決定し、教科書の教材に　加除すべきものを決定する。

(c) 決定した目標の達成と重点の徹底指導に利用することの出来る効果的な聴視覚教具を検討し、用意する。

(d) 次に効果的な予習指導はどのようにしたらよいかを決定する。

(e) (a)(b)(c)(d)を基礎として新教材の導入の方法を考察する。

(f) 解説に用うべき例文を吟味決定し、その例文と既習事項との連関を明かにする。又説明に用うべき日本語を選定する。

(g) 板書事項、板書の要領位置及びその利用を考究する。

(h) 効果的な復習指導（家庭作業）を予定する。

(2) 各時間の指導過程

　各時間における指導の実際諸條件によって千差万別であるべきことは既

に述べた通りであるが、囲碁や将棋に定石があるように英語科学習指導の過程にも自ら定石的なものがある。前項に述べた指導計画が具体的に学習指導にあたってどのような過程を経るかその一例を示すと、

(a) 予備作業　短時間に学習に対する心構えを作ることが目的であって教室に臨んでまず英語での挨拶、点呼の後、欠席者があればそれについて問答したり、時には天候のこと、学校行事、時事問題等生徒が深い関心を持っている事項について、生徒の既習の語い、構文型の範囲内で簡単な問答を試みる。或は又 Theme Song を斉唱したり、毎週計画的に英語の格言を教えてその斉唱をするなども一つの方法である。そして次の段階の復習作業に滑かに進展するように配慮する。

(b) 復習作業　知識を確実にし運用能力の伸長が狙いであって、中学校の学習指導において絶対に省くことが出来ない。主として英語による問答によるべきであるが、その前に前時間の教材を一度又は二度読ませて記憶を新にせしめるとよい。特に前日英語の授業がなかった場合又は上級になって内容がむつかしい場合は読ませる回数を増すことによって問答が円滑に進み、生徒は問答の出来ることによって自信を得興味を覚え喜びを感ずるものである。前時間に復習指導を行い家庭作業として課した、暗誦、書取、聞取、解釈翻訳、作文等を処理し、これを中心とし、その成果によって前時間の学習指導を自省しつゝ、生徒の努力を認め、盛時に賞讃、激励、注意反復練習等臨機応変の処置をして、前時間のすべての重要点にふれる。問答の順序としては内容面を先にし、然る後に言語面即ち単語、語句、構文について行う。問答は教師から生徒へ、生徒相互、生徒から教師へと変化に富んだものならしめる。

(c) 新教材への導入　この作業の狙いは聴く力の訓練である。特に視聴覚教具を活用し、専ら生徒の既習の語い、構文を駆使して、新教材の内容を課して聞かせる。要すれば新語句等に対し日本語を最小限に使用して内容理解の助けとすることも差支えない。然し文法や構文の説明は一切加えないで二回行う。この作業が単に教師の一方的な説明に陥ることを避け、且つ生徒の理解を容易ならしめる為、一回目の際には適時簡単な問答を挿入して生徒に既習の英語を活用せしめ、生徒の予習の努力を認めることが出来るよう工夫する。この作業及び次の作業中は本を開かせない。

(d) 理解を試す問答　導入が生徒にどの程度理解されているかを試すために、簡単な形式の問答を英語で行う。問答は主として Yes or No Question と Alternative Question によるが、生徒の状況に応じて Special Question を加える。

(e) 読方の練習、教科書を開かせて、教師が一回か二回範読した後、教師について斉読させる。新出語は板書して教師について斉唱で発音させ、次に個人にあてた後、その語を含む Breath group が正しく滑らかに、自然な速さで発音出来るよう指導する。更にここで教師がもう一度範読して後、数名に指名して個人読みをさせる。斉読の際は動もすると調子や速度が乱れ易いので、特に自然な速さで正しく読むよう、クラスを幾つかの group に分けたり、列毎に行わせたり等の工夫が必要である。再読を唱せしめる時は全生徒の口を目の中に入れていて適当な指導を与え、個々の単語ばかりでなく、文全体の Intonation, stress, breath group, rhythm group 等が正しく自然な速さで読めるよう充分練習する機会を与える。

(f) 解釈と説明 教材に対する理解を十分徹底させるのが目的であるから、日本語を活用すべきであって、内容理解の困難な点や、文法、構文の説明は日本語によっても差支えないが、予め研究調査し、その解説は精粗軽重よろしきを得なければならない。既習既教具の利用、文脈による理解、或は paraphrasing 等既習の語い構文を活用して容易に理解させることの出来るものは英語を用い又教室英語を活用する。用語については日英両語ともにあらかじめ充分検討し、時に両国語の比較対照によって理解を深め、又時に適切な和訳を与えて解釈の結論をつけて徹底させる。提示する例文は中心問題に適切なものを選択し、効果的に板書説明する。又アンダライン、括弧等を活用して理解を助け、総て解説は懇切丁寧でなければならないが、教師の一方的な一人舞台の活動に止まり、注意的となり易いので、適当な生徒への質問を用意し、又生徒からの質問を促し、前時間に行った予習指導の線にそって生徒の予習の成果を認め、適宜賞讃激励し又時に改めて辞書を引かせヒントを与えて解釈の鍵たらしめ、生徒が自らの力と努力によって正しい理解に到達するよう工夫する。総て生徒が質問に対して解答し得ない時はあまり待つことなく無造作に他の生徒にあてるが、学級全体に聞くか、グループに共同研究を求めるか或は一層答えやすいような質問に変えることが望ましい。かくて生徒の自発学習を促進し、生徒に共同研究をなすべき契機を与える。

(g) 整理次第 解説過程がすむと教師が一度範読して、生徒をして意味内

容と読みとの相関せることを充分理解せしめること吐留意して、生徒に指名して個人読みをさせる。その後ここで板書を利用してこの時間の重点を強く深く印象づけつゝ復習と予習の指導に移る。

(九) 予習復習の指導（宿題）教室の学習活動だけで学習の目的を達成することは，理想であるが，反復練習を基調とする英語学習において，僅か一週間に四・五時間の指導，而も一学級の生徒数が五十名を越える場合，到底所期の目的を達成することは出来ない。ここに生徒の家庭における自習が英語学習の目的達成には必要欠くべからざるものとなる。その指導のために要する時間は毎時の終り数分にすぎないが、指導よろしきを得れば効果が極めて大きいので欠くことは出来ない。これによって生徒の自発活動を促進し，自学自習の良習慣を刷致し，常に興味と喜びとを以て積極的に学習に参加せしめることが出来る。たゞ予習復習の課題は精選して，所要時間三十分乃至六十分程度のものとし，過重に失し，困難に過ぎないよう。具体的に明示することが必要である。

(i) 復習について
　ⓐ その時間に学んだ重要語句の書取、解説の際あらかじめ生徒との間に約束した記号をつけて具体的に示し，練習帖の形式も一定して逐々検閲し，適当な指導を与えると共に評価の資料とする。
　ⓑ 応用和文英訳　年間を通じて有機的に問題を作成し，常にその日ならった新しい構造型式で，既習語いを活用するものとする。
　ⓒ 暗誦及び読み方練習の指示　暗誦すべき箇所を明示する。暗誦せしめた箇所は次の時間に暗字せしめる方法を取るのも一法である。読み方練習は計時せしめ，あらかじめ所要時間を明示しておいて，これに達せしめる。

(ii) 予習について，(一年生には課さない方がよい。)
　ⓐ 下線，括弧其他の記号を活用して，重要語句，構文の指摘。既習教材との連関を指示する。
　ⓑ 辞書のどこをどのように引くか，具体的に指示し，注意すべき事項例えば，発音アクセントと意味の連関，品詞の相異，例文等。
　ⓒ 虎の巻の誤れる箇所の指摘と辞書の活用による比較を暗示。
　ⓓ 参考書を示して解決へのヒントを与えて，構文型，文法，風俗習慣，作者，人物，伝記等につき，或は他の教材との連関についての調査

予習復習の指導をなし宿題を課した場合必ず次の時間の指導過程の適当

最後階で、その成果をたしかめ、なるべく多くの生徒にあて、その努力を認めることが大切である。

　学習指導の要諦は難しい教材をいかにやさしく覚えこますかという技術に留まることなく、如何に困難なことでも自ら積極的に喜んで努力することによってこれを克服し、楽しみながら勉強する良習慣をつけるように仕向けることである。教師は自らの教養を高めることに精進すると共に、常に生徒の学習状態をよく観察して、その長所短所をつかみ、即ち生徒の実態をよく把握して個人個人の個性を理解し、その心理を知り、忍耐強く、根気よく、愛情を持ち、情熱を傾けて、科学的基礎に立って工夫をこらし、真摯な指導に当るならば、生徒は自ら教師の人格に引きつけられ、感化せられて、所期の学習能率を挙げるであろう。

(3) 学習指導案目例

　前項において学習指導過程の定石の一例を示したのであるが、具体的な教材に則して詳細に記入したものが学習指導案となるのであるが具体例を示すだけの頁数がないので学習指導案に包含されなければならない要目の一例をを日英両語で示すことにする。

　　　　Teaching plan of English（英語学習指導案）

Ⅰ　Date:（日　時）
Ⅱ　Class（学　級）
Ⅲ　Text（教　材）
Ⅳ　Assignment（時間配当）
Ⅴ　Aims of This Lesson（本課の目標）
Ⅵ　Material for This period（本時の教材）
Ⅶ　Special Aims of This period（本時の目標）
Ⅷ　Procedure（指導過程）
　(1) Greeting, Calling the Roll, and Some Brief Questions（挨拶, 点呼及び簡単な質問）
　(2) Review（復習）
　(3) Oral Introduction（口頭導入）
　(4) Test Questions（理解を試す問答）
　(5) Reading（読み方）
　(6) Explanation（解説）
　(7) Consolidation（整理）
　(8) Assignment of Home Work（課題即ち予習復習の指示）

(4) 休暇中の学習指導

　外国語の学習は一日中断すれば一日退歩することは自明のことである。長期の休暇に際しては生徒が毎日規則正しく，興味をもって，自ら研究学習することの出来るよう立案を生徒に立てさせるよう指導することが大切である。凡そ次のような項目を含めることが出来よう。
(a) 教科書に関連した夏期練習帖を作成して課する。
(b) 教科書より少し易し目の註のついた読物を指示し選択して読ませる。
(c) 分量を定めて毎日反復音読せしめ，所要時間をグラフにさせる。
(d) 音読した文章を清書させ，且つその意味を日本語で書かせる。
(e) 復文をさせる。復文に用いる日本文は前日又は数日前に書いたもの。
(f) 重要な単語を繰返して書かせる。
(g) 生徒に選択せしめて或頁を暗誦せしめる。
(h) 重要構文を含む文を予め指定して暗誦せしめる。
(i) 英作文を課する。
(j) 随意に選択し得る課題（例へば単語を品詞別に集める，文法をまとめる，同一発音を含む単語を集める等）を出す。
(k) 先生宛に英文手紙を書かせる。
(l) 英文日記をつけさせる。
(m) ラヂオを聞かせたり，蓄音機を利用させる。

以上の中から生徒の実態に即し生徒の希望を考慮に入れて教師が選択を決定して之を課し，休暇中或は休暇後適当な時間を考えて，課題の整理と指導を行い，一つには生徒の個性を一層適確に把握すると共に復習の仲介し知識を確実にして応用の能力を既往の指導の反省と将来の指導の基礎確立に資して所期の目的を達成する。

b. 各学年の指導
(1) 一学年
(a) 第一学年英語指導の特色。

　中学一年に於ける英語学習は，子供達が今後数年間にわたつて経験してゆく英語学習の基礎を築く意味に於て極めて重要な時期である。いわばこの一ヶ年全体が入門期であるということが出来よう。従つてこれを指導する教師は細心の注意を懇切さを以て指導に臨まなければならない。子供達が上級学校に進み，更に社会に出る頃になっても，最も身近に自分のものとしている英語の知識は殆どこの一年間に習い覚えたものだ

といっても過言ではない。この時期に正確な英語を身につけさせることが後年の将来に如何なる率をもたらすかは測り知れぬものがある。

中学一年の英語教授の特色は hearing と speaking に重点を置いた、殆ど oral のみによって行われる教授である。勿論 reading や writing も並行して行われるが、その hearing speaking に対する比率は他学年に比べて著しく小さい。これは言語活動が、自然な状態に於ては、先ず hearing と speaking から始められるという過程を外国語学習の場合にも適用することが最も能率的であるからである。けだし正しい spoken language の発声及び聴取の能力がなくては言語学習の進歩は望まれないものである。第一学年では、このように oral method によって基本的な sentence pattern を覚えさせるのである。どの reader の Book I をとってみても、各 lesson 毎に一つ或は二つ以上の new expression を取扱っている。このように一学年に於ては新しい sentence pattern, 又は expression が英語学習の進展となっている。これらは、恐らく英語の最も大切なものなのだから、第一学年で徹底的に覚え込ませる必要がある。言語活動というものは、このようにして覚えた sentence, expression から analogy によって幾様にも発展してゆくのである。

(b) 夏休み前.

第一学年の英語学習を期間的に二分すると夏休み前と夏休み後の二つに分けられる。夏休み前は所謂入門期を含めた期間である。入門期については別に項を設けるが、夏休み前のこの期間には、英語の発音、基本的な幾つかの words, 幾つかの sentence patterns, 及び classroom English を覚えさせ、hearing, speaking について或る程度まで習熟させ、文字が正しく書ける迄にしておくことが望ましい。

(c) 夏休み以後.

夏休み以後の英語教授は Reader に沿って行われる。これは英語の授業が今後の英語授業の正規の軌道に乗ったことを意味する。前にも述べた通り、一学年の Reader は各 lesson 毎に新しい expression を教えているから、これらを oral method によって生徒に理解させ、更に反復練習することによって自分のものとするという生等がこれからの授業の目標となろう。この new expression は口頭で種々の角度から生徒に提示される。生徒はそれを既知の言語材料によって、*realization* context, analogy などから理解する。そして理解した expression を、置き換えによって色々変った意味の文に変えてゆく。此等によって一層理解の度を高め、運用の力を養うのである。一年生はまだ言語材料に乏しいから、之を補うに教師は gesture, 実物指示、図解等によって極力わかり易くするように工夫しなければならない。絵をかくことは、一学年に於ては、教える内容や生徒自身の心理によく適合することが多い。このように主力は oral の方面に注がれるが、勿論 reading や writing もおろそかにしてはならない。初から正しい、丁寧な、美しい字を書く習慣をつけてやらなければならない。教師の指導如何が、この時期の鋭敏な子供には特に強く影響するということを心に留めておく必要がある。

(2) 二学年

第一学年で lesson 毎に提出された新文型は此の学年の末までには、文法材料と同様に中学校で習うべき総てのもの〜大部分を学習することゝなり、従って vocabulary もこの学年からは急速に増加し多音節語も相当数に昇ってくる。更に前学年末に少し現はれた complex-sentence は時には compound-complex sentence ともなって可成長し文内容の進んだ文（第二学年では大体２文語以下と規定されている）として現はれる。此等を材料として展開される此の学年の英語学習目標は学習の基礎技能を円滑に発達させることであり又その発達の綜合結果を読書力の養成に凝集させることにある。

一方生徒の実情は漸く顕著な能力的個人差ができていて、たとえ此の学年からは英語を選択した生徒だけを対象とする学習であるとしても猶相当の能力差が予想される。そこで此の学年担任教師は学年始めに此の能力差が如何なる原因によって生じたものであるかを先づ明瞭につかみ（担当者が前学年担任と変った場合には特にこの調査は大切である）、易すく救い得る者はなるべく早いうちに救うと同時に〜の様な能力差を侮らぬ厳不断の注意をすることを改めて決心する必要がある（此の能力差は学習の進展につれて当然できるものであるが教師は最初からそれを肯定してかゝってはならない。）即ち能力の劣る者の中には教科書がその生徒並に読める様になって幾分の頼り所を得て急に英語に対する興味を取り戻し、その後は歩みこそ遅いがどうにか付いてくる者が可成りあり得るもので、此等の生徒に対して持々力と愛情のある指導が必要である。此の点はやがて新たに生じるであろう能力差と防

ぐ上にも大切である。又とかく分り易い生徒に対してはその口塞や暗答かたとえ不充分であっても教師はその都度極めて自然に而も愛情ある賞詞と惜んではならない。更に担任学級に対する教授法は終始一貫したものであるべきで、その理由は此処に説明を要しないが、唯一つ挙げれば生徒は教師の教え方に応じて学習態度を取っていくものである。

さて此の学年からは自発的読解力の養成を図る、即ち好んで多読させるべきで、その基礎として学校に於ける学習態度の養成は又此の学年の重要目標の一つともなる訳である。そこで基本能力の発展については

(A) 聴き方、話し方について

聴き方、話し方の分野に此の学年の教室英語 (Class-room English) の果す使命は大きい。この学年は前述の様に前学年の教材の上に立って中学校過程の大部分の文型、文法を学習すべき学年であるから機会ある毎に前学年教材を復習して完全なる operation の度を確立すべきである。そこで一方には此の学年の本来の学習に現われる教材をその指導と関連して指導すること、(教科書には既に多の場合 idiomatic なものが沢山出てくるのであるから、それらを取入れると共に、 'Are you coming?' "Yes if they are expecting me." の様に conditioned answers にまで発展させるべきである。又他方教科書と関係なく独自の分野を発展させねばならない。(研究社、寺西武夫氏の教室英語、新編指導要領はこの面でもよい参考となろう。)

次にこの分野に取扱はるべきものは生徒が英語を通して自己を語る能力の養成である。先ず既習教材を復習しそれを発展させることで、特に新出の文型、語法、慣用句等に重点をおき適当の日時を距てゝ何度も復習することである。そして発表はつねに発音、intonation, breath-group, sentence-group, speed 等に注意させることは勿論であるが最初は大胆に発表させる必要がある。次には前学年令様教科書の既習教材を用いて生徒同志の questions and answers をさせる。次いで生徒から教師への同様質疑を経て実物、画等の description をさせる。そしてやがては生徒が正規の学習以外で読んだ物語等を生徒の英語で発表させるのである。(West は Thorndike の The First 750 words で簡単な fairy tales や fables が充分読れるといっている。) そしてこれらの指導に当っては先ず大胆に発表させ、それから次第にその delivery に手を加えるべきである。

(B) 読み方について

口頭で充分こなした教科は次には眼を通して理解させる（読み方）段階に入る訳であるが、前述の様に多くの文型、語法や多音節語を含む長い文に接するのであるから発音と綴字との相互関係、*accent* 文の意義単位としての *sense-group*、気息単位の *breath-group*, *intonation*, *sentence-stress* 等については教師は自信をもって指導に臨まねばならない。（*speed* は毎秒 5 *syllables* を標準とするが、できればそれより早く発音したいものである。国語を語る早さ、これ以下の早さであってはならない。）さて *speaking* の目標が或る概念に対し呼応する英語が口を突いて迸り出るにある様に、読方指導の目標は *oral* の既習教科を読みに読んで遂に、文章表象――この様に言うことが許されるなら――を記憶してしまい延いてはその他の文章を理想の早さで読み終える所にある。勿論此処に言う読みは直読直解の意味であって、先づ音読を充分指導し、次いで黙読を行い、次第に所要時間を短縮させる様に導くべきである。

一ヵ一学期中頃から辞書を使わせる必要がある。そして辞書の使用と発音記号とは関連が深いからその前に既習の発音符号を整理し充分読める様にしておくべきである。辞書は ① なるべく学級全体が同一のものを使うこと。② 手探りで m の部、s の部と一度に開き得るまで慣れさせること。③ 片手でピリピリと首を流し、綴じ目を開いてから一、二頁めくっただけで用をたすこと ④ 意味のとり方に慣れさせること。⑤ 調べた事項は憶えてしまい、なるべく書かせないこと。⑥ *substitution drill* の気持で辞書を使い、又文章に接する心構を養うことが大切である。

次いで課外読物を与える訳であるが気軽に読めるものから始め、生徒の能力に応じて大々別個のものを与えるのがよかろう。課外読物は生徒が教師の直接指導を離れ自由な気持で読んでいく所謂英語学習に於ける一人歩きであるからできうる限りその便宜を与え、数多く読ませ、その途中及読後の指導を行い、生徒がますますこの活動を発展させる様勉めるべきである。此の際の指導は教室に於ける学習態度、特に *oral* に依って築いた学習習慣を損い、文意を取るに当って *decilering* に陥入らぬ様つねに注意を与えるべきである。

(c) 書き方について

此の学年からは既習の語句や文章が正しく、早く、美しく書けねばならない。然し実状は前二項に較べて著しく劣っている。そしてその原因は教師がそれに無関心であったり、それを軽視したりする所にある様に思はれる。既習教科を書写し、又は何も参考せずに独力で書き、*dictation* の

経験を積み、次いで oral composition を経て自由作文の段階に至るもので、前学年同様 punctuation, capitalization, spelling 及び syllablication 等に注意して指導する。

(d) その他について
① vocaburary の点ではこの学年は大体 400～700 の新語が与えられるので前学年の 300～600 との合計で学習計画を立てるわけである。特にこの学年では special finites の用法を徹底させると共に頻度の少ない語は知っている程度に止めその他はあらゆる機会に復習しその語の活用に慣れさせる必要がある。Fries が Thorndike 表の The first 500 words は 14,070 個の、同じく The first 1000 words には 25,000 個の意味があるといっているのを見ても中学校の英語、特にこの学年の担当する zone が如何に重要であるかが判るであろう。
② 文化的背景では前学年より一層指導に適した材料が多くなるから教師は親切にその都度解説して、できる限り広く理解させるべきである。
③ 前にも述べた様に教材の程度が進むにつれともすると能力差が生じ易いが、教師がつねに学習形態に適当な変化を与え、(group 活動にゆだねうる部分は、それにまかせ、つねに個人又は group の競争様式をとる等) 学習意慾を盛立てる様工夫するならば能力差の成長は可成り防ぎうることであろう。

(3) 三学年
此の学年で指導すべき言語材料は vocaburary の他は殆ど前二ケ年の復習になるのが常である。従って教師は前二ケ年の教材に精通し、復習材料を精選しそれらの上にこの学年の指導を計画すべきである。又中学校の最後の学年であるから、進学生徒並に直ちに社会へ出る生徒の為に一応完結した指導を終えねばならない。更にこの学年の材料は内容的にも形式的にも可成り程度が進んでいるから教師は場合によっては指導に当って questions や oral introduction その他の説明等をその都度読んでも差支ない。要は各分野の指導を一寸の緩みなく効果的に行い夫々の目標に向って総仕上を終えることである。各分野の指導法も前学年のそれを踏襲すれば自然成立し発展する筈である。

C 入門期の指導。
 (a) 入門期指導の心構え。
　　英語学習は初程大事である。一学年の最初の数週間を特に入門期と称して重要視するのはこのためである。中学に入って来た生徒は、英語については全然無習である。それだけに彼等の期待は大きい。この期待が、期待通りに、英語というものは素晴しい、面白いものという気持を持たせるか、又は反対に、期待外れの、興味のない、むづかしいものという気持を抱かせるかは一に教師の手腕にかゝっている。こゝに入門期の生徒を取扱うむづかしさがある。それと同時に興酬味がある。入門期の指導は最も教え甲斐のある仕事である。
 (b) 期間の問題。
　　Palmer の計画によれば、入門期は六週間となっている。実際に行われる場合も、大体この期間を目やすとしているようである。要するに hearing, speaking のみによって授業が進められる時期であるが、注意しなければならないのは、hearing, speaking の連続は生徒に飽きが来易いことである。それは毎時間毎時間同じことを繰返すためであるが、それと同時に手を少しも動かさないので、じきに退屈してしまうこともある。又文字を使わないから、教室では勢よくしゃべっていても、家に帰えると思い出す手掛りがないために張合抜かしてしまうことにも原因がある。教師はこの点に注意し、絶えず生徒を観察していて、若し飽いてきたようだったら、後半の期間を早目に切り上げるとか、文字を教えるかして応変の処置をとることが望ましい。
 (c) 指導法。
　　大体新学期の第一時間目は教師の推談に終るのが普通のようであるが、新入生を受持つ英語教師は是非とも初の時間を利用して英語学習の心構えについて話をしておくとよい。前にもいったように、新入生は英語については非常な期待を持っているものである。これは殆ど例外なしにそうである。だから教師は英語がとても面白い、楽しいものであることを話していやが上にも彼等の期待を高めておくとよい。第二時間目から実際の指導であるが、とにかく生徒は何も知らないのだから、一時間に与える言語材料は出来るだけ少なめにして反覆練習させることが親切なやり方である。大体 Book I の前半の one lesson にある材料が一時間にある商量である。しかしこれは一時間に与えっぱなしではいけない。次の時間も又次の時間も反覆練習し、そこへ新しいものを少しづつ加えてゆくやり方がよい

。又 Classroom English も一度に支えずに徐々に教えてゆく方がよい。これは年中使うものであるから、必ずしも意味を説明しなくとも、何気なく使っているうちに生徒は次第に理解してゆくものである。

習い始の生徒の中には、日本語に比べて奇異に感じられる発音をすることに気恥ずかしい感を抱くものがある。こういう生徒にも平気で発音出来るようにするには、先ずクラス全体の空気を、進んで発音するのが当然と思うように持ってゆくことである。特に個人に気をとられず、それでいて一人残らず眼が届いていることが大切である。chorus は生徒に安心して発声させる上に効果がある。又ざわついた空気を chorus によって一新することも出来る。しかし chorus には chorus 独特の抑揚があって、これは個人で発声するときの抑揚と異なるから、指令による発声を絶えず織り込まねばならない。これも特定の生徒にとらわれてはいけない。Speedy な、rhythmical な指令をすると授業に活気と明るさが生じるものである。指令は、或は教師がどんどん当てていってもよし、手を挙げさせて指令するのもよい。しかし筆者は手を挙げさせたい。それは彼等はやがて来る思春期にきっと手を挙げたがらなくなるものであるから、成る可く後までも手を挙げさせるために、一年生のうちは少々やかましいのを我慢してでも手を挙げさせた方がよいと思うからである。

初め英語知識ゼロの同一線上に出発した生徒は、時間を経るにつれて早くも優劣を見せはじめる。この頃には教師も大体生徒の顔や気質を知ってくる。手の挙げ方、答の仕方にも、生徒はそれぞれ変化に富んだ個性を示すであろう。教師はそうした個々の生徒の状態を絶えず観察していなければならない。要するに英語教師はオーケストラの conductor のようなものである。口はよく動かしているだろうか。理解状態はどうであろうか。興味を持っているだろうか。こういう点について教師は生徒個々にわたって知っておくのである。そして若し理解のおそい子供があれば、指命する回数を多くして人より余計に練習させてやる。それもその生徒に特別注意しているということを知らせてしまっては逆効果をもたらす恐れがある。無関心な生徒は主として既に或る程度英語を知っていて馬鹿にしたり、又問答の内容が甚だ幼稚なので馬鹿々々しく思うことからくるものである。しかしこういう思い上った態度をとることは、必ずその子供の将来によくない結果をもたらすことを思い、何とかして興味を持たせるよう努力すべきであろう。

或は又、相当 oral drill に飽きたのかも知れない。それなら年を

書かせることもよい方法である。そこで教師は最初の予定の時間数にとられず、臨機応変に文字を教えたらよいであろう。文字は活字体から筆記体に進むのが一般に行われている方法である。発音記号や、一から百迄程度の数の教え方も入門期間中に教えておくと後々に好都合である。しかし入門期とそれ以後の期間とに明確な一線を引くことは出来ないので、大急ぎのうちに規定されたものを残らず教えようとするのは危険である。要は入門期に於ける行き届いた指導をいつまでも持続する心掛けを持つことである。

さてこのようにして一通り英語に習熟し、文字も覚えたら、Reader を開ける。一学期も半ばを過ぎて夏休み近い頃である。大体 Reader の前半部は oral で済ましてあるから、生徒は最近習った文字と綴によってどんどん理解しながら読んでゆくことが出来る。彼等がいつの間にか英語が読めるようになったということは、彼等にとって驚異的な、そして感動的な事実であるに違いない。reading に入ったら、stress, intonation に正しい指導を与えなければならない。

夏休みの宿題はこうして習ったものを次の学期からすぐ使えるように考慮して与えたらよいであろう。形式は色々あろうが、根本的な点については「学習指導の実際」の項で述べてあるからこゝでは省略する。

3. 学習指導上の要点

a. 発音

(1) 発音指導の重要性：英語を外国語として学ぶ者にとって言葉の本質からいっても、旦又 grammar-translation を排し eclective method を採り、英語を living language として English as speech として取り扱う以上、少くともその発音が intelligibility を持ち、他人の誤解を招かないものでなければならない。故に相当の注意を発音指導に払い、出来るだけ早い時期において、正確に身につけさすべきである。一旦間違って覚えた発音は、後になって unlearn することは不可能でないにしても、何倍かの努力を要するものである。

(2) 発音指導についての注意　(a) 英語の発音が日本語の発音に少しでも似ていると、両者が同一音であると判断され勝であるから、この誤った考え方を最初から打破しなければならぬ。例えば the を単に「ザ」と発音する癖は、一度固定してしまうと仲々改められるものではない。(b) 発音器官の働を知ることによって、耳に聞いた音を能率的に正確に発音することが出来る。例えば [θ] と [s] の区別は舌の位置を教えられなければ音を聞いただけでは発音することはできない。(c) 発音は理論を知っても正しくできるものでなく、それに基いた発音練習を何度も繰り返すことが極めて大切である。

(3) 特に注意すべき素音　日本語と余り差異のない音については、教師は心得ておかねばならぬが、生徒には次に挙げる子音と母音について十分の訓練が必要である。即ち子音としては [θ][s]ス；[ð][z]ズ；[f]フ；[v][b]ブ；[l][r]ル；である。之等の音の夫々の異った面を強調して教えるべきである。例えば [s] は、はっきり聞えるのであるが、[θ] は余り良く聞えないのである。[r] は fricative な面を強調することによって、[l] 及び [ル] との区別を習得せしめることが肝要である。米音の [r] の如くあいまいな音を教えることは初期の段階では適当でない。母音はついては子音の場合程問題はない。[i][e][æ][ə][ʌ][u][o][ɑ]の八つの母音の区別ができれば大体成功したものといえる。母音の指導は、基本母音図表を用いて、口腔の開き具合を説明することを忘れてはならない。

(4) 単語と文の発音　(a) 単語についてはアクセントが最も大切である。日本語は pitch-accent であり英語は stress-accent であることを銘記させ、初期においては少々大げさに聞える位に実行して聞かせて、生徒には丁度良い程度になるものである。どの音節にアクセントがあるかについては規則をあげることは不可能ではないにしても、多くの例外を持っているから、新出

語毎にアクセントを確める習慣をつけ,反覆練習をせることが最も確実な方法である。(b)言葉の単位は文であるから,文の発音が個々の単語のそれよりもむしろ重要であるといえる。個々の単語のみを考えて,sentence-stress, intonation, pause等に考慮を払わないという態度は良くない。syllableを拾うような読み方は最も拙劣というべきである。尤も一分間に300 syllableというような speed は,勿論生徒に要求すべきではない。

(5) 発音記号　(a)指導すべき発音記号：発音記号は何式でなければならないということはなく,発音を正確に指導する手かがりとなれば良いのである。普通には假名書き記号,Webster式記号,及び international phonetic signsが考えられる。假名書き記号は色々と約束を設ければ不可能ではないが,極めて大ざっぱに英語の音を示す手掛りになるにすぎない。Webster式は発音と綴字との関係を示すのに便利であるが,そのために spelling pronunciationを奨励する結果になり,志される英語の発音を損うことがある。吾国の現状からすると international phonetic signsを教える方が最も適切であろう。之には一つのphonemeに二つ以上の記号を用いる narrow notation, 一つのphonemeに一つの記号を用いる broad notation, 一つのphonemeに一つの記号の原則を破ることなく,最も少い数の文字を用いる extra-broad notationがある。之等三つのうち,いづれを用いるかは指導者の自由であろうが,使用する教科書の発音記号を基準にして教え,生徒の使用する辞書の記号を調整してやる必要がある。(b)指導の時期：発音そのものを教える時期は早ければ早い程良いわけであるが,発音記号を教える時期は二つ考えられる。その一つは所謂入門期の指導中に毎時間組織的に各素音([p],[b],[t],[d])と,之等を含む単語([pen],[bed],[bæt])を練習して行って,夏休みに入る前に一通り記号が読める様にする。他の一つは綴字と発音記号との混同を避けるために,同時に教えることをしないで文字を読む練習を始めた頃から時に応じ少しづつ,日本語にない英語独特の音の発音記号から指導して行き,一年の終りか二年の始の頃(即ち辞書の使用による予習を要求する頃)までに,一応全部の発音記号が読めるようにする。以上二つの時期があるがいづれを選ぶかは適宜状況により決定すべきである。(c)指導上の注意：徒に発音記号を覚えても,実際に発音すると正確な英語音でないということのないように注意すべきである。例えば continent [kɔ́ntinənt]の[ə]も police [pəlíːs]の[ə]も同じく発音したり,子音が重なる時(create [kriéit]; months [mʌnθs])に,その間に日本語式に母音が入ることのないようにしなければならぬ。又中学校においては,発音記号の指導の目標は記号が読めることにおき,記号が書けるとこ

ろまで要求しなくとも良い。

b. 聴き方，話し方，読み方，解釈につき。

(1) 聴き方，話し方につき。中学校の生徒に如何なる言語材料を如何に与えるかについては，別に詳しく述べられる事と思うから，此処では実際指導上の要点のみを概略申述べることにする。扨て中学校の生徒と云っても一年から三年迄の程度の開きもあり，特に一年生の入門期に於ける特別な指導法もある事であろうが，之を便宜上引くくるめて考えてみることにする。聴き方，話し方につき先づ第一に注意すべきことは，云うまでもなく教師の正しい発音である。教師は最初から出来るだけ正しい発音で，教養ある普通の英米人の日常話す英語を，自然の speed で範を示すことである。

教師の中には親切心から，生徒が一語一語了解出来る様にわざわざ speed を落してゆっくり発音しながら Hearing や Speaking の drill をやっている向もあるが，これは実際には殆んど役に立たぬ方法である。尤も，Reading with Understanding の指導に於ては，特に必要と思われる重要な語句や文章は一語一語ゆっくり発音して聴かせることはむしろ必要ではあるが，そうでない普通の場合の Aural-Oral Drill に於ていつもゆっくり発音するのは避けるべきであると思う。こんな風にいつもゆっくり発音していると，生徒はその Slow Speech に慣れてしまって，少し speed を速めると，云い換えれば普通の会話の速度でやると，全然意味を掴み得ない様になる。之に反して，日頃から普通の speed に耳や口を慣らしてさえおけば，逆にゆっくり発音した場合にも当然意味が取れるので，之の点は特に注意する必要があると思う。

(2) 読み方，解釈につき。此処で読み方，解釈と云う言葉を使ったが実は中学校に於ける指導は，むしろ読みながら意味を取る即ち Reading with Understanding を本体としたいと思う。つまり古くから云われている直読直解の習慣をこの中学の三年間に充分養っておくことが肝要と思われる。而してこの習慣は結局は Hearing と Speaking の Aural-Oral Drill に基く正しい基礎的な力の上に立つものである事を考うる時，この四者は結局一体不可分のものであるとも考えられる。然しここでは便宜上一応二つの分野に分けて述べてみることにしたのである。先づ Reading の指導についてであるが，これも Hearing や Speaking の指導と同様，先づ発音である。個々の Word の正しい Stress の置き方から始めて，Sentence の中に於ける Stress の移動，Breath-group や Sense-group の問題，さては Intonation 等，

常に細かい点に至る迄注意して指導することが望ましい。云うまでもなく英語特有の音、例えば子音では日本人として一番六ヶ敷いと思われる th [θ, ð]. f. v. l. r. 等は特に初めから充分教え込むことが肝要である。特に l. と r. はその区別を大きくして教えること。次に母音では次の八つの音を充分教えること。尚おこれについては市川博士の次の説を参考迄に掲げる。『自分は [æ] はそのまゝに残し、その代り [ʌ] をすてゝ [a] とする……中畧……[ʌ] を [a] で表わすことは Wyld の Universal English Dictionary でもやっている事で、更にさかのぼれば Sweet もそうで、その上 Sweet は [a] と [a] 即ち [ʌ] と [a] を区別していない。実際 [ʌ] の発音は非常にむづかしい。教師でも自信を以ってこう発音するのだと教え得る人は少かろう。それならそれに一番近い音即ち [a] で代用させたらよいので、それが為に混乱を生じるうれいはない』と云っておられる。そうすると実際は七つになってしまう。この程度ならば生徒もそう苦労せずに覚えられると思う。尚お Reading の指導については、その内容によって色々な style があると思うが大体に於て中学では Slow Colloquial Style がよいと思う。次は解釈の問題であるが、これは前にも述べた様に大体 Reading with Understanding の方針でやるのが良いが、場合によっては、直さいに日本語を使った方が手取早くて又効果的な事もあり、又特に重要な文法的な語句文章の説明にははっきりした日本語で説明してやる事が必要でもある。尚文英文の意味を時にはテストの意味で日本語で表現させて見る事も必要であろう。要するにこれは教師の主観によって適当にしかも常に効果的に加味すべき問題であるが、要はこれによって Speaking First の原則が破壊されないことが肝要である。

(3) Stress 及び Intronation について。

先づ順序として、Stress は音の強弱であり、Intronation は音の高低である。扨て word は単独に発音すれば皆夫々 Stress を持っているが、文脈の中ではこの Stress を失ったり又移動させたりする。例えば、cup は、This is a cúp. であるが、This is a cup of téa. となって tea に移動し cup は stress を失う。かくの如く word stress については夫々個々の場合について正確に教えると同時に、Sentence stress についてもその変化の具合を充分 Speaking や Reading の際に正確に教える事が望ましい。尚二音節以上の word になると又一層複雑になり、同一単語でも品詞を変えて使用すれば Stress の場所も変る。斯様なことについては充分研究する必要があると思われる。それで其の都度辞書によって確め

ておく様にしたい。Sentence-Stress や Intonation についてもう少しく述べると、大体の規則としては、所謂 Content Words に Stress があり、Function Words には Stress がないのが普通であるが、然しこの規則はしばしば破られるのであって、結局は、その文章中に於けるその Word の持つ意味の重要度によって決定するものと考えればよいのである。所で文章の中で重要な意味を持つものは普通 Content Words であって、即ち、名詞、本動詞、形容詞、副詞（但し程度を表す副詞、例えば very 等は例外）、指示形容詞（代名詞）疑問詞、不定代名詞等である。之に反し文中意味の上では余り重要性を持たない所謂 Function Words とは、人称又は再帰代名詞、助動詞、（但し単独に用いられた場合は例外である）、前置詞、接続詞、冠詞、程度を表す副詞等である。但し以上の様な一般的な規則がある丈けで、前述の如くその場合によって之は自由に変化する。例へば speaker が特にその word に注意を向ける場合等にはこの Word に Sentence-Stress をおく事になる。例へば、I think I will go ⌒with her. 尚ほ又 Be 及び Have 動詞は例外として Stress を持たないのであるが、次の様な場合は最後の is には Stress をおく。
She said she wasn't a nurse, but she ⌒is. 又助動詞、Stress を持つ場合は次の例である。Yés, I ⌒will. 以上は Intonation についても同様に云える事であるから一々例をあげる事は紙面の都合上差控えるが、唯だ Intonation Marks について最後に一言しておく事にする。Intonation Marks については古くは Sweet から最近の Fries や pike に至る迄色々な方法があり、夫々皆特長があり、何れを採用するかは各人の判断にお委せするが筆者としては、pike の第二の方式が一番簡単で又生徒に教えるにも分り易いと思われるので次にその表はし方を二三あげておく。

尚ついでに英米の代表的な Intonation Marks の比較例をもあげておく。

(4) むすび

以上を要約すると、聴き方、話し方の指導に於ては、初めから正しい自然な話し方を教師の口から生徒の耳に伝えてくり返しくり返し、Aural-Oral Drill の期間は普通 3～4 週間と云われており、之の期間の終り頃に臨んだ

Drillを加える事がよいと云う学者も多いことを附加しておく。次に中学校に於ては今迄くり返し述べた様に、Hearing, Speakingを中心にしたReading with Understandingに主力を注ぐべきだと云うのは、決してこれが英語学習の究極目的でなくて、むしろそれは一つの手段であって、究極目的将来如何なる方面に進む生徒にも必要な読書力を養い併せて日本国民がやがて世界人として発展する為に必要なあらゆる基礎を造るのが目的である事を忘れてはならない。英語教師たるものは、よろしく広い視野と円万な常識とを以って自己の狭い殻の中に閉ぢこもったり、小さな偏見にとらわれず、広く世界の文化を吸収して自己の教養の向上と人格の完成に資すべきであると思う。又生徒を指導する態度についても、徒らに所謂"English can be fun."のやり方はどうかと思われる。矢張り語学の習得は一つのDisciplineであって、これがなければ到底Master出来ない或る厳格さがあると思う。最後にF. Baconの有名な句を附加して筆をおく。"Reading maketh a full man, conference a ready man, and writing an exact man."

C. 文字、書き方の指導

(1) Alphabetについて。

abc 26文字の名称は正確に発音せねばならない。その際、日本語にない音に就いては特に注意が肝要である。Zの読み方に英米両語に相違があることを知っていても無駄ではなかろう。abcの活字体は26文字とも大文字の高さが同じであるから判り易い。小文字は形がまちまちであるから注意せねばならない。大文字小文字ともに教科書を使うまでには覚えさせないと教材を読み、単語の説明をするときに間誤つく。

筆記体の大文字は　YZの外は高さが同じで容易に覚えられる。Pの足は線の下に出ないことに注意。書かせる前にはよく観察させることである。筆記体の小文字は形が様々であるから、よく観察させてから書かせ、筆順を誤らぬように注意すべきである。

abcを教える時期については、教科書に入る前に活字体の大文字と小文字とが見分けがつく程度に覚えさせることである。さもないと綴りを云うことができない。

書く練習は一年の終り頃から始めるのがよいであろう。第三学期頃が最も適当である。それ故に筆記体の大文字及び小文字は第二学期終り頃までに教え込むべきである。

(2) 英習字の指導について。

英習字は英語学習作業の一部として行い、正確で軽快な書体で書くことを目標とし、特に技巧を重んずる必要はない。又英習字は独立で行うよりも他の作業と並行して行うことがよりよい効果を挙げうるのであるから、毎時適当な時間を割いて行うのがよい。

英習字を初める時期は本格的書き方の学習以前からであるべきだが、入門期の作業の特質を考慮に入れると、早くとも第一学期の中、後期になるのが普通であろう。alphabet が書ける程度になれば、単語の習字を行い、次に文の習字に移ることは勿論である。文章習字の利点は軽視し難いものがある。

書体は現在は直ちに筆記体に入ることが多いが、活字体より次第に筆記体に移行する行き方もよく見受けられる。ペン習字は cursive であるのが通例であるので、一方において若し活字体が始められておるとすれば、筆記体の習字は差控えることが考えられる。筆記体の英習字と授業の場合の書体とは一致させておくのが便利である。

英習字を行うにはペンの握り方、筆勢、姿勢等の細かい点まで注意して指導することが望ましい。習字を鉛筆や万年筆で書くものもあるが、ペンを使用させ、英習字のノートも出来うべくんば一定とせたいものである。習字の作業は単調で機械的に流れ易いから習字の内容は最近読みか終った練習ずみの教材の一部であることが望ましい。字体については Spencerian 体とか、vertical体とかあるが、bold-hand 書体が一般に用いられている。

(3) Spelling と発音について。

Spelling は生徒が書き初めると同時にその書き方と連関してこれを覚えさせるのが便利である。英語の綴りは複雑で不規則であるから、綴りの習得にも反復練習が唯一の成功の道である。口頭で綴りをいうのもよいが、指先きでその語の綴りを机上に書くのが更によいことである。

語の綴りを覚えさせるに際して忘れてならぬ準備行動は、語や文についての acoustic image とその visual image とを連合させ、同時にその意味を思い浮べる作業を行うことで、この作業を読書によって繰返すべきである。又読本に入ってからの最大の困難は、spelling の問題であるがこの場合 spelling は家庭で覚えさせてはならない。授業時間の一部を割いてその練習に充てるべきである。

発音と spelling との関係は明瞭にしておく必要があるので、実際練習に先立って発音を徹底させ、綴りは丸暗記させるよりは、その文字の発音と

関係させてその発音の方から覚えさせるのがよい。三年生位になれば，英語の音とspellingとの最も一般的な通則ともいうべきものを帰納的に知らせることができる。

(4) ローマ字について。

　　終戦後再燃した日本式，訓令式，ヘボン式の三式の訂立もようやく統一されんとする時期に到達した。英語科としてはその決定した式を尊重して，徒らにヘボン式を擁護して混乱せしめない事が望ましい。又一般にspellingとローマ字との混同は，もし耳と口の練習が終った後で教科書に入る場合，文字の指導が正しければ起りえない等である。

(5) Punctuationについて。

　　Punctuationはその使い方によって意味が全く違う場合も起るから注意深く取扱わねばならない。が中学校では簡単で基礎的なものだけを知り且つ用いることを徹底させればよろしいと思う。capitalization, hyphenation, full stop, comma, exclamation mark, question mark, quotation marks, apostrophe, 等は必ず覚えさせねばならないがcolon, semi-colon, dash 等についてはその用法を知らせるだけで充分であろう。commaの使用法については余り細かな詮議だては生徒に向ってする必要がない。

(6) 板書について。

　　耳の訓練が十分にできていない生徒の場合には語句でも範文でも一々板書してやらねばならないが，hearingのdrillが十分であれば一々板書しなくてもよろしい。板書は徒らにしない，主要な語句構文だけを板書する。その代り板書したからにはそれだけは組の生徒に必ず徹底されるという建まえで板書はすべきである。

d. 作文・文法の指導について。

(1) 作文について。

　　中学校に於ては必ずしも教科書を使用するに及ばない。読本中心で何もかも教授する方が望ましい。折角聞き方，話し方，読み方の学習によって養成された直読直解の習慣が，作文の教授によって歪曲されるおそれがある，といわれる。それ故和文英訳はもし之を行うとすれば二年の終りか三年頃から初めるのがよい。

　　英作文教科書を使用する場合の目標は発表能力の養成よりはむしろ基本形式の徹底と読本に注意して作文の時間に，既習の語句構文の利用をなす

ことである。

　教科書を用いない場合は、読本の語句構文の徹底的訓練が目標であるから、その訓練のために次のような形式の復習を課して変化を与え、興味をひくのがよい。誤文訂正、場所を示して適当な語を補わしめるもの、場所を示さず適当な語を入れるもの、人称又は性を換えさすもの、問に答えさすもの　である。

　実際指導の原則としては、原文の内容が大体表われてい、文法上の誤りがなく、綴りにも誤りがない文であればそれでよい。もしその文の語句が生徒の親しみのあるもの、即ち易しい英語で応用の広い語句であれば申分がない。又英作文の欠陥を補うものとしては次のようなものが考えられる。

(a) 自由作文、生徒各自に勝手な題で文を作らせること。題は生徒でなく教師が決めてもよい。(イ)短い話を読んで聞かせてその内容を各自の英語で書かせる。(ロ)読本で読んだ話しを易しい英語で書き直させる。(ハ)絵を見せて自由に英語で説明さす。(ニ)語句を与えて之を含む短文を書かせる。

(b) 日記を英文で書かせること。

(c) 英文の手紙を書かせること。

(d) 合同作文をさせること。

(2) 文法について。

　文法は語学学習の方便として、その王座を失ったが、それは当然のことである。われわれが物をいう際、文単位でいうのであり、又書いたり話したりする時、種々の文法上の問題を一々意識しないからである。文法とは既習の語句構文を整理分類して示すものである。

　ところで文法的知識或は文法上の規則は、中学校においてはこれをまとめて暗誦する必要はないが、文法的事実を知らなくては英語は全然わからないわけである。しかし文法的事実も単に知るだけでは充分ではなくて、それが口をついて出るように訓練せねばならない。即ち文法教授に於ては生徒の heuristic な態度が奨励さるべきであるが、それには先ず生徒が帰納しうる文法の事実を知っていなければならない。そしてその文法的事実の理解の徹底は生徒が heuristic な仕方で知りえた規則を再び実際に適用することによってである。又国文法の学習からえた知識と比較連絡させつつ教える事も重要な事である。

　術語の使用については、中学校程度の学習段階では従来のような術語の使用は一考を要する。若しも多くの術語が使用されるならば、生徒の負担は増大し、繁雑さに悩まされ、意味の把握に困惑し、英語の学習に対して

興味をさえ失うに至るのであろう。又術語を英語で与える事も大いに考慮を要する。大多数の生徒はその英語の術語を使いこなせないであろう。それ故に術語は日本語で，数は少く，而もわかり易いものでなければならない。

e. 書 取

(1) 書取の必要性

書取は綜合的に英語の諸能力を伸すに最も重要な方法の一つである。即ち書取を課すことによって，(a)英語の綴りに習熟させる，(b) spoken speech と written speech とを結びつける，(c)注意深く聞くことによって耳の訓練になる，(d) punctuation の知識を得る，(e)英語の文型を理解し文法の知識を得たり作文の練習になる。

(2) 材料と分量

低学年は phrase (単語より効果的である) や短文を，学年が進むにつれて長文へと移行し，材料は原則として既習の教材からとるべきで，初学年においては特にその必要がある。然し学年がすゝんで，或る程度英語に熟達したならば，既習の原文を少し変えたり平易な短い話などを応用して課することも良い。分量を多くして回数を少くするよりも少量でも度々課す方が効果的である。之について C.H.Handchin もその Method of Teaching Modern Languages の中で The passage must be short because of the strenuous nature of the work. Beginning with three or four lines, it should never go beyond a dozen. といっている。

(3) 方法

(a)書取は生徒が習字の段階に入り，語の綴りを覚え始めると同時に行われるわけであるが，書いてあるものを写すことよりは遥かに六ヶしいものであるから，第一学年において課する場合は，負担過重にならぬよう考慮されねばならぬ。(b)書取の際何回読むかは一定していないが，一回目に聴きとらせ，二回目に書きとらせ，第三回目に訂正させてすぐに提出させるのが普通である。然し何回繰り返すにしても教師は intonation, stress, pause が同一でなければならぬ。(c) I can stay as long as I like. は [ai kæn stei æz lɔŋ æz ai laik.] とすべきではなく, [aikən-stéi əzlɔŋzai láik] と口授すべきであると Palmer も言っているが，下級学年においては生徒の書きとる力に応じた早さで行われねばならぬ。

一般に言って、出来得る限り sense-group または正常の速度で言って、生徒の書き終るのを待って、更に次の group を一気にかかせるといった方法が良い。教師は reading に注意して模範的な読み方を示し書きとる方は弱い syllable などで聴きとりにくくても、前後の関係から文法的に考えて（三人称単数の s，冠詞，前置詞等）解決できるよう注意する。一語一語単語の綴りを試すようなやり方は、dictation の言葉に値しない。(d) panctuation marks は初学年では言ってやるが、慣れるに従って自分で判断してつけさせるようにせねばならぬ。

f. その他
(1) Classroom English
　(a) 英語を speech として学習指導する以上、教室内には出来るだけ English atmosphere を作り出さなければならない。そのためには極力日本語の使用を制限し、必要な場合以外は差控えることにして英語を使用することが望ましい。そこで教場で生徒と教師との間に取り交される言葉も英語で行われることが必要になってくる。之が classroom English である。教室英語で授業をすすめて行けばそれだけ英語を聞いたり話したりする機会を多く持ち、そのために生徒は英語の言い方を耳から覚えて口に出すことが自然に出来るようになり、fusion を作るのに非常に有効である。教室英語はやがて daily conversation に連なるものであるが、明に後者とは異るものである。後者は生徒が必要な知識や技能を習得しないうちは不可能であるが、前者は非常に程度が低くとも、一年の初期からでも実施できるものである。(b) 教室英語としての言語材料の範囲を決定することは困難であるが、oral で授業を行ってゆくに必要なやさしい expression から与え（例えば、Any one? Look here. Once more. In Japanese. Who is absent this morning? Is the spelling correct? Yes, it is. など）、学年に応じて漸次高めてゆく（例えば、I beg your pardon. Kanda, it is your turn now. What did we study at the last lesson? We studied about George Washington. Change this sentence into the active form　など。）ことが大切である。生徒の実力以上のものをむやみに使用することは、生徒を困惑させ教室英語本来の使命にもとることになる。

(2) 辞書の引き方
　(a) 良い辞書を持たせ、辞書を正しく使う習慣をつけることは、言語学習

の重要な段階である。辞書の使用が旨く行くか否かは、学習の能率に大いに関係を持っている。故にその使用法につき一応の指導を与えねばならぬが、その時期は大体予習を要求する時期（一年の終りから二年の始めの頃までに発音記号の読み方も一応終了するであろう）が適当である。(b)初学者には比較的小さい辞書が便利であるが、大辞典の特色（bilingual system による語義の示し方、語原の解説、引例の豊富、絵画の挿入、動詞の変化の記載など）を備え、活字が比較的大きく且鮮明で、組版が余り密でないものが良い。phonetic signs の問題も考慮すべきである。出来得れば同一辞書による引き方指導が適切であるが、種々の事情で不可能であろう。(C)辞書の引き方指導は教室作業として時間を設け、最初は既習材料により、後になっては新出語につき、少しづつ少くとも数回又は数週間にわたって連続的に行う必要がある。単語が alphabet 順に並んでいることのみを覚えただけでは、充分に辞書活用が出来るわけではなく、要は馴れることが必要であるが品詞の感覚、文型の感覚がなければ文中の単語の役目がわからないことも認識させねばならぬ。

4. 英語学習指導に於ける聴視覚教材教具及びその利用法

聴視覚教材教具は英語学習指導に於ける教材単元をより具体的にし、学習の結果をより永く記憶させる上に効果がある。聴視覚教材教具を利用し、教師の豊富な経験を正しく運用することによって、英語学習指導上の問題が一部ないし全面的に解決すると信じるのである。英語教師が数多くの問題に直面しているおり、聴覚及視覚に訴える技術の導入が英語学習の改善にもたらす大きな可能性、この分野がまだ目新らしいからと言うだけで簡単に無視することの出来ない可能性を持つことを疑わないものである。聴視覚的英語学習指導法が英語学習を改善するために考えられた一群の方法であり、しかもきわめて将来性にとむものであることを認めると共に、この方法が英語学習指導の多くの方法の中で僅か一隅を占めるにすぎないことをも充分認識しなければならない。

聴き方・話し方・読み方及び書き方の学習指導は語学教師の専門的領域である。英語教師の仕事の中では、生徒に言葉を教え、その語いを豊富にする仕事がかなり多くの部分を占めている。言葉は言語的象徴であり、非常に抽象性をおびている。この最も具体性の乏しい領域を占める言語教育に聴視覚教材教具が如何に利用され得るか、英語教師として大いに研究を要する所である。

a. 聴視覚教材教具利用の実際

語学教授の入門と言う見地からいってどんな教材教具が利用されるべきか, 先づ第一に蓄音器及びレコードがある。往々日本人教師の弱点は発音, intonation である。これを補うには適当な英米人の吹き込んだレコードに頼るのが一番である。次に出来るならばテープレコーダーを利用したい。これは即座に生徒の発音を録音して聴かせて, 自己評価をさせることが出来るので便利である。又映画を見ながら, 組織的カリキュラムで英語を覚えられる様なものがあれば便利であろう。教科書に準拠し更に又地域社会の要求に応じた映画を教師で計画作成することが出来ればすばらしい。又教師が自分の授業に応じたスライドを作って生徒に見せるのもまた効果的であり, 教科書に準拠した図表, 掛図, 地図等も大いに役立つであろう。

入門期の授業で生徒が各文字の正確な形を充分のみ込んでいないことは将来の進歩の障害となることが多いので, 文字の flash-card を利用する事も有効である。又風物的な方面では外国の雑誌などからいくらでも切り抜きが出来るので教師は此の方面にも努力を払うべきである。

概言して聴視覚教材教具は聴き方, 話し方, 及び背景的知識に関するものと言える。然し教具は飽くまで教具であり, 授業の単調さを破り, 興味喚起という大きな働きもあろうが, それらの特質及び限界をよく考え, 英語授業の目標から逸脱しないよう充分注意すべきである。以下聴視覚教材教具の主なものについて, その特質等を若干述べて見よう。

(1) 蓄音器及びレコード

語学の学習指導を担当する教師にはレコードの利用が, 他のどの学習指導教具にもまして有効であり, これを利用する事が望ましい。現在日本には日本人, 英米人が教科書に準拠し, 又は組織的カリキュラムで英語を学ぶことの出来る様に作ったものが若干ある。これを生徒に繰返し聴かせ, 先づ内容の把握から始まり適当な解説を教師が加え, 順次単語が文中で如何に変るか, stress, pause, intonation, rhythm 等を聴きわけさせ, 話し方の練習に移らせる。云うまでもなく教師はこれらレコードの内容を充分消化して, 吹込者の個人的な長所, 短所, 癖等を認識し, 生徒が彼らに模倣に陥らないように充分注意することが必要である。尚々之等はあく迄教具であり, 授業中に於ける利用の比重をよく考え, 例えば授業時間全部をレコードにより聴き方, 話し方を行ったりする事は要心しなければならない。

(2) ラジオ

各学年の教科書又は生徒の学習能力に応じたラジオ放送が望ましいのであるが、現在の日本に於いては、この様なラジオ放送はのぞめないであろう。しかしこれら放送のために発行されているテキストを事前に解説し聴取させるならば、生徒の興味を喚起して有効であるが、生徒の現状に〇〇たりする様なものはきわめて少いようである。ただ現在全国放送されている英語放送には、学習のための放送（基礎英語、英会話）、時局問題を放送する Current topics 及びアメリカ駐留軍を対象とするAFRS放送等があるので、特に英語の勉強に関心の深い生徒には hearing の力の養成に勧めて効果があるであろう。

(3) テープレコーダー（録音装置）

　語学教育に於て Tape-recorder は蓄音器、レコードと共に勝れた効果を示すものである。しかし各学校の経費の面から見て、英語科のみで専用する事は一寸困難で、出来れば他教科とも協議の上、協同購入するがよかろう。

　Tape-recorder で生徒の話し方、読み方を録音し、これを再生して生徒に聴かせるならば生徒は自分の声が人にどう聞えているか自分では解らないので、再生された自分の声を聴いて、自分の話し方、読み方等の欠陥を知るわけである。これは Tape-recorder 特異の役割である。この magnetic wire に吹き込んだものを或る期間保存するだけの wire の余裕があれば、適当な英米人に教科書及び其他の教材を吹き込んでもらって、時々必要に応じて之を使用する事が出来る。又ラジオ放送なども、之で録音しておけば、前述のラジオ放送も有効に活用する事が出来るであろう。

(4) 映画

　映画 (talkie) によって語学の学習指導をする事は生徒に絶大の興味を覚えさせ、ややもすれば単調になりがちな語学の授業に一層の効果をもたらすであろう。英国には Ogden の Basic English の映画フィルムなどもある様であるが、しかし現在の日本には純語学学習用の映画フィルムは若干あるのみで、経済的技術的事情から純語学学習用のフィルムが一般化されるのは、まだ可なり将来の事であろう。

　巷間上映されている一般商業映画により、欧米の風物、習慣、その他単語、連語、文章等既習のものならば、それらを実際に目で見て一段と認識を深め、耳で聴いて一層確実なものとする事が出来る。特に上級用であろうが、有名な劇、小説等を映画化したもの、例えば Shakespeare の "Henry 五世"、"ハムレット"等では、その聴く言葉は映画の舞台で演じられる表情や動作によりその意味づけを補ってもらえるので、教科書のみで学ぶ

より理解し易く、しかも確実である。

　これら映画によって学習指導をする場合には、教師は映写前に口頭呈示を行い、又映写後全体について問答を行い、又どの程度生徒が理解したか、大意を英語で書かせて見る事等も必要である。

(5) 幻燈・フィルムストリップ（Film strip）・スライド（Slide）・投光器

　Film-strip 及び Slide も赤読書に伴う理解・並びに語い形式に利用され、すぐれた効果を挙げる事が出来る。幻燈は一つの画面を必要な時間止めておくことが出来るので、生徒は充分画面の理解が出来る。特に入門期の生徒に対しては、画面の移行を停止しておいて、その画面に対する説明をし、発音・語いの練習をさせることが出来るので、むしろ中学生特に入門期の生徒に対しては映画より一層効果的であろう。

　幻燈の Film-strip 及び Slide もまだ純語学用のものがないので、教師は教科書にもられている語い等に適当するものを作って用いる心構えが必要である。

　投光器は幻燈器を兼ねているものが多いので便利である。欧米の風物、生活様式の絵葉書・写真・雑誌の切り抜き等を投影する事は生徒全員に同時に教科書にある内容を一層明瞭に理解させるのに有効である。

(6) 劇（演劇参加・劇化・紙芝居）

　演劇に直接参加すること、物語を劇化すること、紙芝居を作ること、又は観ることは、物語の内容をよく理解させ、聴き方、話し方、の上達を助長する有効な聴視覚教育手段である。

　演劇・紙芝居のシナリオを生徒自身で教科書又は他の既習の英語の読みものより劇化させ、絵をかかせ、更に生徒に実演させるにせよ、又教師が教科書に準拠したものの紙芝居を作って授業中に用いるにせよ、そうすることによって、生徒の学習に対する興味を拡大させることが出来る。尚英語劇を行う場合、「何学年の生徒を対象としての劇であるか」又「生徒の既習の教材を劇化したものであるか」又同時に「なるべく多くの生徒が参加出来る劇になっているか」と云う之等の点を考慮しなければならない。更に劇・紙芝居をより効果的にするためには事前に生徒に内容に関する予備知識を与え、又事後に反省整理をさせる事が必要である。

(7) 実物及び模型

　外国語の学習に於て、特に入門期の生徒に対して、物とその名称とを結びつけて、指導することは効果的である。入門期に於て扱う言葉は実物又は模型を以て示し得るものが、かなり多いので教師はつとめて之等を利用

すべきである。

　生徒は実物又は少くとも模型を見ないと、そのものを心に描く事が困難だし、場合によっては全く間違った印象を受ける事が多い。即ち実物又は模型は言葉に具体的な裏附けをするもので、教師が数百言を費して尚且つ説明し難い言葉の意味を瞬時にして指示し得るものである。

(8) フラッシュ・カード (Flash-card)

　Alphabetの読み方、発音記号による単語の発音、綴字の認識など入門期や初歩の生徒に対しFlash-cardの利用価値は大である。即ち片面に綴字を、他面に絵、又綴字と発音符号、絵と発音記号という風に書き、生徒に一瞬間片面を見せて他面を憶起又は発音させるものである。

(9) 地図、図表及びグラフ

　英語科の授業の能率を向上させるため、世界全図、ヨーロッパ、アメリカ合衆国地図それに発音口腔図表程度は用意すべきである。これら地図・図表は視覚教材であり、背景的知識の面で特に重要である。

b. 聴視覚教材教具管理の実際

　上述の如く聴視覚教材教具を英語学習指導に用いることによって、より効果的に授業を進めて行く事が出来るのであるが、これらを最も有効に使用するためには、その管理をよくする事が肝要である。その一例を挙げれば、欧米の風物・生活様式・習慣等背景的知識を与えるものに、絵葉書・写真・映画・雑誌等色々あるが、何処に何があったかを一々全部記憶していることは困難であるから、カタログを作り、更に新しい材料の中から有効と思われるものを追加して行く様にする等である。以下英語教師として、聴視覚教材教具を扱うに当り充分に注意を払うべき諸点を挙げて見る。

(1) 聴視覚教材教具はある特定の教師個人が独占することなく、英語教師全員の責任に於て管理、経営すべきである。

(2) 運営に必要な財政的裏附が適切に、しかも継続的に得られる様処置すること。

(3) 映写機・幻燈器その他器具器材の整備が完全で、定期的に検査・修理を行うこと。

(4) 教材教具が学校及び地域社会の教育目的に直接関連あるものを採択すること。

(5) 教材教具の利用方法、技術の研修を怠らぬこと。

(6) 教材教具の目録を作成し、保存に留意し、更に追加補充を忘れぬこと。

(7) 教材教具の利用計画，及びその学習指導について，絶えず評価をなすこと。

5. クラブ活動

a. クラブ活動の意義

　クラブ活動は特別教育活動の具体的な展開の一つである。特別教育活動はかつての課外活動とは全くその立場を異にするものである。従来の課外活動は学校教育計画のなかでは何等重い任務と目的を背負ったものではなく，従的のものと考えられていた。然し今日，特別教育活動は教科課程と相俟って学校教育を推進するもので，この二つのものは全く同等のものとして，むしろ特別教育活動こそが生徒をして民主社会の形成に役立つ進歩的市民たらしめるものであるという考え方になっている。

　この特別教育活動の主たる展開分野としては，ホームルーム，生徒会活動，及びクラブ活動がある。生徒の諸活動を明確に分化せしめることが出来ぬように，クラブ活動の分野もホームルーム，生徒会活動と互に交錯して，明確な区別が不可能な面が多くあることは当然である。然し以上の三つが主要分野とされる。

　さてクラブ活動は先づ第一に生徒の本能的な欲求にその基礎を置いている。生徒の種々の欲求，興味，希望を正しく方向づけ，教育目標を達成せしめる手がかりとすること。ここにクラブ活動の生れる動機がある。第二にクラブ活動は生徒の趣味を同じくするものの集団活動である。異った趣味の者の集団では協同作業は不可能である。第三にこの活動は常に建設的でなければならない。学校教育計画に積極的な貢献をするものでなくてはならない。

　以上のような性格から正しいクラブ活動は次のような目的を果すことができる。

(1) クラブ部員は協同の精神を体得する。
(2) 更に新しい興味へと発展していく。
(3) 自己の適性を発見する。
(4) 概念としてもっていたものを直接経験によって深めることが出来る。

　クラブ活動の組織については，種々の方面から考えられる。即ち教科，趣味，職業技術，市民的教養，又はスポーツというように各種の別け方がある。そのいづれによるかは学校の教育計画の立て方如何によることであるが，これも又その立場を明確に区別はできないものである。例えば英語クラブはその結成の基礎が単に教科ばかりではなく，趣味，又は職業技術

という点からも考えられる事である。従ってクラブ活動が一面的にのみ考えるのは危険といわなければならない。

次に英語クラブの特色についていえば、
(1) 生徒の国際的な関心を一層高く呼び起すことが出来る。
(2) 教科として学習した英語を利用し又それを強化拡充することができる。
(3) 積極的に学校に於ける英語学習の熱意を高めることができる。
(4) 地域的な英語クラブの相互研究を助長することができる。

b. 英語クラブの運営

英語クラブの運営に当っては次のような事項が注意されなければならない。第一に学校自体が学校教育計画を立てるに当って、特別教育活動の意義、性格、目的等を充分理解把握し、特別教育活動の育成に努力しなければならない。第二にクラブに参与する教師が此等の活動に積極的な熱意をもたなければならぬ。生徒の側に如何に熱意をもっていても、唯一の相談相手たるべき教師の側が消極的で熱意がないなら、クラブの正しい方向づけは不可能となるであろう。第三には第二に関連して逆に生徒の意向を無視した教師中心にならぬように努めることである。部員の自主的な精神と態度とをあくまでも伸張するように誘導し、生徒自身の生み出す方式が正しいものであるなら、たとえ拙なるものであっても忍耐をもって取り上げるべきである。第四に教師は常に部員を激励しなければならぬ。部員の積極的な意図の下に計画をしても、完局生徒は中途で放棄し易い傾向がある。教師はこの傾向を阻止しなければならぬ。第五に生徒の活動の結果は必ず発表せしめなければならない。クラブ活動の結果が何であるかが明確にされなければならない。

c. クラブ活動の研究範囲

英語科特別研究室と共に必要な備品を持つ事が望ましいが此処の所縁遠いとしてもSponsorとしては仕方が無いと傍観していてよいものでは勿論ないのであって最少限度の範囲でよいから我々の夢を実現出来る様努力しなければならない。然らばクラブ部員の要求とクラブ活動の性格とを考慮して次の様な活動内容を取り上げたが具体的な指導の面では漸進的重点的に進み取捨選択をし、或は興味ある題材を附加して行く用意を忘れない事が肝要である。

(1) 四技能を適当に伸ばすもの。

(a) 伝記物語副読本等を使用する。
(b) やさしい青少年向の英詩童謡を研究する。
(c) Weekly, 英語雑誌, 英字新聞を回読又は購読させる。
(d) Radio Text, Senario 等の研究並に利用。

(2) 聞き方と話し方の技能を伸ばすもの。
(a) 英詩劇, 英語対話の実演。
(b) 外人宣教師を招いて Bible Class の研究。
(c) 朗読, 暗誦の練習。
(d) 日常会話の練習。
(e) 英語唱歌, 英米の国歌讃美歌の練習
(f) 学校放送の「英語の時間」の聴取及び実演

(3) 読方, 書方の技能を伸ばすもの。
(a) Pen Pals Movement への参加。
(b) Club 部員間及び Sponsor との間の英文手紙の交換。
(c) 英文日記を書くこと。(特に著しい事項の改記載, 下学年は日記文形式不用)
(d) 自由作文英作文英文法一般研究並に練習。
(e) 英語の格言の蒐集
(f) 英習字練習
(g) Test Questions の研究
(h) 掲示英語, 広告英語蒐集(薬, 食料品, 化粧品の Lebel 英語蒐集)
(i) Japanized English 及語法の研究
(j) 各種の Poster 研究
(k) Sports 英語の蒐集
(l) Weekly, Monthly, Times, English Club Times, 学校新聞等への投稿並に編集
(m) Bulletin Boards への発表と活用。

(4) 話し方の技能を伸す。(応用の態度)。
(a) Reading・Speech・Recitation・Oratorical Contests の開催と参加。
(b) 英語紙芝居の実演
(c) 校内英語放送

(5) 英語の背景的知識の研究
(a) 既習教材を拡大したり更に掘り下げて研究させる。
(b) 英米の教科書の研究
(c) 適当な教科書を指定して調査発表させる。

(d) Clubのgroupの研究に応じて英語物語の知識を与えよ。
(e) 風物知識を研究させる。
(f) 展覧会出品の研究製作(地図＝世界,英国,米国,ロンドン,英語国等の)．
(g) 欧米の絵葉書・風景画・写真・切手蒐集。
(h) 英米の年中行事研究。
(i) 学校案内図作成英語説明。
(j) 英米著名人の肖像写真蒐集。
(k) 英米のEtiquette，両国語の相違研究．
(l) 英米の歴史,或は文学の話（代表的傑作について）
(m) ギリシャ神話・聖書の話（特に其の中の名句）
(n) 英米の学校生活について。

(6) Recreation的なもの（「聴視覚教具」の項参照」）
　(a) レコードの鑑賞
　　(a)発音レコード(b)朗読レコード(c)英語唱歌レコード(d)童謡レコード．
　(b) テープレコーダーの利用
　(c) ラジオの英語放送利用
　(d) 外国映画の鑑賞
　(e) 他校英語　見学
　(f) 英文漫談・英話
　(g) Question game: Riddle・Cross-wordpuzzle・Joke・Word baseball・Twenty questions等の実施。

　結　語

　特別教科活動としてのクラブ活動の運営を通じて自由時間や教室外の英語指導を活発化し，能力ある生徒の資質を高めようとするのも一つには全体としての英語教育の能率を上げ度との配慮からである。そしてこの方面の運営と指導は中学校英語教育の新な課題として更に多くの問題を含み十二分の認識と細心の検討が要望されるのであろう。然し限られた時間で英語クラブ活動の全分野を描くことは不可能である。

Bibliography: —

定宗数松：英語教授法概論（英語教育叢書）
石川林四郎：英語教育の理論と問題（英語教育叢書）
文部省：改訂学習指導要領（外国語科英語編）
石黒魯平：外国語教授原理と方法の研究
黒田巍：英語教授論考
黒田巍：英語の発音（新英語教育講座）
石橋幸太郎：英語教授法大要（新英語教育講座）
松川昇太郎：英語教育の諸問題
木村文雄：英語の読取と書取（新英語教育講座）
寺西武夫：話方聴方書取及習字（英語教育叢書）
寺西武夫：英語の話し方（新英語教育講座）
寺西武夫：Classroom English 3 VOLS.
西村祠：教室英語（英語教育叢書）
永原敏夫：試験と学習（英語教育叢書）
永原敏夫：語学力検査法に関する考察　広島文理大英語英文学論叢
　　　　　　　　　　　　　　　　　　　　　　　Vol I No.2
広島高師附中,中等教育研究会：中等教育に於ける自律学習の訓練：京極書店
宮崎筍吉：学習指導の研究：広島文理大英語教育（Vol.V. No.3）
新英語教育講座第十一巻　研究社
東京都中学校教育課程（第二次案）英語科の部　東京都教育委員会
Arthur E. Traxler: Techniques of Guidance.
Harold E. Palmer: New Type Examination (a pamphlet).
青木常雄：新制中学英語教授法　研究社
研究社：新英語教育講座第一巻（市川博士及石橋教授）
　仝　：英語教育双書の中　英語音声　概説（豊田博士）
文部省：新編学習要領三巻
高田力：ベーシック英語（英米文学語学講座）研究社
神保格：英語教授法の言語学的基礎（　　〃　　）研究社
山田和男：英作文の扱い方　　　（　　〃　　）〃
村岡博：初学年の教授とローマ字（英語教育叢書）〃
岩崎民平：英文法の教授と問題　（　〃　）〃
語学教育研究所：外国語教授法　　　　　　開拓社

C.H. Handschin:
　Methods of Teaching
　Modern Languages.
Palmer: Classroom
　Procedures and
　Devices.

斉藤美州：英語教育概説（教職叢書）　　　岩崎書店
H. E. Palmer : The Oral Method of Teaching Languages
　　　　　　　　　　　　　　　　　　Heffer & Sons LTd. Cambridge
H. E. Palmer : Five Speech Learning Habits　　開拓社
C. C. Fries : Teaching Learning English as a Foreign Language.
　　　　　　　　　　　　　　　　　　Ann Arbor, Michigan.
J. O. Gauntlett : Basic Principles of English Language Teaching　三省堂
Edgar Dale : Audio-Visual Method in Teaching
仝　上　有光成徳訳：「学習指導における聴視覚的方法」政経タイムズ社出版記
Edgar Dale : Motion Picture in Education
Edgar Dale : Teaching with Motion Picture
Bruce A. Findlay : Audio-Visual "Tools" That teach for "Keeps"
Thomas R. Wright : Filmstrips as are Educational Aids.
Norman Woelfel & Ikeith Tyler : Radio and the School.
A. Murrey Dyler : Radio and English Teaching.
冠永勝雅：英語科カリキュラムと能力別指導
鐙子書房：聴視覚教育　教育大学叢書第32巻

聴視覚教材

　USIS　　　16mm.映画フィルム目録　各都道府県　A-V Library 備付
　NHK　　　NHKラジオ新聞
　Linguaphone　English Conversation Course
　USIS　　Basic English (16mm.全6巻)
　開隆堂　　　　　　　　　　　各都道府県　A-V Library 備付
　開隆堂　　Jach and Betty. (16mm)

――其他略――

IV 評価論

　評価といえば生徒が習得した、知識や教科内容を紙と鉛筆によって検べる test や examination ばかりでなく、生徒の持つ興味、習慣、性質、能力、態度、技能或は鑑賞の程度をたしかめる事も含まれている。従ってその手段にも色々の方法があるわけである。テストを利用の目的から分類すれば

1. Intelligence tests
2. Aptitude and prognostic tests
3. Achievement tests
4. Diagnostic and analytical tests. となる。

英語教育も生徒を対象としている以上、これ等凡てに関係がある事は勿論であるが、此処では主として学校教育によって得られた、英語教育乃至英語教授に直接関係のある、英語の力を検する為の 3. 及び 4. に限定して記述する。

　テストの方法や原理を研究することは単に生徒の持つ何か曖昧のものを数字や符号を用いて形の上に現わすことの研究ばかりでなく、民主社会に最も必要である independence in thinking や critical thinking を助長することゝなり、教授法を真に一つの科学たらしめる為に大切なる要素である。民主社会に於ては各個人は等しく尊重されねばならぬ。社会の秩序と他人の自由を破壊しないかぎり、個人の自由は認められねばならぬ。個人の自由の内で最も根本的でありながら屡々忘れ勝ちなものは判断の自由である。何物にも抑制されず、利害関係にとらわれず、自らの意志に従って判断を下すことは民主社会の一員として欠くべからざる要件である。それだからといって他人の意見を聞いたり、書物を読んだりする必要がないというのではない。凡そその反対である。正しい判断をしようと思えば、判断の対象となるものに関して出来るだけ多く読み、他人の意見に傾聴し、事実を調査して後、目的に照して判定を下すべきである。たとい尊敬すべき人の言と雖も批判的態度で臨まなければならぬと共に、如何なる人の意見をも尊重しなければならぬ。人の意見も大切であるが、もっと大切なのは事実である。科学的に処理された事実の前には何人も服従せざるを得ない。F. I. Struck は Creative Teaching に於て suspension of judgement until essential facts are known といっている。勿論判断にも時期が大切である。時期を失した判断は利用価値がない。限られたる事実に基い

て判断しなければならぬ場合もある。其の場合判断の価値は基礎の如何に依存することを忘れてはならぬ。表面の現象に対しては背後の原因に注意を向け、よって来る根源を洞察しなければならない。これ等の事が、科学的に取扱われる時にやって正しい判断が生れる。

評価は客観的でなければならぬか如何なる客観的テストと雖も主観のはいる余地があり、テストの結果の判定とその適用に至っては或程度主観的ならざるを得ない。此処に偏見にとらわれず、先入観に囚はれざる critical thinking の尊重される所以がある。

1. 新らしい評価の意義及び目的
a、意　義

評価の概念、手続、及び手段等はシラバスの構成原理に基いている。評価とは学習の測定と考え、最後の結果にのみ関心を有するものもある。又或る人々は一定の諸目的に照らして発展の程度を計るために評価を行うが、やはり最後の結果に関心を持つ。然るに又或人々は変化した状態の測定に注意を向けるが、その変化を得るために用いた方法を考慮しようとはしない。

又一方評価を教授と学習の必要欠く可からざる部分をなす継続的過程と考えるものもある。それ故評価の概念についての色々の立場から、その方法、手段、集めたデーターの利用等は異ってくる。

若し最後の立場を認めるならば、評価とは、教育計画の中で生徒と教師が保持する価値を洞察し、教師生徒の相互関係に於て、それ等の価値が充用されているかどうかを立証する試みであると考えられる。

それ故に評価は教育過程構成の計画が開始された時に初まり、全教育過程を通じて継続されるものであり、教育過程の必要欠く可からざる重要部分とならねばならぬ。

即ち評価とは教育過程の諸種の目的がどの程度に又どの位手際よく実現されつつあるかを決定する過程である。

b、基　本　目　的

上記の本シラバス各論は教育学及び実際の経験から引き出された種々の基準に照らして検討されたものである。従って或る意味では或る程度の準備的評価が成されておるのである。これを評価の中間的段階或は予備的段階と称しても差支えないと思う。この予備時段階に於て既に学習経験や教材が設定された目標に関連づけられており、重要な教育学的原理が具体化

されていることが確実されているのである。併しこれだけでは、教育過程や教授の充実のために計画された学習経験や教材の妥当なる評価とは言えない。

学習経験や教材を検証すべき基準として用いられた一般原則というのは学習経験の一般的特質に当てはまる一般原則であって、実際に学習をなす場合に遭遇する状態を精密に述べているわけではない。更に何れの学習経験や教材の部分にも多くの基準があり、我々が此等の基準に接近出来る程度と言えば、まず望ましい効果を実際に生ずる事が出来るだろうと言うことを一般的に或は或る程度に正確に予知することが出来る位の所である。

実際の教授に当っては、生徒各人の個人差、学習の行われる環境等の諸条件、又は初の計画通りに諸条件を整える教師の技能、教師の個性等のために色々の変化が生ずる。このために実際の学習経験なり、教材なりが初の予定したものとどうしても違ったものに成って来る。従って発展的に構成されている学習経験や教材がどの程度に実際に所期の成績をあげたかということを発見するのが評価の基本目的である。

　評価に際し留意すべき点

(1) 目標は広範囲であること

　新しい教育にあては、その目標が変り、教育の内容も方法も変って来た。個人とは個々の要素の単なる寄せ集めではなくして、統一ある全一体である。従って価値というものは、多くの要因の均衡のとれた調和に対して与えらるべきものである。それ故考査の方法や原理に変化を来たしたのは当然である。

　或る限定された目標しか測定出来ない紙と鉛筆によるテスト以外に、興味・態度・習慣・適性・技能・能力・性能・鑑賞などの広い目標まで評価することが望ましい。又環境的背景も知る必要がある。

(2) 目標を明示すること

　どの点を評価するのであるかということが明かでないと評価の効果は上らない。一例をあげれば、聞き方が評価されるのだという事がはっきり判れば、生徒は聞き方に努力を向け、少しでもよく評価されることを望むものである。

(3) 情況を確めること

　与えられた目標に向って生徒を評価する場合に、生徒が最もよく能力を発揮し得る機会を与えるように工夫すべきであろう。

(4) 全期間に亘り何回も行うこと

生徒の初めの位置がわからないと、その後の変化の程度を測定することが出来ない。従って① pretest ② midtest ③ final test というように回数を重ねることが必要である。又変化した状態の持続性を確かめることも必要である。故に④ retention test の必要も生じてくる。

C、具体的目的

具体的目的を指導の資料・教師の反省、教育の管理、その他の項目に分けて列挙すれば次の如くなる。

(1) 指導の資料
 (a) 生徒が指導目標に到達したかどうかを知るため
 (b) 生徒の個人的需要を明にするため
 (c) 学習者に自己の進歩の度合を知らせるため
 (d) 学習を動機づけるため
 (e) 生徒の全体的傾向を知るため
 (f) 生徒の環境や背景を知るため
 (g) 色々な方法の相対的価値を知るため
 (i) 生徒の学習を診断するため
 (j) 個々の学級、個々の学校の進歩を測定するため
 (k) 生徒をして実業、専門職業、大学等の採用試験、選抜試験等に備えさせるため
 (l) 生徒、教師、学校に対しアチーブメントの標準を設定するため

(2) 教師の反省
 (a) 教育活動の基いた原理の妥当性を検討するため
 (b) 教育過程、教師、教授法、教科書等の評定のため
 (c) 教師が研究資料を得るため
 (d) 教師に教授の能率を示すため

(3) 教育の管理
 (a) 教育の能率を確認し、改善に必要な点を指示するため
 (b) 教育の施設の欠陥を指摘するため
 (c) 社会生活を営むに必要な教育の水準を維持するため
 (d) 地域社会の協力を求める資料を得るため
 (e) 各校の教授能率を比較するため

(4) 其の他
 (a) 生徒や父兄に学力を知らせるため

(b) 進級を決定するため
 (c) 高等学校又は大学に提出する入学願書の基礎とする記録を準備するため
 (d) 生徒を適当な学級に入れる指針とするため
 (e) 適当な職業を選定する場合の指針とするため

2. 評価の種類と方法

a. 評価の種類

評価の種類を大別すると, (1) Essay-type test, (2) Objective test の二つとなる。Essay-type test は従来の「〜と〜とを比較せよ」「〜を論ぜよ」「〜を説明せよ」「〜の理由をあげよ」などというような形式の試験であり、Objective test は、採点に主観の入る余地がないように工夫された型のものである。

評価の手続きから分ければ, (1) Standardized test と, (2) Informal unstandardized, or teacher-made test になる。Standardized test はテストの専門家によって作成され、問題も一般的で、多数の被験者によって標準化されて代表的成績が示されており、学校間、地方間の学力の差異、学年毎の学力の差異、一般的の読書能力、計算能力等を測定するために使用される客観的尺度である。Teacher-made test は標準化されぬ非公式のものであり、学科担任教師が作成し、その学校、学年、学級のみで使用するものである。更に評価の目的から分ければ, (1) Intelligence test (2) Aptitude and prognostic test (3) Achievement test (4) Diagnostic and analytical test 等になる。Intelligence test は生徒の習能程度即ち高等な精神能力、学習能力、或いは環境への順応力などを、心理学的にテストする方法で、個別的なものと団体的なものとに分けられる。Individual intelligence test はかなり長い時間をかけ、測定者はただひとりの児童に対座し、何等を用いて常に客観的に科学的に測定を行うのであり、Group intelligence test においては、一人の測定者の指導の下に、数十或いは数百の生徒を同時に測定することが出来、多人数の習能分類を行う時も選抜をする時に用いられる。Aptitude test は何か特別の才能を将来発展させ得るような Capacity を持っているかどうかを測定するものである。例えば生徒が将来、如何なる職業につく

ことが適当であるかというようなことを知るために行うものである。Achievement test は informal and teacher-made test と standardized examination とに分けられる。Achievement test が generally に学力をテストするに反して、Diagnostic test は、学習或いは教授における効果なり欠陥なりを特に分析的にテストするために用いられる。Achievement test は教授の最後に行うものであるが、Diagnostics test は教授の途中においても最初においても行われるものである。

b. Teacher-made objective test

Teacher-made objective test には、(1) 再認形式のテスト (Recognition-form test) (2) 再生形式のテスト (Recall-form test) の二型がある。再認形式のテストにおいては、問題に対する解答は、始めから用意されていて、受験者は二つ以上ある解答の中から正しいものを選んで印をつけるものである。再認形式のテストには、(a) 真偽法 (True-false test) (b) 多数選択法 (Multiple-choice test) (c) 組合せ法 (Matching test) などがある。真偽法は二つの選択肢の中から、正しいものを選ばせる方法で、極めて容易に作成することが出来、反に時間に多数課することも可能だから、学級などで行う一斉テストとしては適当な形式のものである。しかし問題作成が容易であるだけに、不自然な或いは自明な問題ともなり易く、注意して作成しないと、問題に主観的に如何様にも解釈されるような内容を含むことにもなる。又、全くでたらめに解答しても半分は当る。しかし正答をプラス点、まちがいをマイナス点として計算すればこの欠点は或程度のぞかれる。この形式の変形としては一つの statement を与えその真偽を判定させる形もある。多数選択法は、選択が多いために、あて推量によるまぐれ当りの率が減ってくるという点では真偽法にまさっており、推理も、理解も、判断力をテストしたり、単語、覚解力、文法などの力を調べるためにも用いられるが、問題の作成が容易でないこと、用紙の space を多くとること解答に多くの時間を必要とすることなどの欠点がある。多くの紙面を必要とするという欠点は組合せ法において補われる。組合せ法は選択法を連結したもので、一方に掲げた語又は数述を、他方に掲げた語又は数述と意味で組合わせるものである。一方の系列の項目の前にあるかっこ に、それに相当しているものの番号又は文字を書くので、左右同様のものと同数でないものとある。

次に、再生形式のテストは、問題に対する答を受験者自身が書くものだが、解答の範囲は明確に限定されている形式のものである。再認形式のテストは *objective tests* の中でも、その採点の結果が特に客観的である点において、大きな長所を持っているが、中には100の作業の中99まで、テスト施行者がすませてしまって、最後の一つだけを客観的に測定しようとするようなものもあり、理解の段階は測定し得るにしても、運用の面を測定することは難かしい。厳密に言えば、与えられた答の中から、正しいものを選び出す能力、或いは他人の判断を批判する能力が測定されるわけである。そこで解答そのものを生徒につくり出させる形式のテストが必要になってくる。それが再生形式のテストである。再生形式のテストに於いては解答の範囲を広くすればする程、測定の結果は客観性を欠くから、注意しなければならない。再生形式のテストの中に、単純再生法（ *Sample recall* ）と、完成法（ *Completion test* ）とがある。単純再生法は依然か容易で時には口頭でも実施し得るし、教師が測定しようとすることを正確に評価することが出来る。しかし *logically* に推理する能力は、このテストによっては分らない。完成法は、この点において単純再生法に優っている。即ち文章や *paragraph* の二つ又はそれ以上の空所に単語、数字、句などを補って完全な意味の通った文又は *paragraph* とするのであるから。生徒の思想のまとまりを測定することが出来るわけである。しかし *overmutilate* されれば、 *puzzle-type* となってしまって、論理的な推理は不可能となる。又、教科書などをそのまま問題にするならば、生徒に *rote learning* を強いることになる。単純再生法にしろ、完成法にしろ、答をいい加減にあてはめることは出来ないし、問題を作る方から言っても、割合自然な問題を容易に作ることが出来、運用能力のテストとしてもすぐれている。しかし採点に、客観性を欠く危険があり、解答を出すのに、再認法により時間を多く必要とし、時には成就的な記憶を要求する傾向もある。

C、その他のテスト

(1) *Essay-type test*　 *Essay-type test* は論理的な表現力、 *spelling*, *handwriting* などが最もよく表れるものであるから、採点や題材をある程度まで限取し、 *grammar, expression, thought, spelling, originality* などの要素について細かく求点し、その上数名の採点者の点を合計するようにすれば、採点における客観性を増すことが出来る。この形式のテストとしては、 *outline* を著

かせること, paraphrase させること, 飜訳させることなどがある。
(2) 口頭テスト. 口頭テストは, 会話や口頭作文における口調伝達の技能や能力を評価するために用いられる. pronunciation, articulation, accent, stress, intonation, fluency, word-linking, expression 等に注意しながら, 之等を個々別々に評価するようにし, 更に採点者数を多くするならば, 結果は相当信頼し得るものとなる。
(3) 理解力のテスト. カードに指示事項を記載して生徒に与え, その指示通りに動作する能力があるかどうかを見. 或いは物語りについての絵を示し, その絵の中の人物, 場所, 事件などについて質問しながら理解力をテストする。更に, 比較的長い文章をよませ, 時間をはかって, その時間内に, どの程度理解し得たかを質問しながらテストする。
(4) 更に, 単語, 又は語群の配列を変えて文章を作らせる配列法, 週末の書取などがあり, 観察, 生徒の生活記録, 日記, 自叙伝, 面接などを利用して評価することも考えられる。

d. 自己評価

教師が一方的に生徒を評価するばかりでなく, 生徒自身に自己を評価させることも, 教師の評価を信頼させ, 自己の学習に責任を持たせる一つの方法である。即ち, 各週, 月, 学期, 学年の目標を四技能毎に明示し, その目標にどの程度近づいているかを生徒自身に評価せしめるのである。テストの採点を生徒自身にまかせたり, 或いは, 適当な生徒を選んで, 教師の採点に参加せしめたりする。そして生徒はその評価の結果を, 自己評価表に, 各目標毎にグラフ又は点数によって記入してゆく。又, 自己評価の結果は, 教師採点の厳密な客観的テストの結果と比較させることも必要であろう。

e. 測定結果の整理方法

測定の結果は次のような段階を経て, 十分な意味をもつものとなる。

(1) 頻数分配表の作製. 頻数分配表とは次の図表のようなものである.

級間 1		級間 3		級間 5	
得点	f	得点	f	得点	f
70	1	71〜73	2	68〜72	5
69	0	68〜70	3	63〜67	4
68	2	65〜67	2	58〜62	3
67	0	62〜64	2	53〜57	6
66	2	59〜61	2	48〜52	3
65	0	56〜58	3	43〜47	4
⋮	⋮	⋮	⋮	⋮	⋮

級＝測定値の群
級間＝級と級との間の差
f (Frequency) ＝頻数

つまり頻数分配表とは、級の適当定の、順序を立てて並べ、各級に属する頻数を明らかにするものである。級間が小さすぎると級の数が多くなって、複雑な頻数表となり、又、級間が大きすぎると、級の数が減じ、重要が不明となる。従って級の数は、少くとも7を下らず、20を越えないことが望ましい。級間の大きさの単位には、1, 3, 5, 7, 15, など、時には、2, 4, 10, 20, などを用いる。

(2) 代表値には、算術平均と中間数とがある。

算術平均はすべての測定値に基づいているので、一、二の極端な測定値によって左右されることがある。そこで極端な得点に影響されない代表値を求めようとする時、この中間数Mdが用いられる。中間数の算出法は容易であるから、算術平均の求め難い時に用いられる。しかし全測定値を考慮に入れてないこと、算術平均のように、代数的取扱いが出来ないことは欠点である。中間数というのは、頻数分配において、その両側に、それより大きな測定値と、小さな測定値とが、総数の50%づつ分配されているような測定値のことであるから、測定数の $\frac{1}{2}$ を数えることによって、容易に算出することが出来る。要するに、算術平均は、すべての測定値を考慮した代表値がほしいとき、他の代数的公式及び統計的方法に用いる時などに求められる。そして中間数は、容易な計算を望み、速やかに中心的傾向を知ろうとする時、特別に高い得点や特に低い得点による影響をさけたいと思う時に用いられる。

(3) 脱逸度の算出　　代表値だけでは、測定値の分配状態が不明であるから代表値から個々の測定値がどの位ずれているかということを見なくてはならない。個々の測定値が代表値からずれている度合を脱逸度（Deviation）という。この脱逸度の大小は擴散分配や順序分配を見れば分るが、単一の数値によって表現した方が便利である。そこで脱逸度を表わす数値として、四分偏差と標準偏差が用いられる。

　　四分偏差はQと略記される。Qは分配表中、第一の四分の一（Q_1）と第三の四分の一（Q_3）との間に含まれる範囲の半分で示す。即ち測定数の75%と25%にあたる測定値の範囲の半分であり、算出の公式は

$$Q = \frac{Q_3 - Q_1}{2}$$

得点	f
$70 \sim 74$	4
$65 \sim 69$	3
$60 \sim 64$	10
$55 \sim 59$	13
$50 \sim 54$	8
$45 \sim 49$	3
$40 \sim 44$	1

左表から先づ Q_3 を求めて見よう。

(a) $\dfrac{3N}{4} = \dfrac{3 \times 42}{4} = 31.5$ （$N=$測定総数）

(b) $1+3+8+13 = 25$ （えによって下から数えて才五番目の級間に Q_3 のあることが分かる。）

(c) $31.5 - 25 = 6.5$ （つまり才五番目の級間において、更に 6.5 だけすゝめば、Q_3 に達することが分かる。）

(d) 頻数1の救値 $= \dfrac{5}{10}$ （$5=$級間の単位，$10=$頻数）

(e) $\dfrac{5}{10} \times 6.5 = \dfrac{6.5}{2}$

(f) $60 + \dfrac{6.5}{2} = 63.25$ （Q_3）（$60 =$才五番目の級間の下限）

次に Q_1 は

(a) $\dfrac{N}{4} = 10.5$

(b) $1 + 3 = 4$

(c) $10.5 - 4 = 6.5$

(d) $5 \div 8 = \dfrac{5}{8}$

(e) $\dfrac{5}{8} \times 6.5 = 4.06$

(f) $50 + 4.06 = 54.06$ （Q_1）

従って $Q = \dfrac{Q_3 - Q_1}{2} = \dfrac{63.25 - 54.06}{2} = 4.60$

四分偏差の値が小さければ小さい程，各測定値が代表値に近いことを示す。普通四分偏差は，中間数が代表値として選ばれた時に用いる。

　算術平均を代表値とした時には，その散逸度は，標準偏差によって示す。標準偏差は S.D 又は σ と略記される。偏偏差は個々の測定値と，算術平均との偏差の自乗の平均の平方根を求めることによって算出される。公式で示すと，

$$S \cdot D = \sqrt{\dfrac{\Sigma d^2}{N}}$$

$d^2 =$ 個々の測足値の算術平均からの偏差の平方

$\Sigma =$ 総和

N＝測定数の総和

分配が平常であれば，M±1S.Dの間に，測定総数の68.26％を含み，更にM±3S.Dの間には測定数の99.73％が含まれる。四分偏差は中心より50％の測定値の範囲を示すものであり，標準偏差は約68％の測定値の範囲を示すものである。

　以上のようにして測定値の分配状態が分り，正常分配或いはそれに近い時には，テストの結果は相当活用し得るものと考えられる。さて，このような成績を指導要録に記入する時には，最高点より最低点まで点数順に並べ，最高より順次に，7％を+2, 24％を+1, 38％を0, 24％を-1, 最後の7％を-2 というように記入する。勿論他に 3％(+2), 22％(+1), 50％(0), 22％(-1) 3％(-2) 或いは 10％(+2), 20％(+1), 40％(0), 20％(-1) 10％(-2) 等いろいろある。

　以上のような手続きを経て成績が記入されるならば，英語や数学に於ける点数が飛躍的に特に悪く，秀才点又はそれに近いものが多いのに，社会や国語においては，悪い得点に偏するというような不合理はのぞかれる。しかし又一方において，非常に優秀なクラスにおいては最後の(-2)クラスに入った生徒も，劣等なクラスの(+2)の生徒よりも秀れているというような場合もあり得るわけで，一般に他の学級又は学校との比較は不可能である。そこでこのような成績には標準学力テストの成績が併記されることが望ましい。最後に評語は各目標毎につけられなければならない，百点法にしろ，評語法にしろ，若し，各目標の平均の成績が唯一つ父兄に報告されたとするならば，父兄は彼等の子弟の成績について，いかなる点が欠陥で，又，いかなる点において秀れているかを判断することは全く不可能であろう。

3. 各種評価法の長所短所

a. 論文テストの長所と短所

(1) 口頭試験

口頭試験 (Interview) は評価の手段としては価値があるが実際には種々の困難がある。約百年前 Horace Mann が口頭試験について次の欠点を挙げているが今だに充分な改善がなされていない。(a) 凡ての生徒に平等に課し難い。(b) 広く効果が望めない。(c) 教師によって故意偶然的影響、えこひいきがある。(d) 時間制限が考慮されない。(e) 生徒の成績を客観的に永く残せない。(f) 質問の困難度が評価し得ない。然し Interview は結果を早く知る為には役立つが Horace Mann の指摘した如く正確さを欠くものである。

(2) 論文試験

論文試験の型は論ぜよ〜就いて記せ〜比較せよ〜理由を説明せよ等の形式で問題が提出されるので、生徒は学習内容と問題との関連関係に関係する事項を選択し、問題の要求に応じて論理的に結論を導き出す。従って充分な時間をもって熟考し整理せねばならぬ。故に論理的思惟能力の外に及び論文を書く能力を伸ばす為の指導の手段として推奨すべき長所をもっている。更にテストの構成と実施が容易で広く教科目に適用される長所をもつ。然し論文試験に就いてはF.Y.Edgeword: The Element of Chance in Competitive Examination 1890. D. Starch and E.C. Elliott : Reliability of Guiding High School work in English 1918. により批判的研究が加へられ論文試験の弱点が見出された。即ち (a) 問題が制限されていること (b) 採点が客観的でないこと。先ず問題の制限であるが僅かの問題では学習内容の一部分しか測定し得ないことである。次の図は問題の制限を示す図である。斜線の部分は生徒の習得している能力とする。四人の生徒は各全体の文量に対し半分学習したものとする。然し学習した部分は各々異っているものとし、問題は四題で横線を施された問題とする。生徒Aは前半学習し後半は学習していない。問題は学習した部分

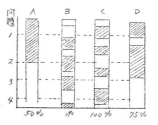

から二題出題された為50パーセントの成績を得る可能性がある。Bは最初と最後は一部分学習しているが中には学習したり、しなかったりしている。出題の四問は不幸にも学習した所にはない。従って0％の可能性となる。CはBと反対に彼の学習した所が一つずつ問題に出たので、百パーセントの可能性がある。Dは二度の学習になっているが三問題当っている。従って75％の可能性となる。全体として50％の学習であって0％から100％の開きが出来ることになる。成績測定に於てこの誤りは度々現はれる現象で、これが即ち問題が極限される結果から来る欠点である。次に採点の主観性はスターク及びエリオット、我が国では田中博士の研究により論文テストが如何に採点者の主観により左右されるかがかかる。更に論文テストでは性能の分析が不十分である。例へば英語の成績といっても、解釈力、読出力、及びその速度作文の力、話す力、歌詠の速度、聞く力等いくつかの性能に分析されるのであるが、従来のテストでは、これらが各々充分な考慮が払はれていなかった。問学力の優劣を評価するには一定の基準が必要である。そこで多数の生徒による標準化が必要であるが論文テストでは標準化が困難である。

(3) 論文試験の改良

既述の如く論文試験の欠点が指摘されたのでこれが改善策としては、採点が主観的にならぬよう工夫せねばならぬ。採点を客観的にする為には問題が妥当なものでなくてはならない。それで問題構成には次の事項が十分考慮されなくてはならない。(a) 試験の目的が教師及び生徒によく了解されていること、(b) 問題が目的を十分表現していること、(c) 次の一〇項の中少くとも七項目に対して肯定的であるもの以外は除外されなくてはならない。問題は重要な点にふれているか、いわゆるこまかい問題であるときは重要事項と関連あるか、問題は批判、総合、概括等に重点がおかれているか、困難度は適当か、問題は生徒の思想及び興味を誘発するようにのべられているか。

問題は生徒の考へを重点に集中させているか、問題は生徒の背景的知識を十分見得られるようなものか、問題は思想表現を相対的に述べることを要求しているものか、問題は色々の材料から事実を得るようなものか、問題は定められた時間内に真に知っているものを書けるように限定されているか。

次に採点をなるべく客観的にする方法として、答案には名前を裏面に又は番号のみを記すこと、一問題を通して見た後各問題の採点を合計するよ

うにする。字の巧拙誤字を考慮せぬこと。各問題は定められた点数によって採点されるべきこと、同採点に際しては二人以上の教師が採点し其の平均点を得点とすれば更に合理的である。

6 客観的テストの長所と短所

客観的テストには次のような長所がある

(1) 問題を広い範囲から出せる

　生徒の学習内容に対し僅かの問題で測定する論文試験に対し、客観的テストは、生徒の学習したものの要点をなるべく多くの問題の中に現はし、それに答えることにより実際に学習した結果を出来るだけ正確に測定しようとしている。

(2) 採点の客観性

　客観的テストに於ては問題が簡単に与へられ、普通一問について一つの正確な答が出来るようになっている。それで真の客観的テストでは採点を何回行ってもよい同じ結果が得られ、又多くの人によって行はれても不一致は生じない。

(3) 時間の節約

　客観的テストは何問か短い答を出するように作られているので生徒は作業に多くの時間を要せず多くの問題が短時間に処理される。

(4) 問題理解の平等性

　最後に問題理解の平等性がある。表現に使はれる言葉や、文字の上手下手等はテストに於てかなりの関係がある。客観的テストは答が簡単であるように質問形式も簡単で誰にも質問の意味がわかるように作られている点はよいことである。

客観的テストの欠点

(1) 思想を表現し組織する能力を測定し難きこと。

　客観的テストは公平に学習内容の測定が出来るが学習した事実の表現総合、批判、解釈、する能力を現はす機会が与えられていない。

(2) あて推量の可能性がある。

　客観的テストには推測による問題解答の傾向がある。これを防ぐには解答者に正しき知識によることを指示、出題目の解答は如何なる整理方法で処理するかを理解させたり或は出題の方法、採点の方法等を工夫することによって減少さすことが出来る。

(3) 費用が多くかかる。

　客観的テスト学級に使用する時これらに信頼性と妥当性を持たす為

には謄写したり印刷する必要がある。従って用紙代として他のテストよりも費用がかかる。

C. 各種の新型テストの長所と短所

(1) Simple Recall Type

一語解答法は誰か～何時か～何処かなどの事実の知識測定に適しているので総ての科目に適用される。其上問題作成が容易である長所を持つが事実の応用、複雑な関係調査論理的推理を求める能力測定には不適である。

(2) Completion Type

一語解答法と同様事実に関するものであり、生徒の観念綜合、思考の大きな単位を測定する。問題作成には一語解答法と同様答が一つになるように作らねばならぬ。又思考を必要とする要素を余り多く除くと生徒に意味の正しい早い理解が出来かねるから混乱を起こす恐れがある。

(3) Alternate - Response Type

True-False と Yes-No Type とは問題作成が容易であり、色々な教科目で用いられるが、問題作成に当っては真偽問題の曖昧さを取除くことが大切である。更に教科書そのままの形で問題が作られ易いので教科書暗記を要求するので、目的によってはさけねばならない。真偽法は他の型のテストより短時間に多数の問題を課すことが出来るが一方他のテストよりもあて推量による判断がされ易い。即ち選択肢が二つであるから二分の一の確率をもって推測することが出来る。従って深い考慮を払はないで機械的に解答する傾向が生れる。

(4) Multiple - Choice Type

此の型は推理力へ解釈力へ弁別力へ理解力へ概括する能力等を見るのに適切な方法である。選択肢の多いことは長所であるが問題作成に困難がある。即ち選択肢の数と質の問題である。選択肢は多い程望ましいが誤と容易に判断されものは価値がない。即ち同質性のものが要求されねばならない。それか同質性が高い程、問題の価値が高まることになる。短時間的からいえばこの型は他の型よりも多くの時間を要し紙面をも多くくる。

(5) Matching Test

此の型は事件と年代事件と場所、発明と発明者、著物と著者原因と結果等の組合はせをし事実の知識を調べるのに用いられる。この種のテストは作るのは簡単であるがあて推量の欠点がある。

4 評価基準

a. 良い test の基準

良い test を行うには、その基準を知り、これに依ることが大切である。そうでないと生徒に学習を誤らせ、教師は進路をまちがえる結果になる。test は明確な目的をもち、その結果は有効に用いられねばならぬものである。その基準には妥当性 (validity)、信頼性 (reliability)、効用性 (utility) などが考えられねばならぬ。

(1) 教師は正しい教育目標を確立し、これを把握していなければならぬ。評価基準は教育目標設定にはじまる。一般教育目標や英語教育の目標が異ると当然 test の仕方が異ってくるからである。ただ英文の訳が出来るようになることが目標であると、test は英文和訳が主になるであろうし、速訳養成が目標であるなら、聞くこと話すことが test の中心になるであろう。予備校の如きは目標がはっきりしているけれども、学校ではとかく目標が見失われ易い。少くとも test 内容を定める時忘れがちになる。英語教育の目標が聞くこと、話すこと、読むこと、書くことの円満な習熟、英米風物の理解であるならば test はこの基盤に立たねばならぬ。良い test を行う教師は教育目標をよく体している教師である。この教育目標は生徒にもよく知らしめることが大切である。

(2) 教育目標を分析して具体的な評価目標を順序たてて作らねばならぬ。評価目標は妥当な教科課程とにらみ合せ、発達段階に応じ、評価に洩れる所偏する所がないようにすることが大切である。評価目標が細かであればある程測定が容易であり、判断が妥当になる。特定の分野に於て、学習がどれだけ進歩したか、現在の到達点がどこか明かになると共に個人差の発見、指導が容易になる。

(3) test を行う時、何の test をしようとしているかを知っていなければならぬ。又 test の内容がこの目的を果しうるかどうかを考慮することが大切である。

文法知識をはかる test を行なって、その文法を理解し応用しうる能力があるかの如く結論することは出来ない。一個の和文に対して、一個の正しい英文と共に数個の誤った英文をあたえて、正しいものに○印をつけさせることで、英文を書く能力を test としていると考え

てはならない。要するに test は教師が心に抱く目的を果しうるものでなければならない。要するに test は教師が心に抱く目的を果しうるものでなければならない。教師が無批判に test をして、希望する目的を果そうとすると生徒を甚しく誤解することになる。なお、この目的は、その次々に、生徒にも知らせる必要がある。

(4) test が理解の程度の測定にとどまって、思考の機会をあたえ知識技能の適用能力を測定することを忘れていないかどうか。

 とかく test が理解だけの測定になりがちである。しかし理解した言語材料を運用出来なければ役に立たないものであるから、理解度の test もあって良いが、理解したものの運用能力の test が、より重要であることを忘れてはならない。

(5) test 内容が偏する所なく、教授内容のすべての項目にわたっているかどうか。問題の数が少なくはないかどうか。

 問題数が少なかったり、ある面に偏して生徒の学習した全項目にわたらないと、偶然性に支配され、生徒の能力について信頼できる評価であるとは言えない。又言語は speed が必要で、反射的に活用出来なければならないものであるから、短い時間に多くの問題を与えることも必要である。正確さのほかに、速度の測定を行なう必要もあることを考えねばならない。

(6) 生徒の各基本能力を多面的に正確に評価するようになっているかどうか。

 言語能力は複雑で、相互に関係することが大きい。そこで、言語能力を出来る限り分析して、基礎的能力に分類し、その基礎的能力別に多面的に評価することが大切である。test は診断的 (diagnostic) に基本能力別の学級の achievement の程度を知ると共に、生徒個々の achievement について正確な判断を下し、絶えずすぐれた又は劣った生徒をひろい上げ、その後の指導、反省に役立せるものであるからである。

(7) test 内容が生徒の知的成熟程度と学習過程からみて妥当であるかどうか。

 良い test であってもむつかしすぎたり、易しすぎたり、充分理解させていない事項について行なっては評価の目的を果たすことが出来ない。test は一般的に妥当 (valid) であると言うことはできないものである。ある立場、ある生徒達には妥当であっても、他の立場、

他の生徒達には妥当性を欠くものである。そこで test が妥当であるかどうかは、test の使用目的と生徒の理解程度と能力に合致するかどうかで決定される。

(8) test 問題が social utility の見地からえらばれているかどうか。

　　Social utility が教育の目的であり、近代 curriculum もこの上に構成されている。test も出来る限りこの線に沿うことが大切である。上学年の spelling の test にひろく用いられる語をえらぶのはこの例である。

(9) test 内容が生徒の学習を促進するものであるかどうか。

　　test は学習に刺戟をあたえる効果があるものであるが、その内容が偽すると、生徒の学習法を誤らせる。昔の翻訳法が英語学習の正しい発達を阻害したことを考えれば充分であろう。test は良い学習法を助長するものでなければならない。

(10) test 内容が重要なものであるかどうか。

　　test は学習を刺戟し学習を方向づけると共に、その材料を生徒の記憶に深く印象づけるものであるからである。教師は自分が教えた内容、重要な点をよく心得ている筈であるが test に依っては重要な点が欠けていたり、重んじられていなかったりすることがある。そこで教授要領や信用のある test を多く調査する必要がある。共通して出て来る教材は重要であると考えて差支えない。これによって教科課程を改良し、望ましくない教授や test をやめ、重要な事項を加えることが出来る。

(11) test の内容が易しい問題から難しい問題へ段階的に配列されているかどうか。

　　test はすべての生徒が同時に評価出来るものでなければならぬ。能力の低い生徒もある程度の score を得、高い生徒も完全には出来難いものが望ましい。80%が満点をとるような test、20%が全く出来ないような test は面白くない。又一題は現在の学習程度では出来難いものを出し、一題は誰でも必らず出来るものを出すが良い。一題出来ることは生徒の nervousness を緩和する。低学年は比較的やさしい問題の多いことが望ましい。良い結果を得ることは夢をあたえ、次の学習をはけますことになる。

(12) sampling が適切であるかどうか。

出来る限り多くの知識能力を測定することが望ましいが、すべてにわたることは出来ない。そこで test の構成にも sampling をしなければならない。各基本能力のある項目を test して、その score がその基本能力の程度を表わすと見るのである。故にその項目はその基本能力の全分野をよく表わす見本である事が大切である。又 test する項目がませばます程、その結果は生徒の真実に近づくことも考えなければならない。この適切な sampling は test の信頼性に欠くことの出来ないものである。

(3) test の頻度が適当あるかどうか。

　repetition が英語学習の基本である。test もくりかえし行なうことが望ましい。すべての分野で継続的に行う程信頼性が多くなる。一二回の test で生徒の能力をはかることは効果も少く誤った評価になるおそれが少くない。test はかならずしも大規模であることを要しない。前の時間の復習としてこの五分以内の test は欠くことは出来ない。他に週一回とか一課が終る毎に一回とかきめて行うことが出来よう。

(4) test に客観性（objectivity）があるかどうか。

　test の score に誤った個人的主観が入らないことが大切である。これが入らない時客観的であると言える。essay-type test では同一答案を多くの人が採点すると相当大きな偏差がどじる。所が true-false test では殆んど全く偏差がない。そこで essay-type test はやむを得ない場合をのぞいて望ましくない。何時、どこで、誰が採点しても同一答案には常に一致する結果が出ることが望ましい。こうすることによって、採点が容易になり信頼性が高くなる。しかし高度に客観性のある test が行なえない場合がある。英作文能力などの test はこれである。この場合主観的判断の入ることは止むを得ないが出来る限り、客観性をもたせるよう努力することが必要である。

(5) 生徒が最善をつくし得るよう配慮されているかどうか。

　(a) test の division、sub-division をはっきりさせること。
　(b) test の各項に指示をつけること。test の指示は簡素で難明しない内容を明瞭に示すのでなければならぬ。長いとらえにくい指示や色々に用される指示はさけねばならぬ。
　(c) ある型の答が要求されているならば一個以上の例で明示すること。
　(d) その型の test になれさせておくこと。
　(e) 測限所間と共に各項の test の合計点を明示すること。

(14) 問題の配列を上手にし、印刷を明瞭にすること。
(15) その他生徒が全力を尽すさまたげになるものを取り除くこと。
(16) 採点(scoring)が容易であるかどうか。
　出来るだけ機械的にtestの内容が分からぬ人でも、正確に採点できる事が望ましい。別に答案用紙を作り、解答欄を採点に便利なように配列し、予め模範解答を記入した採点表、stencilを用意するが良い。答案用紙を別に作ると問題用紙は生徒が家庭でtestの結果を検討する材料にもなる。
(17) testの問題を予め解答して内容を検討したかどうか。
　自ら解答することによって、不明瞭な指示や、二通り以上正解が出来る問題や、その他のtestの欠陥を除くことが出来る。
(18) 英語の基礎的能力別に統計がなされているかどうか。
　基礎能力各々について学級全般、及び各生徒のachievementの程度を正確に知ることが大切である。各能力のscoreを合計しただけでは信憑性効用性が殆んどないと言って良い。
(19) testはその結果が有効に利用できるように構成されているかどうか。
　testの後早く採点処理して、答案を返しその結果を生徒を更によくするために利用しているかどうか。
　testはある目的のためになされ、その結果が更に生徒をよくするように用いられなければ、役に立たぬだけでなく害がある。testは教師の好奇心を満足させるものでもなく、採点後倉庫の中で塵に埋れさせておくものでもない。時々特に診断を目的としたtest (diagnostic test)を行なう必要がある。すべてのtestの結果を診断的に用いることは必要欠くべからざることであるが、ある事項が特に次の学習の基礎になる時、その事項の修得状況を診断しておくことが大切であるからである。
(20) 標準テスト (standardized test)を利用しているかどうか
　時々標準テストによって、classの生徒全我が標準以上であるか、以下であるかを知ることが大切である。これによって各生徒の基本能力の状況も標準にてらして知ることが出来る。普通のtestは自分の組に教えたことについて希望した成果が達せられたかどうかをtestするものであるが、標準テストはその教科で望まれている成果を生徒がどの程度得ているかを決定するすぐれた方法である。標準テストは結果の解釈の方法、行うべき是正方法が示されてあることが望ましい。

(21) test 内容か比較テストをおこなうことかできるものであるかどうか。

test の結果は比較することか大切である。これをしないと test をした事から生じる効果が減少する。標準 test による比較以外に次の事が考えられる。

適当な基準による同一問題や対になる問題で他クラス又は他校の生徒と比較することが出来る。対になる問題を用いてある期間の教授又は drill を行う前と後の成績を比較することが出来る。後者は、すぐれた方法で一般に奨励されている。

(22) 経済的であるかどうか。

test は出来る限り遅く行なう必要があり、又 new-type test は問題を数多くする必要があって、費用が多くかかりがちであるので、test の他の基準をそこなわないで安価に出来るよう考慮する必要がある。時には問題を反審したり、又は口頭であたえることも考えられる。

板書はすべての生徒にはっきり見えるように、教師の言葉は皆にはっきり聞えるようにしなければならない。

(23) 累加記録簿などによって、長期間、学級全般と生徒個々の学習状況を含む活動全般にわたって観察を行なっているかどうか。

信頼出来る客観学力テストの score は、その生徒の能力 (capacity) 態度、意志、気質、興味、身体、環境などの総和であると見ることが出来る。そこで学力 test では、これらの score に影響を及ぼす要素を個々に測定することは出来ない。ここに学力 test の限界がある。何等かの事情で実際に興味をもつことが出来なくて、能力 (capacity) がありながら良い score を得ることが出来なかったり、また真面目であるのに良い成績の上がらなかったりする生徒がいるものである。このように score に影響をあたえる要素の調査は、知能テスト、面接法、質問紙法で行なうことが出来るか、人は自己の態度、意志、気質、興味などを真実に反映したがらぬことが多い。ここに長期間の観察累加記録による学級全般及び生徒個々についての主観的判断の必要性が生じる。この仕事は既た問題ではあるが、生徒の態度、意志、気質、興味、身体、環境などを出来る限り正確に知り、然う限りこれを改善する方途か講ぜられないと、test の結果のすぐれた診断もその効果を充分発揮することは出来ない。test の結果の診断には personality の診断を伴うことが大切である。

6. 英語教授の評価基準

英語の授業を参観してこれが全体としてよい授業であるか、よくない授業であるかを判断する事は容易な仕事ではない。凡ての観察による評価がそうであるように継続と反復とが必要である。例えば一時間の授業の内には復習的作業も含まれるであろうが、そのやり方に対しては前の時間の学習状況を考慮しなければ正しい評価は出来ない。

評価は常に目的に照らしてなされねばならぬという原理からこの問題を見れば、英語教育の目的を達成する英語の授業はよい授業であるという事になる。教育の目的は一般的にいえば *to produce desirable changes in pupils* である。英語教授の場合でいえば生徒の英語の力を上達せしめる事である。従ってこの目的を達することの出来た授業はよい授業である。そこで授業の良否を判断するには生徒の英語の力をテストすればよい事になる。現代の英語教授法の理論から見てよい授業であっても、徒らに生徒に圧力を加える、旧式の教授の仕方であっても *all's well that ends well.* という事になる。これにも一面の真理はある。併し生徒の努力は、なる程教授法は大いに関係するけれども、それだけで定まるものではない。生徒の素質、努力の程度、環境、学校の設備、図書、教具、教科書等種々の要素が働く。其上に生徒の努力向上の程度を一時間毎に測定する事が困難であるばかりでなく、教育の価値は単に教材習得の結果によってのみ測り得るものでもない。教育の過程によって自然に得られる望ましき習慣や態度のある事を思う時、英語教授の評価も授業の観察によってなされる面の大いに在る事を覚えるのである。

次によき教師はよき授業をするという前提の下に教師論の項で述べた如き教師の資質によって授業の評価を左右しようとする考え方がある。秀れた教師は多くの場合よき授業をするであろう。併しその他の教師でもよき授業をする場合もあるであろう。よき授業をする教師がよき教師であるという方が正しい。というわけはよき授業をしないよき教師はある筈がないからである。しからばどんな授業がよい授業であろうか。次のような点を観察する。

(1) 教室の雰囲気はしっくりしているか。

熟練した観察者であるならば授業中の教室に5分間居れば教師と生徒との関係がよく調整されているかどうか。教師と生徒とは協力して活動しているかどうか。生徒は教師の一言一動にも活溌な反応を示しているか。教師は生徒の *reaction* に応じて指導しているか等を感ずることが出来る。指導計画は綿密に建てられねばならぬが、生徒は必ずしも予想通りには動

かないのであるからその状況如何に應ずる弾力性が認められねばならぬ。尚この雰囲気は参観人によって攪乱される場合が多いから留意しなければならぬ。

(a) 組の discipline は保たれているか。ここで discipline というのは首修身の授業に於て要求されたような緊張した、恐怖に満ちた態度ではなく、打ちくつろいだ気持の中に、強い興味と熱心によって頭脳が活溌に活動している状態をいうのである。勿論わき見をしたり、私語したり、無関心の態度でいる生徒があるようではならない。

(b) 生徒の注意は集中しているか。注意は興味によって起り、興味は motivation によって生ずる。自発的に注意が集中しなければ眞の学習は行われない。

(c) 生徒は一人として neglect されているものはないか。
組の生徒は一人残らずそれぞれの能力に應じて進歩するよう指導することは師の責任である。おとなしい成績不振の生徒が殆ど存在を認められないで過ぎる場合がある。成績優秀なものにも不振なものにもそれぞれに適するような取扱がある筈である。

(3) 生徒は学習活動に積極的に参加しているか。
新しい教育の理念に従えば教師が知識を授け生徒がそれを受取るのではなく。生徒自ら活動して知識や技術や習慣を身につけるのである。art としての面を重んじなければならぬ英語の授業に於て尚更そうである。一時間の授業の 60% は生徒の活動により、残り 40% が教師の活動により費されねばならぬと Fries もいっている。生徒がよく質問をすること、生徒対生徒の活動のよく行われる事は生徒のよき participation の現われである。

(4) 生徒の人格は尊重されているか。
人格の尊重如何は些細な言動にも現われるものである。語学の授業にもその場面は少くない。

(5) 教師は生徒によって尊敬され、信頼されているか。
教師に対する尊敬と信頼がなければ学習活動は能率的には行われない。信頼される原因は学識ばかりではない。最も大切なものは教師の誠心と同情心とである。

(6) 授業中英語は充分用いられたか。
英語の学習は英語を用うる事によって学習すべきであるという自明の理から、生徒がなるべく多く英語を用うるように指導されねばな

うぬ: Virginia Geiger は日本の英語教授には英語を学ぶより日本語を学ぶに都合のいいような授業があると反肉をいっている。母国語は母国語を使わねばならぬ理由のある時にのみ用いられるべきである。

(6) 形式的文法の over-emphasis はないか。
文法は聞き、話し、読み、書きを容易にする為の手段であって文法学習が目的ではない事に留意極小限にとどめ、理論的よりも機能的に取扱われねばならぬ。

(8) 教室に於ける教師の位置動作は適当であるか。
教師は組の全活動を指導する立場からは全体が一目で見える位置に在る事が要求されるが時間内の活動に応じて個々の生徒に接する必要のある場合も屡々ある。常に隅の方に在ったり、絶えず歩きまわっている事は共に避けるべきである。

(9) 教師の声の大小、音調、発音、言葉づかい、速度は適当であるか。黒板其他の教具 (audio-visual aids) は有効に利用されたか。
板書の方法及びその時期はともすればなおざりにされるのであるが注意を要する。英語の教師としては簡単な絵がかけること、或程度の音楽が出来る事は大いなる assets である。

(10) 凡物知識は有効に利用されたか。
(11) 間違った事・不適当な事を教えはしなかったか。
(12) 生徒の質問は適当に処理されたか。
如何なる教師と雖も凡ての質問に即座に正しい答えが出来るものではない。よき授業であるかどうかは質問に答えられるか否かよりも教師のそれに対する態度によって定まる。真摯にして研究的態度で臨むならばたとい解答が与えられなくとも解決その方向を与える事が出来るであろう。それが多くの場合成長する生徒にとっては解決そのものよりもよりもより貴重である。
尚教師自身自らの授業のやり方や態度について常に反省して見る事は重要であると共に生徒は自分達の教師をどう見ているかという事に対しても謙虚なる態度で傾聴する事も大切である。

Purdue Rating Scale for Instructors を参考の為にあげて置く
(1) Interest in subject

(2) Sympathetic attitude toward students
(3) Fairness in grading
(4) Liberal and progressive attitude
(5) Presentation of subject matter
(6) Sense of proportion and humor
(7) Self-reliance and confidence
(8) Personal peculiarities
(9) Personal appearance
(10) Stimulating intellectual curiosity
(Remmers and Gage: Educational Measurement and Evaluation, p. 469)

C. 英語教育計画の評価基準

　各学校に於ける英語教育計画は当然其学校に於ける教育全体の立場から計画されなければならぬ。従って英語教育計画の良否はそれが全体教育の一環として如何なる役割を演じているか、どの程度の貢献をしているか、を判断すればよい。

　学校教育の目的はいうまでもなく個性の発展と共同社会の要求に応ずることである。従って英語教育も生徒の持つ個性の優良・最大の発展、即ち各生徒の学問的、職業的及び民主社会の一員としての要求に応ずる事を目的としている。

　個性の要求の種類は自然生徒の数と同じ位あるわけであってその凡てに正しく応ずる事は出来ないが、個人と雖も孤立した個人ではないのであって社会の一員としての個人のもつ個性の望ましき発展に対して充分な考慮がはらわれなければならぬ。従って同一の教育計画がいづれの場合にも最良であることはいえない。殊に環境の相異は個人の要求にも社会の要求にも大いなる特色を生ずるものであるから、甲の地区で最良と考えられるもの乙の地区に於て必ずしも最良ではない。その上に生徒の数、教師の特質も考慮しなければならぬ。法令によって定められた事項の外にも経済的・政治的理由で一朝一夕には到底改善し得られない問題もあるのであるが以下項目にわけて評価の基準の主なるものと疑答の理由とを述べることゝする。

(1)

(a) 英語科は希望する生徒は誰れでも選択されるように仕組まれているか。
(b) 語学に不適当であると認められた場合は中止する事が許されるか。前述の如く個性の発展が教育の主要なる目的である以上多大の労力と時間とを要する外国語の学習は凡ての生徒に要求されるべきものではない。併しこの事は英語の重要性を少しも害するものではない事を教師も生徒も認識する事が大切である。必修科目ならば大いにやるが選択科目は無視するというのは自ら自己の自主性を否定するものといわざるを得ない。

(2) 英語課程の目的に照らして教授時数は適当であるか。

学校教育法に依れば外国語の一週教授時間数は4〜6時間である。果してそれでよいであろうか。Henry Sweet 本1. によれば「若し学習者が自由であって或る外国語を徹底的に、なるべく短い期間に学ぶことが唯一の目的であるとするならば、その時間と労力に対し充分な学習価値を得ていると感ずる間中毎日継続しなければならぬ。しからば何時間位やればよいかという事は各学習者の特質即ち興味・熱意・動機・周囲・健康・知的能力によってきまるわけである。最初その進歩は学習指導の方法によってきまる。独乙語の基礎的知識ならば一日一時間半で半年あればよいであろうし、もっと自国語と関係の薄いものなら一年、それよりも関係の少ないものなら一年以上かかる Sanskrit や Arabic ならば三年でも充分ではない。」我もだらだらと少しづつ長くかかって勉強する所謂 dribble method のよくない事を指摘し一週四時間で一年かかる方が同じ時間を三年で行うよりよいという。どの程度に到達する事を目標とするかによって大いなる差が出来る。もし accuracy と scope とが問題でなく方言を話し、やさしいものが読める程度ならば米国人が外国語を学ぶ場合6週間もあれば出来る。母国語としての教育ある成人の域に達しようと思えば6年でも充分ではないといわれる。本2. E. Creach Kittson 本3. は一週5時間が適当である。2・3年経ったならば4時間に減じてもなお相当の進歩をするという。戦時中行われた Army Specialized Training program が専心その事に従事したとはいえ6ヶ月乃至一年で効果をあげた事に鑑み米国に於ては或程度短い期間に集中して外国語を教授することの有利である事が認められて来ているようである。勿論此際吾々は中学に於ける英語は義務教育としての中学教育の為

のものであり、単に話したり書いたりする技術のみを目標とするものでも浮く、教授時数に於ても中学校教育全般の均衡上から考慮すべきである。

(3) 組の人数は適当であるか。

組の生徒数を決定する条件はあまりに多く英語教員としては如何ともし難いものがあるのであるが英語教授の立場から判断の基礎となるものをあげれば次のようである。

Palmer は Oral Method of Teaching Languages に於て普通の question-and-answer work では一組の人数は 12人以上であるべきではない。Normal conversation では 8人以上はいけない、但し単なる receptive work には 100人でもよいという。Kittson ☆4. は Twenty is a good size. Twenty-five is the largest number of pupils that should be taught together. といいこれ以上になれば教師の健康を害することなしに目的を達することは出来ないといっている。I. Morris も 20人以下が理想的な組の大きさである事が一般に認められていると The teaching of English as a second language (P.10) に述べている。Berlitz Method では一組の人数は 6人であり、ASTP に於ても同様であった事実を知り、Oral approach を重んずる新しい教授法の立場から考えると、たとい人数の多い方が variety のある人々に接することが出来、民主社会の一員たるの訓練に好都合である事を考慮するとしても、現在我国中学校の組の人数は全く言語同断である。英語の学習時間だけでも1組を2つ又は3つに分割して行う、全部の時間出来ないとしても少くとも oral practice を行う時間だけでも分けるような時代は近き将来に望み得ないものであろうか。なお grouping については「能力別指導」の項参照。

(4) 教師の受持時間及び受持区分は適当であるか。

教師の受持時間は少ない程その準備がよく出来るという事は一応考えられるけれども教授を効果的ならしめる為及び教師がより多くの経験を得る為には適当な時間があるであろう。この際ホームルームの受持を兼ねているとか、課外活動の指導に関係しているかどうか。組管理に関する用事の多少という事も考慮しなければならないが、我国の学校、特に中学校

に於ては事務の簡素化と分業がよく行われているであろうか。

受持区分というのは所謂「縦持ち」か「横持ち」か、一人で或組の英語を全部持つか分割して二人以上の教師で持つか、「持ち上り」か毎年受持を変えるかという事である。一般的にいえば一人で組の英語の全部を受持つならば各時間に緊密なる連絡が出来、教授の重復や無駄を省く事が出来るが教師に悪い癖や弱点がある場合、その影響を強く受ける恐れがある。これに反し多くの人で教える場合互に弱点を補足し合う事が出来、生徒はより異った経験を得る長所はあるが、どんなに緊密に連絡しても一人で教えるようには行かないであろう。持上り式は生徒の生長発達を長期に亙って観察しそれに應じた教授が出来るという長所はあるが単独受持の短所を含んでいる。横持ちによれば教師としては同じ事を数回教えることになり、授業の準備に費される時間が節約されると同時に教授に熟練する機会を与える。けれどもあまりに多く回を重ねると教える方は機械的となり、生徒の状況に應ずる熱意が冷却するのが常である。縦持ちは教師に多様の教授経験を与える。教師は教材研究を通じて語学力の向上を計る機会を与えられる。特に異った教師に受持たれた同一学年の異った組を比較することによって教師のはげみとなる。以上のような理由から低学年に於ては単独受持が望ましく、上級になるにつれて分割受持の長所が利用され易い。

(5) 教育課程の構成は適当であるか。（教育課程の項参照）
(6) 教室の設備及び備品は適当であるか。
　この点については教師論の内に述べたので此處では省略するが下記の点に留意して考慮する。
　(a) 英語教育に適する雰囲気をつくるに役立っているか。
　(b) 聴視覚教材は適当であるか。
　(c) 成績其の他を展示する掲示板は用意されているか。
(7) 辞書参考書は用意されているか。

　註
　1. Henry Sweet : The Practical Study of Languages, p. 237
　2. Maxim Newmark : Twentieth Century Modern Language Teaching P.603 (M. S. Pargment の論文)
　3. E. Creach Kittson : Theory and Practice of Language Teaching p.76

4. Ditto

5. 英語科指導要録記入のための具体的評価

a. 指導要録記入について

現在の指導要録には、外国語科として、「読む」、「書く」、「聞く」、「話す」の四つの技能面の評価欄が設けられてあり、その各々について評価の結果を標語によって記入するようになっている。しかしながら、この四つの面を厳密に区別して正しく評価しようとするのには、色々な制限と困難を克服する努力と、綿密な工夫計画が必要である。従って多くの場合、加減に放置されてしまうのが実情のようである。いうまでもなく、この四つの面は英語学習上、欠くことの出来ない要素であり、しかも決して別個の立場において扱われるものでなく、一体不離の関係において授業面にとり入れられなければならない。

従ってこのうちの一つを限って評価しようとする場合にも、他の要素がまじってくることがある。こうした場合、その評価は勢い妥当を欠いた信頼度のうすいものになり勝ちであるのは已むを得ないことであるが、しかし一面、相互の調節を考え、或程度の細かな基準を設けて評価しようと努力すれば、この不自然さも補われ、或程度所期の目的が達成出来るであろう。

指導要録の記入は、いうまでもなく生徒個々の評価を系統的にとどめておくためのものであり、いわば評価の究極の目的を具現するものである。テストの結果は、単に指導要録に記入せられるだけのものであってはならない。

その結果の利用こそ、指導要録記入の意義を生み出すものである。すなわち、それによって生徒の能力差乃至努力状況がしっかり把握されることになろうし、そこに教師自身の反省も生れ、生徒の側の自己評価も生れてこようというもの。又一つには、進学、就職等の際の重要な役割を演ずることも見逃することは出来ない。テストの結果の利用は、評価の究極の目的である。

従って、評価の結果を単なる標語で受録に記入する以前に、否その予備手段として、是非とも生徒一人々々について、学習上の具体的な、そして綿密な評価が行われ、その記録がつくられていなければならない。抑もそれが四つの技能の面において夫々行われなければならないとすれば、前述の理由によって、評価の面だけでも非常な手数を覚悟しなくて

はならないであろう。
8. 評価の具体的観点
 (1) 理解しながら読む能力
  (a) 書かれたものが正しく読めるか
   一口に「読む」といっても、それは単に声を出して字ずらを読むのに終るのではない。「理解しながら読む」ということは、音声、語法、内容などに夫々理解を伴ってはじめてなし得るもので、従ってその評価も先ず正しい音読（特に初学年において重要なのだが）から始められるべきである。それには accent, stress intonation, liaison 等の正しい習得が肝要である。
  (b) 内容をとらえているか
   これは「読み方」の評価の中心を占めるものであろう。勿論正しい発音がその前提にはなるが、正しい抑揚、蜜揚、区切りといったものも、内容の理解をためす基準となる。その他傾向による形式、題意の選定等、この種の問題は色々な角度から造られ得よう。
  (c) 読みぶりはどうか
   この観点にたてば、速度の面が考えられるが、(a)における基本事項も大きな関連を持つことは、いうまでもない。
  (d) 文の組立てを理解しているか
   これは、次の項と大きな関連を持つものであるが、基礎的文法事項を一応頭に入れているかどうかは、文の内容を正しくつかめるかどうかということに、必然的な関係を持つということが出来よう。
 (2) 書くことにより自己を表現する技能
  (a) 正しく写せるか
   最も初歩の段階は alphabet の模写に始まる技能である。正しく写せることが習く第一歩である。
  (b) 話されたものが書けるか
   これには自己の意志は作用していないが、模写より稍進んだものである。
  (c) 知っていることが書けるか
   次に考えられることは、ある思想なり感情なりを表現し得るかということになろう。これには自由作文的なものと、和文英訳的なものとが考えられるが、何れにしても、何れにせよ、評価の基準をどこに置くかによって、自ら段階が生れてこよう。

(d) 他の表現を使い得るか
　　主として、文法事項のテストがこれに含まれてくる。
　(e) 美しく書けるか
　　特に初学年において強調さるべきものであろう。
(3) 話された言葉を理解する技能
　(a) どの程度わかるか
　　話された言葉が正しく十分に理解しているかを見るには、先ず話
　　された言葉がどのくらい分っているかを試すことが必要であろう。
　　この理解の深さという観点において、幾つかの基準が考えられる。
　(b) 何度くり返して話をしたら分るか
　　話された言葉が理解される際、それに速さが必然的に考えられる。
　　話された言葉がすぐ分って瞬間的に頭の中に反応が起ることが望ま
　　しい。
　(c) ヒントを与えたらわかるか
　　何回か話された言葉も、さらにあるヒントを与えて理解の度を早め
　　ることが出来る。この観点に基いて、いくつかの基準が考えられる。
(4) 話す技能
　(a) まねができるか
　　相手に対して正しく話が出来、相手のいうことに正しく返事が出来
　　るようになるためには、先ずその第一歩として、「口まねが正しく
　　できるかどうか」ということが問題になろう。もっともこの「口ま
　　ね」は、初歩の段階においては、「読む」ことにおける発音の仕方
　　と不可分の関係におかれる。
　(b) 話しかけられた時の答がはつきりできるか
　　教室内における質問の際、この評価が可能である。これは「聞く」
　　ことと不可分の関係にあるが、特に「話す技能」では、英語で正し
　　い答が出来なければこの面の充分な技能を有するとの評価はなされ
　　ない。
　(c) 云いたいことがいえるか
　　この場合、評価の必要條件として、正しく表現出来るかということ
　　と、"thinking in English" の習慣がついているかど
　　うかということがあげられる。
　(d) 階節が出来るか
　　これは「読む」ことにも関係をもつが、話す技能の根底に横わるも

のの一つとして、正しい文を、正しい口調で表現することがあげられよう。

　以上のべてきたことは、四つの技能面における評価の際、一応考えられる観点の具体例であるが、前述のように、この四技能を夫々厳密に区分して評価することは、頗る困難であると共に、もともと無理なことのように思われるが、先に為一応の観点は、上述した以外にも色々立てられよう。しかし実際に行われるテストは、種々な制限をうけて、この四つの面のうち、二つ乃至三つの綜合によるものが大部を占めるであろうことは想像に難くない。その場合でも、どこに重点をおくかによって、四技能それぞれの評価もある程度可能となろう。特に英問英答、書取りなどは、綜合的な力をつける上に大いに役立つのであるから、徒らに評価のための評価におちいらないよう、大いに活用することが必要である。

　次に上の述べた観点にたって、それぞれの基準を示した具体例を示す。これはあくまで参考であり、種々の条件により、内容を異にするには勿論である。

C. 評価基準の具体例（抜すい）

　第一学年の場合
　　◎　理解しながら読む能力

　　　　　　基　　　準　　　　　　　　参　考　例

(a) I. 文字が正しく読めるか
　　　○ alphabet が正しく読めるか
　　　○ 文字のあらわす音が正しく　　○ 例えば now と know ow のあ
　　　　云えるか　　　　　　　　　　　らわす音は〔au〕〔ou〕がある
　　　○ 発音記号が読めるか

　2. 単語が正しく読めるか
　　　○ 一音節の語が正しく読める　　○ 例えば desk〔desk〕が〔desuku〕
　　　　か　　　　　　　　　　　　　　にならないように。
　　　○ 二音節以上の語はどうか　　　○ アクセントに注意
　　　○ 示された語がはやく読める　　○ フラッシュ・カードの利用
　　　　か

　3. 文が正しく読めるか
　　　○ 短文が正しく読めるか

基　　準	参　考　例
○やや長い文はどうか ○文の区切りは正しいか ○抑揚、強弱が正しく行われているか	○ Is this a ↗door? ↘Yes, it ↘is. 　Is that a door, too? 　↘No, it is ↘not. 　What↘ is it, then? 　It is a ↘window
○示された文が早く読めるか (B) 1、読んだ単語の意味が直ぐ云えるか 　2、短文をよんで、その意味がとれるか 　3、長文をよんでその大意がとれるか 　4、文の内容に関する色々の質問に答えられるか	○(B)については、英語(又は日本語)で問を出す。答はすべて日本語で書きあらわさせる。文意はつかめても、英語で書く能力に欠けている場合があるからである。
5、示された文を見て、その通りの行動が出来るか	○"Go to the door"と書いてあるものを見て戸のところへ行かせる
(C) 1、文を見てすぐ読めるか 　2、読む速さはどうか	○定説なし、人によっては 　"5 syllables a second"の説がある
3、意味をとりながら読んでいるか	○棒読みに注意する

③　書くことによって自己を表現する技能

(a) 1、alphabetが正しく書けるか 　○見て正しく写せるか 　○筆順を正しく写せるか 　○見ないで書けるか 　○速さはどうか	○大小文字の混同に注意すること ○一分間廿字以上の速さで写す

学 年	参 考 例
2. 簡単な単語や文を正しく写せるか	
(B) 1. 話された単語が書けるか	○テスト例
○綴字をいってやってそれが書けるか	次の欠けた文字を補え
○綴字の欠けているのを補えるか	d――k (机)　b――d (鳥)
○発音された単語が書けるか	○単語を発音しただけで書かせる場合
○発音記号を正しい綴字で書けるか	
2. 話された短文が書けるか	
○正しく書けるか	○大文字で書くべき所などに注意
○二度話すうちに書けるか	
○句毎に区切っていわれたものが書けるか	○There is a pen / on the desk.
(C) 1. 単語をならべかえて意味が通じるようにし得るか	○テスト例 次の語をならべかえて文にしなさい　is ship a this big
2. 簡単な日本語の語、句、文を英語で書けるか	○②については12語以内の文
3. 簡単な文を用いて自己を表現し得るか	
○教室内のものについて書けるか	○There is a blackboard in this room. There is a desk in front of it ‥‥ 程度のもの
○絵画の説明を書けるか	
○自己の日常生活について簡単に書けるか	○例「時間はどういって尋ねるか」 例 What time is it by your watch? など
(d) 1. 日本語の問に対し、英語で答えられるか	
2. 他の形式に変形し得るか	
○疑問文に	○She is a girl → Is she a girl?

基　　準	参　　考　　例
○否定文に	○ This is a pen → This is not a pen
○単数形を複数形に、又はその逆	○ He is a boy ↔ They are boys.
○主語の書きかえ	○ He is Tom → I am Tom.
○特定の語をふせて疑問文に	○ He is Jack → Who is he?
○現在進行形に	○ A bird sings → A bird is singing.
○現在を過去に、又はその逆	○ She is a baby ↔ She was a baby.
(2) 1. alphabet の一字一字が美しく書けるか	○ペン習字は、一年のうちに主として指導するのが望ましい。
2. 字の連結が美しくできるか	
3. 始から終まで裏らないようにかけるか	
4. 全体から見て美しく書いているか	

◎ 話された言葉を理解する技能

基　　準	参　　考　　例
(a) 1. 話された単語がどの程度分るか	○一年生としての基準単語数は 300 ～ 500 語
○物をあらわす言葉かどうかが分るか	○日本語でいわせたり書かせたりするテストの例には、
○その単語が何をあらわしているかが不十分ながら云えるか	1. 口で話した単語の意味を日本語で書かせる
○その単語の意味を示す訳語、動作、絵を多くの中から選び出せるか	2. その単語の意味を含んだいくつかの日本語訳のうちから、正しいものを拾い出させる
○その単語の意味を日本語訳か、動作か、図で正しく示すことが出来るか	3. 話した単語の日本語訳を与えてそれが正しいか、どうかを尋ねる

基　　準	参　考　例
2. 話された短文がどの程度理解できるか ○返事が必要かどうかが分るか ○命令されているかどうかが分るか ○誰(何)がどうしたか分るか ○全文を日本語に訳せるか ○話された質問に答えられるか ○命令に動作で答えられるか	○テストする場合には、短文を読んで、所要の事項について、日本語で答えさすなり、○×を用いたり、選択させたりすればよい
3. 一つづきの話が分るか ○主題が何か云えるか ○大意が云えるか ○細部まで分るか ○話の長短により理解の度が違うか	○テスト例 「次の話を聞いて題をつけてごらんなさい」 My house is on the hill. It has a red roof. I was born there. I live with my parents in it.
(B) 1. 同じことを何度くりかえしたら分るか 2. 何度もくりかえすうちに理解の度が深まるか	○すべてのテストに一度聞いただけで答えられれば優秀、三度なら普通、五度以内に答えられることが望ましい
(C) 1. 単語の綴字を云うと分るか 2. 同じ意味の語を教えると分るか 3. 反対の意味の語をつかって云いかえたら分るか 4. 出来るだけ身振りをつけて話したら分るか	○large で分らぬ所は big を用いる ○例えば He is a tall man. を He is not a small man のように

⑥ 話す技能

基　　準	参　考　例
(A) 1. 正しく音が出せるか ○母音の発音ができるか ○子音はどうか 2. 正しく単語の発音ができるか	○子音は、日本語では単独に用いないので、特に子音の発音に母音の入らぬよう注意することが必要である

基　　準	参　考　例
3. 正しく文がまねて云えるか	○特に注意すべき子音
(B) 1. yes, no がはっきり云えるか	[f]と[v]　[l]と[r]　[t]と[θ]
2. 問に対して答えの種類が区別できるか	[ʃ]と[tʃ]　[ʒ]と[dʒ]　[θ]と[ð]
3. すぐ答えられるか	[θ]と[t]
○いつまでも答えられないか	
○答えるのに少し暇がかるか	
○すぐ答えられるか	
(C) 1. 単語が云えるか	
2. 一つのまとまった考えが発表出来るか	○机の上の本をさして
	There is a book on the desk
	○相手に対して
	Are you a pupil?
	Open the window など
(D) 1. 正しく発音しているか	
2. 抑揚、強弱区切り等はどうか	
3. すらすら云えるか	

第二. 三学年の場合
（二、三年の場合も、一年の場合の基準がその基本となるのであるが、ここでは、紙面の都合上、特に一年と違った場合だけをあげることにする。
※印は三年として特にあげられるもの）
◎理解しながら読む能力

基　　準	参　考　例
(A) 1. 文字が正しく読めるか	○テスト例
○文字のあらわす音を正しく理解しているか	次の各語を夫々の母音のグループに分けなさい

基　　　　準	参　考　例
2. 単語が正しく読めるか 　○発音記号がよめるか (B) 1. 同意語・反意語がある程度 　　云えるか 　2. 短文の大意がとれるか ※ 3. 長文の大意がとれるか 　4. 内容に関して色々な質問に 　　答えられるか 　　○英文の問に日本語で答え 　　　る 　　○日本語の問に日本語で答 　　　える 　　○内容に関する正しいもの 　　　の選択 　　○主語を入れさせる 　※○clause を結合させる 　　○文句をならびかえる 　　○空所をうめる 　※○順序不同にならべてある 　　　文をならびかえて、まと 　　　まった物語りにさせる 　　○語のならびかえ 　　○文の表題をつけさせる (C) 一年の場合に同じ	cat hors cow know girl now cold paw bird map [ɔ] [ou] [ɔː] [aː] [au] ○記号で読み方を三通り以上出して 　正しいものをえらばせる ○テスト例 　次の上下の文を結びなさい 1. In Japan there are many 　fishermen, because... 2. Boys and girls like 　summer, because... 3. I cannot buy this book, 　because... 　a) I have no money. 　b) Fishing is a good 　　business. 　c) They have a long holi- 　　day.

◎　書くことにより自己を表現する技能

基　　　　準	参　考　例
(A) 1. 簡単な単語や文が正しく写	○一分間五十字（六十字）以上の

基　準	参　考　例
せるか ○一節一頁位の文を正しく写せるか ○一定の時間中に定められた文を正しく写せるか (b) 1. 話された単語が書けるか 　2. 話された短文が書けるか (c) 1. 単語をならべて意味の通ずるようにし得るか 　○教科書内にある既習の文の語の配列をかえて、それを元通りの文にし得るか 　○応用問題を出して、意味の通ずる文に書き直せるか 　2. 次のようなものを含む文が書けるか 　　○be動詞 　　○進行形（現在、過去） 　　○助動詞（may, can, must, shall, will など） 　　○動詞の過去形 　　○代名詞、形容詞、副詞 　　○前置詞、接続詞 　※○完了形、受身、不定詞 　3. 簡単な文を用いて自己を表現し得るか 　　○学校における生活について	速さで写せるか、最も早く写す生徒は約九十字（百字）を一分間に写すことが出来る。 ○他人の書いた文を訂正させることは有益である。 ○句読点を云わずに書かせる練習も大切である。 ○二（三）年生の基準英文の長さとして十六語（二十語）以内ということが示されている。 ○応用問題として組立てさせる場合には、容易な文の時は、日本語で意味をつけないでもよいが、二様に組立てられるような場合とか、またはむずかしいと思われる文には、日本語で意味を示しておいてやることが望ましい。

基　準	参　考　例
○簡単な絵などを見て、それについて書けるか ○自己の日常生活について書けるか ○簡単な日記が書けるか ○簡単な手紙が書けるか (2) イ．他の形式に変形し得るか 　○能動態の文を受動態に、及びその逆 　○完了形に変形し得るか 　○感嘆文に変形し得るか 　2．同意語、反意語を示し得るか	 ○ She loved me ←→ I was loved by her. ○ I read the book → I have read the book. ○ He is very tall → How tall he is! ○テスト例 　左の語と右の語と反意語のときは○をつけ、そうでないものには×をつけよ 　white ―― ○ black 　spring ―― × summer
3．句又は文を他の英語に言いかえ得るか	○例えば 　all of a sudden = suddenly

㊂ 話された言葉を理解する技能

基　準	参　考　例
(2) イ．話された単語がどの程度分るか ※　○品詞の区別が出来るか ※　○同意語や反意語がいえるか 　○類語が言えるか 　○用例をあげて説明出来るか	○二(三)年生の記憶すべき基本単語数は大体 1000 (1500) 語である。 ○「今から話す言葉を用いて文をつくりなさい」

基　　準	参　考　例
〇音を正しくきくことが出来るか	
2. 話された短文がどの程度理解できるか	〇混同し易い語 grass, glass など云って区別させる。
※ 〇文の種類の区別が出来るか	
※ 〇主語動詞が何か説明出来るか	
3. 一つづきの話がどのくらい分るか	
〇話をきいて自分の意見感想が云えるか	〇答は勿論日本語で書かせる
〇話の長短によって理解の度がちがうか	
(B) は一年に同じ	
(C) ハ. やさしくいいかえたり補足してやったりしたら分るか	〇[例] He speaks English as if he were an American = He is not an American. But he speaks English quite well. He speaks it like an American.

⑨　話す技能

基　　準	参　考　例
(a)(B) 共に一年に準ずる	
(C) ハ. 日常簡易な会話ができるか	〇[例] 1. 道をきく
	2. 天候の挨拶
2. 一つのまとまったことが云えるか	3. 許可、依頼等
	4. 謝罪
	5. 人を紹介する
	6. 相手の姓名を尋ねる など

基　　　　準	参　考　例
(d)　一年の場合に同じ	

d、特殊編成による場合の評価

　特殊編成による学級とは、文字通り特別な事情の下に組分けされた学級である。この分け方は色々な観点に立って行うことが出来よう。がこれを大きくわけて考えると、一つは生徒の能力を度外視した個人的な希望、乃至は学校の事情によるものと、他は現在持って居る生徒の能力を基準にして行われるいわゆる能力差に応ずる分け方である。これ等の分け方の細部については別の部門に譲るとして、ここでは、こうして分けられた特別編成の場合の評価を如何にしたらよいかということを考えて見る必要がある。凡そこうした学級編成は、夫々ある意図を持って造られたものである以上、評価の大きな観点もその目的に合致するようにたてられなければならない。問題は、その学級乃至は学年の指導目的、指導計画、教材内容、それ等に応ずるテストの問題などが、如何に巧に配合され按配されているかによって、学習効果が定まるので、従ってその評価もまずこうした面に向けられる必要があろう。生徒個々の評価に関しては、特に診断テストを行い、遙かに生徒の自己評価を促し、その学力の不足を出来る限り効果的に行って行くようにしなければならない。

　要するに特別編成によった場合の評価は、その目的に応じて色々まちまちのものになることは、一応已むを得ないことではあるが、その処理方式については一考を要しよう。このため比較的妥当と思われるのは、一応固定学級を置いて、その上、事情によって特別級を造るなり、課外指導によるなりして、生徒の個性をのばすことである。その場合の後者の評価はあくまで、個々の生徒の指導のためだけのものであるようにしたい。

Bibliography

1. N.L Bossing : Progressive methods of teaching in secondary school, Houghton Mifflin Company, Boston, 1942
2. H.A Greene ; A.N Jorgensen, and J.R Gerberich, Measurement and Evaluation in the Secondary School, Longmans. Green and Company, New York. 1943,
3. H.H Remmers and N.L Gage : Educational Measurement and Evaluation, Harper. & Brothers, New York, 1943.
4. R.W Tyler ; Basic principles of Curriculum and instruction, the University of Chicago press, Chicago, Illinois, 1950
5. Virginia Gaiger ; New Techniques for teaching English, 宮城県教育庁
6. J.P Leonard and A.C Eurich ; An Evaluation of Modern Education.

Ⅴ 英語教育の諸問題

1 選 択

(1) 英語科が選択教科となった沿革と意義

a 戦前の英語科と戦後の英語科のカリキュラム内の位置

(a) 戦前の英語科　明治5年（1872）学制頒布以来、我国の学校教育に於て外国語教育は如何なる変遷を辿ったか。欧化主義盛んな時代に於いては英語が重視され、国粋主義が勃興すれば独・仏語などが与えられ、英・独・仏三国語の盛衰がはっきりあらわれている。英語の全盛期は明治5年、全18年（1885）、全34年～38年（1904）頃であり、その後には英語教育に対して種々の批判も起った。今本書に直接関係ある旧制の小・中・高女の各校の外国語教育に関してその変遷を摘録すれば大略以下の如きものである。

(イ) 小 学 校

明治5年（1872）の学制によれば下等小学校の教科目は18科で「形状ニ因ッテ学科ヲ拡展スルタメニ左ノ四科ヲ斟酌シテ教フルコトヲ得」との規定があってその中に「外国語ノ一、二」が示されている。

明治12年（1879）「小学校教則綱要」中には外国語の科目を除去された。

明治17年（1884）　条約改正を予定し、英語の復興が見られた。小学校に「英語の初歩」を土地の情況により設置し得ることとなった。

明治19年（1886）小学校令公布。小学校を尋常・高等の両科に分け、高等科に土地の情況により英語を加え得ることとなった。（毎週3時間）

明治23年（1890）　教育勅語下賜。

明治26年（1893）　国家主義唱導せられる。山崎元吉「外国語教授法改正案を著し、小学校の英語教育改善を説く。

明治33年（1900）　高等小学校　修業年限四ヵ年の高等小学校にして英語を課し得ることとなった。（2時－4時）

明治40年（1907）　小学校令改正。義務教育6箇年、高等小学校は3ヵ年まで延長し得ることになった。

大正8年（1919）　小学校令改正。同施行規則改正。高等女学校教科課程を取捨選択の範囲拡大く従来の手工・農業・商業の他に更に外国語その他を教科目に加え得ることを得た。）

外国語を必須科目とする小学校の数

大正6年（1917）	279		大正10年（1921）	744
〃 7年（1918）	237		〃 11年（1922）	991
〃 8年（1919）	555		〃 12年（1923）	1,032
〃 9年（1920）	625		〃 13年（1924）	1,148

(ロ) 中　学　校

明治5年中学校を分ちて上等中学・下等中学校とす。

下等中学の教科目は20科として外国語学が含まれていた。

上等中学の教科目も20科（但し科目は若干相異す）で外国語学あり。

この年10月「外国人教師ニテ教授スル中学規則」を定め、英独仏の一を以て中学の課程を履修することを得しめた。語学予習のため一年の予科をおいた。

明治14年（1881）　中学校教則大綱を定め外国語の教授時数を毎週6-6-6-6-5とした。

明治19年（1886）　中学校令公布。尋常中学校と高等中学校に分つ。

　　尋常中学校　第一外国語（通常英語）6-6-7-5-5

　　　　　　　　　　　　　　　　（修業年限5年）

　　　　　　　第二外国語（独語又は佛語）4-3

　　　　　　　　　　　　（当分これを欠くことが出来る）

　　高等中学校　第一外国語（英語）4-4-4　（修業年限3ヵ年）

　　　　　　　　第二外国語（独語又は仏語）5-5-5

明治26年（1893）　外国語奨励の方針を改めて国語専重主義唱えらる。

明治27年（1894）　尋常中学校の学科目及び其の他を改正す。第二外国語を削る。第一外国語は幾分教授時数増加す。6-7-7-7-7.

明治34年（1901）　中学校施行規則改正。「中学校学科目中外国語ニ英語・独語又ハ仏語トス」に改む。

明治35年（1900）　中学校教授要目を定めその教授上の注意十項目を加う。

　　五．訳文ハ正シキ国語ヲ以テ成ルベク精密ニ原文ノ意義ニ適応セシム」

明治44年（1911）　中学校令施行規則改正。中学校教授要目改正。英語の分科を発音・綴字・読方及訳解、話方及作文、書取、習字、文法とし教授上の注意7項目を加えた。中学校外国語毎週教授時数　1年 2年 3年 4年 5年　6-7-7-7-7

大正8年（1919）　中学校令及同施行規則改正。

　　中学校　外国語科（英・仏又は独）6-7-7-5-5

（毎週2時間以内で増加することが出来る）

　予科については「小学校令，同施行規則準用　外国語毎週　3時

　　昭和6年（1931）　中学校令施行規則一部改正　中学校に第一種（実業）第二種（上級学校進入）に分れる。学科目の内容変更，従来の外国語（英・仏・独）に新たに支那語を加えた。　外国語　5-5-5　2-5 4-7
　　　　　　　　　　　　　　　　　　　　　　　　　　　　　　　　　2-5 4-7
　　　　　　　　　　　　　　　　　　　　　　　　　　　　基本課　　増科科目

　　昭和18年（1943）　中学校令，高等女学校令，実業学校令を廃し新に中等学校令を公布。中学校規程・高等女学校規程，商業学校規程，工業学校規定，農業学校規程，水産学校規程改正。中学校其の他の五年制度学校は修業年限4年となった。

　　中学校の英語教授時数　4-4-4-4（男子）3-3-2-2（女子）

　（ハ）高等女学校

　　明治5年（1872）　文部省が大学南校構内に東京女学校を設置。米国婦人を雇用して英語を授く。修業年限6ヵ年。

　　明治8年（1875）　小学校卒業以上の者を入学せしめ教科目中に英学をおいた。

　　明治10年（1877）　廃止。

　　明治16年（1883）　東京女子師範附属として設置。英語科削除。同19年（1886）文部省総務局直轄として英語科を加えて東京高等女学校と改称。（8-8-9-9）

　　明治28年（1895）　「高等女学校規程」公布。修業年限6ヵ年。学科目中に外国語を加え，音楽図画と共に之を欠くことを得しめた。又生徒の志望により之を課せざることを得るものとした。（3-3-3-3-4-4）。

　　明治32年（1899）　「高等女学校令公布」　学科及びその程度，修業年限は4年に之を短縮し得るものとした。外国語（英語又は仏語）は之を欠き又は生徒の志望により課さざることを得。3-3-3-3（-3）　修業3年のものは外国語を欠く。

　　明治36年（1903）　高等女学校教授要目制定。中学校教授要目と大差なし。

　　明治43年（1910）　高等女学校令改正。同令施行規則を改正。実科高等女学校又は高等女学校実科をおくことを得しめた。修業年限4年（尋小卒）3年（高一修），2年（高二修）。何れも外国語を欠く。

　　明治44年（1911）　「高等女学校教授要目」制定。外国語に関しては中学校と大差なし。

作文一自由作文を除き
文法一他の分科教授の際便宜簡易に専ら之を知らしめる。
　　注意　綴字を教ぐる際便宜ローマ字綴をも教ぐ。

　大正9年（1920）　高等女学校令改正。修業年限を5年、4年又は3年とす。外国語（英語又は佛語）は毎週3時（3－3－3－3（－3））。同時に高等女学校高等科をおいて一層精深な程度に於て教科を受け、又その一科目又は数科目を研究するもののため専攻科をおいた。

　昭和7年（1932）　高等女学校施行規則改正。随意科目中より法制及経済を削り公民科を加えた。高等女学校実科及び実科高等女学校には外国語は加えないか昭和8年度の調査によれば実科高女（170校）、高女実科（15校）の内外国語を課しているもの正科として36校、随意科として又は選択科目として30校に及んだ。

　昭和18年（1943）　高等女学校令其の他廃止。「中等学校令」「高等女学校規程」制定。外国語は第一、第二学年に正課、第三学年以後随意科とした。3－3（－2－2）。修業年限は4年とした。

　（三）師範学校
　明治5年（1872）　東京湯島旧昌平黌内に設置。
　明治7年（1874）　近に大阪宮城愛知広島長崎新潟に官立師範をおいた。同年東京に女子師範学校をおいた。（教科目に英語を加へている所もあった）
　明治10年－11年（1878）　地方の官立師範学校廃止。
　明治19年（1886）　師範学校令公布。尋常師範学校（修業年限4年）と高等師範学校（修業年限3年）に分け、前者は各府県及び北海道に1校、後者は東京に1校之をおいた。尋常師範の英語科は5－4－3－3とし、女子は欠くことを得た。
　明治22年（1889）　英語は2－3－3－3とし随意科とした。
　明治30年（1897）　師範教育令公布。学科目の程度は明治25年の省令によった。
　明治40年（1907）　英語科は随意科とし3－3－3－2とした。
　大正14年（1925）　学校令改正。修業年限を本科第一部5年第二部2年とした。英語科は男子は必修として5－3－3－3－3とし、女子は（3－3－3－2－2）として随意科とした。又第二部には外国語はなかった。
　昭和6年（1931）　英語科は男女共必修とし男子は4－4－4、女子は3－2－2とし、第四学年以上は増課科目として男女共2－4、2－4の時間を課することを得しめた。

昭和18年（1943）　師範学校を官立に移管、師範学校規程を定めた。これによれば改正師範学校は専門学校程度とし予科3年本科3年より成っていた。英語科は男子は必修、女子は本科第三学年には欠くことを得た。

```
男子部    4－4－4    3－3－3
女子部    3－3－3    3－2－(2)
          予　科      本　科
```

昭和24年（1949）　新教育制度実施により大学に統合。

(ホ)　実業学校

明治5年（1872）　学制中に農学校・商業学校・工業学校の規定があったが学科目その他については何等規定されていなかった。

明治32年（1899）　実業学校令公布。中等実業学校中農学校にあっては外国語を学科目に加えたものは稀であった。工業学校では随意科としているところが若干に見られ、商業学校は殆どこれを課していた。（大体週に7時－10時）。

同年　農・工・商・商船・水産各学校規程を制定。農・商・商船各学校には甲種と乙種とに分け、甲種に於ては英語は正課又は加設科目とし、乙種はこれを欠いた。

昭和18年（1943）　実業学校令廃止、中等学校令公布。修業年限（国民学校初等科卒業を入学資格とするもの）は四年と改められた。教科目中に（外国語）が課せられているが時間数は各種学校によって差があった。

以上略述したところにより明治以来我が国学校カリキュラムに於ける外国語の地位は実質的価値よりも教養的価値を重視され、欧米文化の理解及び吸収の基礎として中学校其の他の諸学校に於て国語漢文・数学・地理歴史等と並んで重要な地位を占めていたことが分る。即ち

1. 小学校に於ては高等科に於て必要に応じ加設することが出来、
2. 中学校に於ては常に必修且つ時間数も他校に比し多く、
3. 高等女学校に於ては最初は随意又は加設科目たることが多かったが昭和に入りては必修となり、（但し実科高女では随意加設）
4. 師範学校に於ては男子ははじめ随意後に必修、女子はこれを欠いた期間が長かったが昭和に入りて必修となり、
5. 実業学校に於ては大部分の学校が加設又は必修となっていた。

普通教育に於て、殊に事実上男女差等ある教育が行われていた終戦迄の我が国の教育に於て、男子に対しては殆ど各学校に於て必修又は加設とし教科目中重要な地位を占めていたのに反し、女子に対しては単に一通りの学習に終る

場合が多く不徹底なものであった。殊に第二次大戦中は男子は時間を削減され、女子は殆ど全廃に近い状態に陥るのやむなきに至った。
　(6) 戦後の英語科教育
　　昭和22年（1947）新学制（所謂6-3-3-4制）の実施に伴い中学校の課程は3ヵ年となり義務制と定められた。新「学校教育法」以下一連の教育関係法規に依れば中学校の科目は必修と選択とに分れ国民教養、善良有用なる市民たるに必須なものは必修とし、特殊の才能技術を要し又は職業上の必要、個人の関心、希望等に関するものは選択教科として存置され外国語もその中に入ることになった。毎週教授時数は週4時間を標準とし多少の増減は認められることになっている。蓋し外国語は凡ての中学校生徒に一様に必要であるわけでなく、本人の志望、関心、職業上の必要、土地の情況により自由且つ適当に選択学習せしむることが合理的であると考えられた結果であろう。即ち戦前に比し実用的価値を一層重視されたものと見做すことも出来る。茲に於て明治以来の外国語の学科カリキュラム上に占める地位は旧制度に比し全く一変したと云うことが出来よう。

b. 米国に於ける外国語のカリキュラム内に於ける位置
　(a) アメリカの *High School* に於ける外国語の選択履修は第19世紀の最後の4半世紀に聞くあらわれた。それまでは生徒は皆同一カリキュラムに従った。1893年に *The Committee of Ten* （十人委員会）は次の四つのカリキュラムを提示した。
　　1. 外国語を1種乃至3種必修する。
　　2. 四年間の *Latin* を含む古典カリキュラム。
　　3. 三年間の *Greek* を含む古典カリキュラム。
　　4. 二年間の *French* 又は *German* の現代外国語。
　これにより外国語の選択履修が次第に盛んになった。統計の示すところに依れば、(イ) 公立の *Junior High School* で現代外国語を課しているもの
　　　　　　　　　　　　　　　　　　　　　　　　　　　20%
　　　　　　　　　　　　　　　　Latin を課しているもの　20.6%
　　　　　　　　　　　　　　　　French を課しているもの　11.2%
　　　　　　　　　　　　　　　　Spanish を課しているもの　9%
　　　　　　　　　　　　　　　　German を課しているもの　1%
　　　(ロ) 私立の *Junior High School* で *French* を課しているもの 71%
　　　　　　　　　　　　　　　　Spanish を課しているもの　40%

Germanを課しているもの 16%
Latinを課しているもの 97%

百分比率が多くなったのは一校で2以上の外国語を課しているところがある為である。——Modern Foreign Language Study 1928

四年制度のSenior High Schoolでは　外国語履習者　28%
　　　　　Junior High Schoolでは、　　〃　　　約10%

その他の学校も大体同様である。

(b) 学習時間数

州により一定せず大きな差がある。

Frenchを1ヵ年だけ履修させている学校は比較的少数（全体の22%）

他は2ヵ年又はそれ以上である。アメリカでは外国語学習の期間は殆ど2ヵ年である。

(c) 学習開始学年　第7学年（Junior High Schoolの一年）からが普通であるが、それ以前から開始しているところもある。

第7,8学年　　French, Latin（中部大西洋岸及びNew England地方）
第7学年　　　Latin　南部諸州及びCalifornia州。

Junior High SchoolでLatinと現代ドイツ語を教えているところは殆どない。

一般的には外国語を学ぶ学生の大部分は第9－第10学年（Junior H.S.の3年又はSenior H.S. 1年）であり、Frenchは第10学年（Senior H.S. 2年）が多い。

(d) 教育目標

米国民の実質主義、経験主義から出発して高い理想に走らず、抽象的な大きな目標を掲げず、学問的価値より生活価値、現実的効果を狙った。C.A. WheelerのModern Foreign Language Studyの調査によれば、第一学年で外国語を学んだ生徒の数の57%は第一学年の終りで放棄、全体の83%は第二学年修了と同時に学習を終る。この見地から米国の外国語を学習する大部分は1－2年間にその学習を終り3－4年の学習をするものは比較的少数であることが判明した。

米国の外国語学習者　（Douglas: Foreign Language in the Curriculum）

　　　　　ラティン　　現代外国語
1900年　　 50%　　　　30%以上
　↓　　　　 ↓
1940年　　 10%　　　　20%以下

米国の外国語教育の従来の目標は次の如きものであった。（1898年12

人委員会報告書）
　①　外国語を話すこと。②　外国語を書くこと。③　外国語を理解すること。④　外国語を読むこと。

　この目標によって教育を受けたものは一般に読む力と書く力が充分でなかったと云われている。その後更に明確な内容をもった新目標を決定することとなり調査研究を重ねた末次の如き二つの場合に分けて考えた。即ち、

短期学習の場合（1-2年）
　㈠　その外国語で書かれた新聞や雑誌が読めること。
　㈡　必要な文法事項を知ること。
　㈢　教室で学習した材料の範囲で正しく発音し話せるようになること。
　㈣　その外国語の話されている国の歴史・制度・生活等について知ること。
　㈤　その外国語と英語（米語）との関係について学ぶこと。

長期学習の場合（3-4年）
　㈠　黙読による外国語の理解の速度と範囲の拡張。
　㈡　その外国語の話し方や書き方が一層自由になること。
　㈢　㈡の場合の用語や慣用句を一層自由に話せたり書けたりすること。
　㈣　その外国語が話される国の歴史・習慣・風物などについて一層明確な知識をもつこと。

(e) カリキュラムの改訂

　以上の目標の達成度を知るため achievement test と prognosis test が行われた結果、目標は相当に達成されていることが分った。なお次のような結果があらわれた。
　㈠　外国語を学習し始める時期は必ずしも年少時代を絶対に必要とはしない。
　㈡　学習期間は2ヵ年で充分である。
　㈢　読み方を最も重視すべきこと。
等である。かくて教科課程の改訂に着手された。

　第一学年及び第二学年の作業としては、簡単な構文を読む能力の養成として語いの数を2000-3000とする。
　㈠　語いは基本的の意味の他慣用的な結合体とする。
　㈡　口頭による語句の使用は教室内での経験の範囲内で行う。
　㈢　書き表わす能力は生徒の active vocabulary についての改要求し得る。

Literature cited
〔選択 a.(1)(2). d. 同質学級〕
(a)

Douglas: Organization and Administration of Secondary Schools.
Douglas: High School Curriculum
Wandschin: Modern Language Teaching
Cole & Tharp: Modern Foreign Languages & Their Teaching.
C.C. Fries: Teaching & Learning English as a Foreign Language.

文部省 : 中学校学習指導要領 外国語科英語篇 （昭和22年度版／昭和26年度版）
桜井役 : 日本英語教育史潮　盛文
片岡基太郎 : アメリカに於ける外国語教育の実際
研究社 : 新英語教育講座第一巻
東京教育大学教育学研究室 : 外国語教育
齊藤美洲 : 英語教育概説
松川周太郎 : 英語教育の諸問題
池永勝雅 : 英語科カリキュラムと能力別指導
研究社 : 英語教育　第1巻第2－第9号
　〃　 : 英語青年

C　現行カリキュラムにおいて英語科が選択制となった理由

1) 原理的理由　　学習指導要領一般篇に述べてあるように、教育の目標を決定する原理は、生徒が成長発展をしようとする多くの必要を充たして最大限の成長発達を達成させる所から出発している。生徒の必要は、相互に関連し不離のものではあるが、大別すれば、個人的必要と社会的必要に分けて考えられ、個人的必要には身体的、知的、情緒的な面があり、社会的必要には社会の望ましい構成員としての人間関係の面と実業的経済的な面がある。これらの必要を分析し、教育の目標が決定せられ、個人的・社会的・職業的生活に寄与するものとしての学習経験即ち教科の組織に体系づけて、教育課程が構成せられている。

生徒の要求は生徒の身心の成熟と共に拡大されて来ると共に、一方中学校より高等学校の年令段階に進むに従い個性の分化が始まる。且つ家庭の社会的経済的事情と知能の発達の程度及び生徒に特殊な能力等によって、生徒の将来についての計画も次第に明らかになるので、限られた学習期間において

は、個性の最大限の伸長を目標とする教育理念に従い、教科の選択がある程度行われなければならないことは当然である。ここに社会人とし、且つ個人としての生活に寄与する最少限度の学習経験を必修とし、個人の能力、興味（関心）、将来の計画等の分化した個人的必要を充たす学習経験を選択とすることは、新教育の社会化と個人化という二つの軸から当然発生する。教育課程の基本的性格であろう。換言すれば生徒の共通の必要に寄与する教科が必修教科であり、個人的な特殊必要に寄与する教科が選択教科であって、年令の進むに従って生徒の必要が特殊化するから、高等学校においては教科数が増加し且つ選択教科の巾が拡がってくるのは当然である。

英語科の目標は上述の個人的、社会的、職業的一般教育目標につながるものであることは学習指導要領英語篇の説くところに委つまでもなく明らかである。同書33頁に詳説するところの英語科の目標は一応機能上の目標と教養上の目標に分けて考えられる。機能上の目標は特殊な職業的必要がある場合の外は、そのこと自体は究極目標ではなく、教養上の目標を達成する手段としての価値が重要であろう。教養上の目標はこれを大別して文化的目標（外国人及び外国文化に関する知識理解）と間接的或いは教育的価値（思考力及び国語能力の発達）に分けて考えられるであろう。これらの教養上の価値については外国語教師の主張している程明瞭ではない文化的価値も、教育的価値も、はっきり定義づけられてはいないし、従って教養上の目標がどの程度外国語教育によって達成せられたかを立証する評価もなされていない。教科書により、又教師により、文化的目標に関する学習内容と指導は誠に区々であり、且つ外国語を通じてでなければ達成し得られないものが果して何かということは明瞭でない。又教育的価値即ち学習の転移については、外国語教師の主張する程度に転移があることは証明されていない。若干の転移を認めている学者もあり、又否定している学者もあって今後の研究にまつ所が多い。この価値を無視することもできないが、唯現実の教育の場において、特に初期においては学習が外国語学習の性格として、主として機能上の *drill* に向けられていることは事実であるし中等教育において、外国語科独特の教育的価値を総ての生徒に不可欠のものとする根拠はない。学習指導要領英語篇にも、外国語の授業中に与えられた外国についての文化的知識が外国語を選択しない生徒のそれとほとんど差異がないことが立証せられていると述べている。

 2) 教科の特殊性   *Jespersen, Bloomfield* その他の言語学者が小児の言語の習得の過程を研究している。*Dunkel* はこれらの研究は小児の観察

しうる言語現象を資料としての仮説であり、内部において行われている *procedure* は観察することができないと言っている。然しながらその観察から得た小児の言語習得の過程に必要な次の条件は、外国語学習の場合にも重要な条件であることは彼も認めている。即ち、(1)費やすべき多量の時間と努力、(2)機械的記憶、(3)言語に接する絶えざる機会、(4)精神の成熟 (5)強い *motivation*。これらの条件が日本において外国語を学習する場合、特にＡＳＴＰの場合の如き特殊な目的でなく、全教育課程の一部として外国語学習をする場合、総ての生徒に要求しうるであろうか。外国語に教室以外において接する機会は殆んどないことは別として、*motivation* の全然ない生徒もあり、その他の条件の稀薄な生徒もある。

常にたえざる努力と反覆練習により、且つ細かな点にまで細心の注意を払って、機械的記憶を累積し、常に学習はその累積の上に行われなければならない外国語の学習は、この累積の種が学習の継続の可能性を決定する一要素となる。外国語学習の累積的性格がある生徒にとっては外国語学習の継続は時間と労力の無意味な消費となる一原因である。

3) 生徒自体に関する理由 ・ 外国語学習の重要な条件として *motivation* が必要であることはいうまでもないが、*motivation* は二つの面から考えられる。即ちその一は *motivation* の種類であり、第二はその強さであるが、生徒の社会的経済的事情と一緒に関連するのはその種類であろう。強い *motivation* を持たせるところのものは、その教科の目標及び価値の認識と将来の計画であろう。将来大学に入学しようとするもの、職業上の必要があるもの、或いは外国へ行こうとするものはその教科における目標達成に努力するであろうが、外国語に対する興味もなく、又将来上述の如き必要感をもたない生徒は *motivation* が稀薄であるか、又は他の原因に伴い、外国語教科を忌避するようになる。この場合意義のある外国語学習を期待することは困難である。

次に重要な理由は生徒の外国語の学習能力である。学習は総て、生徒の身心の成熟即ち発達を基礎として行われなければならない。成熟のないところに学習は行われない。欲求、知覚、記憶、思考、運動等の諸機能は年令と共に成熟するが、その成熟には個人差がある。これらの成熟の中重要なのは知能であり、この成熟が学習の可能性を規定するものとして学習能力と云われているので、知能の面から外国語の学習能力について考えてみたい。というのは言語学習のための特殊な能力というものは未だ解明されていないから。*Dunkel* によれば、アメリカにおいて外国語学習の *prognosis* のための多くの

調査が及されて来たが、結果は常に正の相関関係を示し、知能が外国語学習の成功に重要な要素であることが実証されている。尤もこれらの調査は主として読む能力、聴く能力について行われたものであり、Oral reproduction と知能の相関については Huse は否定している。Angiolillo は初歩の段階においては Oral reproduction は知能の低い生徒にも教えられると言っている。然しながら、多くのこの種のテストにあるような短い単純な文でなく、自分でかなり長い複雑な文を読んだり話したりする等を reading ability とか speaking ability とかと定義づけるとすれば、知能とこれらの abilities はかなり高い相関関係を示すことが予期される。このことは日本においても又アメリカにおいても中等教育が義務教育となり生徒が増加するに従って、外国語学習に不適当なものが多数いるという教師の考え方をある程度正当化するものであって、アメリカにおいてもラテン語の学習には一定以上の知能が無ければその習得を許可しない学校がある。又アメリカにおける調査において、アチーヴメントテストと prognosis test によって外国語教育の目標を達成し得ると認められる生徒は全生徒の71％であるという事も言われている。又 H. Douglas は教科における失敗の最も多い原因の一つは知能が平均以下の多数の生徒が数学と英語の教科を選択することであると言っているのは、日本の実情とも合致している。又 Hardin は I.Q. が 105 以下の生徒には外国語を選択しないように指導すべきであると言っている。Kaulfers は中学校において少くとも D 以上の成績で5人中4人が第一学期のスペイン語に合格するためには I.Q. 111 以上が必要であると云い Young も I.Q. が prognosis のためには予知的価値をもっていることを発見している。外国語学習に必要な知能はどの程度であるかという問題は未だ定説もなく又母国語とその外国語との関係その他多くの変数要因が複雑にからんで来ることであろうが、上述の意見や、吾々が日常教室において経験するところから、外国語学習にはある一定以上の知能的水準が必要であること且つ外国語学習には他の教科よりもより高い知能を要すること、特に日本における英語教育の場合の如く語系の異る外国語教育においては更に高い知能が無ければ大した効果は期待されないということは概ね認められることであろう。

4) 外国語の文化的価値　一国の文化の発展のために異質文化の輸入が果した役割の大きいことは歴史の明らかに示すところであって、特に日本の如く近代文化の後進国にとっては特に外国文化の輸入が必要である。明治以後外国文化の日本に与えた影響はまことに顕著なものであった。学習指導要領英語篇に教養上の価値を重視しているのも当然であって、外国語学習の目

本文化発展につくした貢献は称美しすぎることはできない。然しながら社会的に外国語学習が必要であるということは直ちに総ての個人にとって外国語学習が必要であるということにはならない。勿論より多くの人が外国語から直接に思想・知識・技術を摂取しうることは望ましいことには違いないが、外国語から直接に文化を吸収するということは高次の文化活動であって、すべての人にこれを要求することは妥当でもないし又可能でもない。大衆の為には翻訳がある。大学に進学する者の為には学問の性質上外国語から直接に文化を吸収する必要はあるが、高等学校は次第に半義務教育的になりつつある現状において、或いは少くとも大学への準備課程のみではなく普通教育と職業教育の性格が強くなっている今日、高等学校においても英語科は選択教科であるべきである。

(2) 選択制の現状とそれに伴う諸問題

a. 現　状

　戦後米軍の占領と共に日本中至るところに英語が氾濫し英語に接する機会が多くなったこと、英語を学習したものが語学を用用する機会に恵まれたこと及び戦時中の英語教育軽視の反動として、英語を知らざるものは人に非ずという如き風潮が生れた。その風潮の中に昭和22年学制改革により中学校が発足し英語科が選択教科として加えられた為、治んど無批判に英語を選択する状態であった。しかも選択はどこまでも個人的考慮に基いて行われるべきであるのに、多くの学校においてはこれを学校選択として全生徒に課することを敢えてしたのであった。しかも英語教員の養成がなされていないため教員の不足と質的低下が著しいにもかかわらず生徒が氾濫し一層英語教育の不徹底と混乱を来した。然しながら二三年前からこのような事実に教えられて漸く英語科の選択教科である理由に思いいたり、これを選択せしめる傾向が生じて来たが、現在においても英語科を個人選択としている学校は僅少である。

　　長野県（昭27.9.15現在）　学校数383校
　　　1学年より個人選択　　　　　0%
　　　2学年より　　〃　　　　　　72%
　　　3学年より　　〃　　　　　　18%
　　広島県（昭27.4現在）　学校数360校（分校を一校とみなす）中報告せる102校について

1学年より個人選択		28%
2学年より 〃		10.7%
3学年より 〃		17.5%

東京都　公立中学校中調査せる18校全部必修

昭和27年秋の福岡における全国中学校長会において、中学校英語科は1年においては必修せしめ、2，3年においては選択せしめるよう申合せがなされた事は従来よりは一歩前進したものであり、日本の英語教育において記憶せられるべきことであるが、1年生全員に必修せしめることは選択制の主旨に十分副い得ない措置というべきである。

アメリカにおける履修年は日本における程高くはない。1928年 Modern Foreign Language Study によれば次の通りである。

高等学校生徒の外国語履修者	28%
中学校生徒の外国語履修者	10%

又 Wheeler の調査によれば

公立中学校生徒中	現代外国語履修者	20%
	ラテン語履修者	20.6%

であり、履修年限の調査によれば一番履修率の高いフランス語について100人中次の如く学年の進むに従って減少している。

1年目	100人
2年目	57人
3年目	20人
4年目	3人

ニューヨーク市においては外国語の学習は6年間の学習を予定しているが、毎週5時間2年コースの外国語を教えている学校が相当あることも此の間の事情によるものであろう。

6　選択制に伴う諸問題

上述の如く英語科を選択制とすることは、能力別学級の場合と同様に生徒の個人差に適応し且つ個人を最大限に発達せしめるという立場に基くものであるが、これに伴い学習指導の能率化と自ら行われるという利点があると共に、若干の困難もおこって来る。即ち現在の中学校の限られた施設設備と定員の下にあって、選択しない生徒に、どれだけ有意義な教育課程を用意することができるか。又選択しない生徒が一学級を構成しない場合の取扱い、選択しない生徒に選択させる他の教科との組合せと時間割作成の困難、又選

択しない生徒の側において，往年の旧制中学校における一種の生徒に見られた劣等感，等解決に困難な問題がある。これらについては後にふれることにする。

(3) 英語科選択についての指導の留意点

a． 選択指導の基準

上述した所により選択は生徒個人に基いて決定されなければならない。決定するものは教師でも父兄でもなく，教師や父兄の指導の下に生徒自らが決定すべきものである。

選択決定の資料としてどんな条件を考えたらよいであろうか。これは英語科が選択制となった理由の中生徒自体に関する理由がその主なる条件となる。即ち，(1)生徒の将来の計画，(2)生徒の英語科に関する興味，(3)英語の学習能力である。生徒の将来の計画は家庭の社会的経済的地位と関係が深い。Dunkel の指摘している如く，社会的経済的地位は将来の計画と共に生徒の motivation や英語学習に関する興味とも関連し，又或程度知能の発達とも関係があるからして，アメリカにおいてカレッジの特に入学当初における外國語学習に，知能よりもむしろ生徒の経済的要素を考慮するということもこの理由であろう。然しながら生徒の両親の社会的経済的地位をもって強い決定的要素とすることは行きすぎではないであろうか。

生徒の英語科に関する興味は未だ英語を学習した経験をもたない生徒については英語に対する興味ではなく英語学習に関する興味である。中学校入学前から英語に関する何等かの経験と関心をもっているために，学習前からかなり強い motivation をもっている生徒もあろうし，全然そうした関心を持たない生徒もあろう。又英語に対する興味は学習するに従って大きく変化してゆく事は日常教師の観察するところである。

英語の学習能力は如何にしてこれを予知することができるであろうか。学習能力の予知についてはアメリカにおいて多くの研究がなされている。Monroe の Encyclopaedia of Educational Research によれば Todd Kaulfers 等は言語学習のための特殊な能力を発見することはできない。Linguistic Aptitude Test も言語に重点においた知能テストに過ぎない。然しある種の一般的特徴と他教科の成績によって予知することが可能になるのではないであろうかと言っている。Kaulfers は又予知の方法として，各種の prognostic tests, Intelligence Tests と共に Stanford Arithmetic

Reasoning Score をあげている。Kennon によれば Intelligence tests と Aptitude tests は外国語学習の達成を予知するために有用な手段であるが、この二つのみをもっては外国語教育をうけることの許可を決定する信頼すべき資料とはならないといっている。Young は又 Personality traits の教師の評価が外国語学習成績と高い相関を示し、又国語としての英語の成績もこれと同様に予知的価値をもっているといっている。そしてこれらの方法は成績の客観テストよりはむしろ教師の評点とより高い相関関係を示していると言う。所が Sister Virgil Michael は中等学校においては外国語学習の prognosis には special aptitude test、以前の学業成績、Intelligence test の三者を参考にするのが最もよいと言っている。最近においては外国語学習能力予知のために General Language course が try-out を中心として考えられねばよいということが一般に承認されて来ている。

以上の如く諸説紛々たるところに、言語学習成果の予知の方法は研究の余地が残されていることがわかるのであるが、然しながら概ね一致するところのものは知能であり又知能と関係の深い学業成績である。境界線にある生徒についての決定の資料とはならないが、I.Q.や学業成績によって外国語学習が極めて困難であるか又は殆んど不可能な生徒を予知することはさして困難ではない。prognosis test や special-aptitude test の発達していない日本においては現在のところ I.Q. ならびに学業成績による外ないのではあるまいか。

従って中学校入学の場合の外国語学習選択については、上述の三つの基準について不明確なものであり、又予知の困難な場合には積極的な指導は避ける方がよい。その後一年間或いは二年間の学習の結果、将来の計画も次第に明らかとなり、生徒の興味も固定して来ると共に、学習能力も定位されてくるので、積極的指導はその時に行うべきであろう。将来の計画、興味、能力の三条件の中何れか一つの条件のみにて英語を選択しないことを指導する十分な条件となることもある。又三条件を総合的に判断しなければならない場合もある。然し生徒が個人として発達するために英語以外のより有効な教育を学校において与える用意がない場合には、選択の指導は健全なものであるということはできない。これを裏返して言えば、(1)将来大学に入学し学問を行いたいもの、及び高校にて英語科を選択しようとするもの、(2)将来英語を必要とする職業につかんとするもの、(3)将来の計画とは無関係であっても英語学習に興味をもつもの、(4)英語学習能力がありと認められるもの、に対しては英語科を選択することをすゝめるべきである。

B 個人指導

　選択指導について屡々言われることは、中学校の生徒に自ら正しい選択を決定することができるであろうかと言う問題である。Monroe の Encyclopaedia によれば Anne Moore は 600人のハイスクールの生徒に質問した結果、約半数の生徒は父兄又は友人からすゝめられたという理由のみで外国語を選択していること及び外国語教師が生徒を確保するために選択していない生徒に選択させた形跡があるということを報告し、外国語学習が無駄にならないよう正しい選択をさせるよう適切なカウンセリングが必要であると言っている。日本の学校教育における外国語の比重はアメリカのそれより遙かに重いのではあるけれども、同様に無批判的選択が行われていることは事実である。集団的な選択指導のみでは正しい選択はできない。学校長、担任教師、ホームルーム担任教師、カウンセラー、父兄、生徒の協力による personnel work が行われなければならない。そのためには生徒に関する利用しうる知能検査, personality test, 適性検査等各種のテストの結果、興味調査や生徒の家庭、健康状態、性行に関するデータ、小学校並びに中学校の学業成績等を参考とするとともに、二年以上においては英語学習成績不振の原因の究明等も行われなければならない。これらのデータに基いた適切な指導により、選択に伴う諸般の問題の解決も可能であり、又生徒の個性に応じて、生徒を最大限に発揮させることができるのである。

　　Bibliography
文部省 ： 学習指導要領　一般篇　昭和26年
　〃　 ： 学習指導要領　外国語英語篇
Dunkel ： Second Language Learning
Monroe ： Encyclopaedia of Educational Research.
Jespersen ： Language.
Bloomfield ： Language.
片岡曻太郎 ： アメリカにおける外国語教育の実際
Douglas ： Organization and Administration of Secondary Schools.

　　　(4)　英語を選択しない生徒の取扱い

a 現　状

○英語非選択生徒数の全体に対する割合

学年	1年	2年	3年
非選択生徒数/全生徒数	12%	15%	33%

千葉県の100校の平均（昭26）

○高校英語Iを選択した生徒が中学校の三年間に履修して来た英語の時間数

履修時間数	15時間	12	10	8	5	4時間以下	計
人数	29	55	44	39	23	11	201

愛知県立昭和高校（昭26）

左表は中学校で英語を選択しない生徒数の全生徒数に対する割合を示す一例である。殊に奇怪なのは左下表の示す如く高校へ来て英語を履習する気になっている生徒が、中学校三ヶ年の間に当然修めて居るべき12時間を割るものの余りにも多い現実である。（因みに昭和高校は完全に科目の自由選択が出来るようなカリキュラム構成をもっている）。

この数字の裏には多くの現段階的問題を潜ませていると考えられる。

中学校で英語を選択しない生徒には

(イ) 英語以外の科目に興味を持ったもの〔芸能・家庭その他〕
(ロ) 職業課目を履修する必要のためのもの
(ハ) 英語の学習に所謂「棒を折った」もの
(ニ) 教員不足やカリキュラム構成上などの学校側の都合で選抜出来なかったり十分な学習時間の持てなかったもの。

等があろう。従って英語非選択生徒の側から考えられる問題点は(ハ)(ニ)に含まれる学習指導の面と学校管理の面が一応目に付くのであるが、実際には更に英語を履修しない事から来る劣等感や英語と抱合せられた教科目への嫌遠軽蔑或はその教科目の指導形態への不満等から嫌々ながら英語を選択している生徒が現にあると言う事実から来る問題の方が本質的なもののようである。

6. 問題解決への示唆

(イ) 学習指導……英語学習の本質上、次項で詳述する如く個人差に即応した指導、特に診断的或は治療的指導の面が重要であり、この研究によって所謂 surrender する生徒を無くするよう努める他はない。

(ロ) 学校管理……近時英語専門教師の補充が進み、カリキュラム構成の研究も努められて居る折から、この面の問題は近い将来に解決するであろう。

(ハ) 劣等感……英語科が選択科目となっている趣旨を認識し、真に personal な能力啓培のための与えられた機会を生かし、夫々の希望と必要と能力に応じた選択に信念を持つべきである点を強調し、無用の劣等感排除を指導

すべきである。

(二) 抱合せ教科 …… 現在普通に見られる職業・家庭・芸能の各科目の充実を図ると共に、更に出来る限り広く生徒の興味・才能・必要に基いた新らしい教科目を開拓する努力が望ましい。例えば能力の劣った生徒のために国民として最低限に必須と思われる知識と技能（所謂読み書き算盤に類する面）の intensive な drill をする科目であるとか、又は生徒の興味を持つものが多ければ国語・数学・社会・理科の中の一科目を更に設ける事も考えられる。但しこの科目に於ては常に指導を診断的な治療的（remedial）な性質のものであらしめる事が肝要で、単なるその科目の拡充であってはならない。

尚最近アメリカで盛んに研究され始めた General Language[1] のような性格をもつ「教養英語」とも名付くべき教科を工夫して、言語の社会的な本質への認識を深め、母国語の理解を新たにし、文化的価値を吸収させつゝ国際平和への情感を高め併せて「若い」の拡充を担う事も考えられる。唯この教科は最も手近かに見受けられる広告・掲示等の英語を何らかの形で単元として組み、経験単元的学習形態をとり、困難な文法事項などに触れないで興味深い知識の学習の中から帰納的に英語文法の初歩に至れば十分であってこの教科の目的を正しく実現する為にはよく研究された単元編成と、よく展開された指導要領が用意されることが先決問題となろう。

2. 個人差に応ずる指導

(1) 個人差の実態とそれに応ずる指導の必要

教育基本法第一条に明記されている如く、教育の目的は人間を個人として尊重し、その可能性を限りなく伸ばすと共に、誰もが幸福で健全な社会生活を営しめる社会構成員を養成するにある。個々人の持つ様々な能力や性向は環境に働きかける力動的な主体構造として、その差異をそのまゝに深めてこそよく協同社会を担う個人格（personality）となり得るのであって、教育は謂わば Individualized Socialization とも呼ぶべき指導であろう。従って教育が教育であり得るためには本質的に個人差に即応したものでなければならないのである。

---

[1] W. V. Kaulfers : Modern Language for Modern Schools.
 Newmark : Twentieth Century Modern Language Teaching.

個人差とは何か。J.S. Brubacher は学習及びその成果に影響を及ぼす個人差には二種あると言っている[1]。その一つは垂直差（Vertical Differences）とも呼ぶべきもので、知能検査や学力検査により相対的位置として量的に示され得る頭面で、他の一つは質差（Qualitative Differences）と言ひ、特殊能力、個性、興味、学習態度、生活環境、身体状況などの諸要素を含む複雑な差異で、型（Type）又は種類（Kind）として分類される部面である。

a. 垂直差の実態──下表は本年度愛知県教育文化研究所が、名古屋面高校普通課程生徒320名について実施したるテストの結果で、垂直差の実態の一班を示すものと言えよう[2]。唯ここで考えなければならない事は知能偏差値の示し得るものの限界のことである。

〇田中B式知能検査偏差値分布表（百分率）

偏差値	知能段階	百分率
80 –	最優	5.6%
75 – 79		11.0
70 – 74	優	15.9
65 – 69		21.3
60 – 64	中上	23.4
55 – 59		12.5
50 – 54	中	6.3
45 – 49		3.4
40 – 44	中下	0.3
35 – 39		0.3

〇英語得点分布表

得点	百分率
89 – 100	0.6%
75 – 88	6.1
61 – 74	12.2
47 – 60	21.7
33 – 46	30.2
19 – 32	24.3
0 – 18	4.9

（Footrule係数法による信頼度 0.89）

右表は愛知県碧南市立新川中学校で知能偏差値の低い二人の生徒について、そのテストの各問題別に能力を調べて見た表である[3]。K子はテスト3に於ては平均を遥かに越えている。テスト3は形態の分割の問題であって、立体観や形態の直観力をテストする訳であるが、事実重オに豊み、各種の展覧会に出品して入賞しない事がなかった。S子は極度に知能の低い子であるが珠算に優れ、従ってテスト6（異同の弁別）テスト7（加算の暗算）テスト9（抹消のテスト）などでは凡そ平均に近い能力を示している。このように知能検査そのものも既に多分に質的に異なった各種の能力を押し潰して垂直的な量

テスト	K子(13才2月)	S子(13才8月)	各テストの該当年令の平均
1	10	3	11.38
2	7	3	7.69
3	14	4	10.00
4	10	5	11.59
5	6	4	7.73
6	11	10	13.23
7	4	4	4.93
8	4	2	5.04
9	9	7	9.94
10	15	2	16.79
総点	90	52	
IQ	43	18	
品等	中下	最下	

差に還元したものに外ならない。従って知能検査では分析出来ない要素を更に摘出して測定用又は診断用に役立たせるべき各種のテスト方式の考案利用が望ましい。同じ新川中学校のS式知能テストはこの意味で示唆深いものがあろう。

即ち知能の中注意的傾向(A)記憶的傾向(M)空間関係的傾向(S)及び推理的傾向(R)の四方向を集中的に調査し得るようなテストを作り、その結果より知能の類型を作る方法である。右の表はこのS式テストの田中B式との相関の高い事(上)而も各要素間には殆ど相関のない事(中)その類型の頻度が略々等しい事(下)を示している。

殊に中表の示す事実は知能検査の中に押し潰されている各種の能力間にも実は根本的な質差の存在する事を語っているものとして意義深い。[4]

○ 田中B式とS式の相関

知能偏差値とA	0.642
知能偏差値とM	0.651
知能偏差値とS	0.669
知能偏差値とR	0.713

(田中B式知能偏差値とS式知能偏差値との相関は 0.743)

○ 各型相互間の相関

型	A	M	S	R
A		0.349	0.398	0.302
M	0.349		0.381	0.326
S	0.398	0.381		0.371
R	0.302	0.326	0.371	

○ 型の頻数表

	A型	M型	S型	R型	計
人員	360	307	216	501	1394
百分率	25.9	22.6	15.5	36.0	100

B. 質差の実態

既に述べた知能検査に含まれる質差としての特殊能力の*

○ 向性指数頻度数

段階	極内向 -4	-3	-2	-1	標準 0	+1	+2	+3	極外向 +4	計
人数	1	2	25	136	225	112	40	5	0	546

○ 数学努力別成就値平均

科目	努力程度	1	2	3	4	5	合計人数
国語	人数	7	49	100	19	0	175
	成就値平均	+3.4	-2.9	-0.25	+7.8		
世界史	人数		16	41	26	2	85
	成就値平均		-2.6	+0.24	+0.08	+8.5	
解析I	人数	4	13	16	19		52
	成就値平均	-19.3	-2.8	0.	+5.5		
化学	人数	4	10	18	21	2	55
	成就値平均	-8.0	-4.9	-1.2	+3.9	+11.0	
英語	人数	4	11	28	33	4	80
	成就値平均	-2.5	-3.3	-2.5	+3.5	+0.25	

*他に、質差を作る幾多の要因について、或は測定的に或は診断的に各種の実験が行われているが、未だ高い信頼度と実用度を兼有する方法がなく、或は Teachers' estimate に頼り或は pupils' self-

evaluation を参考にしながら、観察、調査などの主観的な要素を混ぜざるを得ないものの、この面の個人差の重要性は如何に強調するとも過ぎることはあるまいと思われる。上表は愛知県立昭和高校に於て昭和26年調査された各種の結果であり、偏差に及ぼす諸要因の様態の一班を伝え得るものと思う。[5]

左上表は全校生徒の向性指数分布の状態で、超内(外)向生徒に関しては、*case study* を実施してある。左下表は各科目へ注ぐ努力程度を自己評価させ、その努力と学習効果とを比較した表であるが、自己評価とは言え多人数の平均の示すものには学習習慣と学習効果との関聯の上に参考に値するものを示していよう。右表は同じく自己評価による家庭環境の勉学に適するや否やを統計処理し、その学習成果との比較の結果であるが、勉学に熱心ならば多少の環境的不利は問題にならない事を示すに過ぎないもの。こうした個人差把握への各種の努力が為されるべきであり、延いては相性を浮き出させて所謂「個性プロフィール表[6]」の作成にまで及ぶ事が望ましい。(尚興味の類型を研究したものとして J.L. Mursell の *Successfull Teaching* chapter 11 がある。)

○ 家庭における勉学条件の適否と各科目成就値平均

科	適否	人数	成就値平均
国語	適	84	− 1.5
国語	否	92	+ 1.3
世界史	適	32	+ 0.47
世界史	否	54	− 0.28
解析I	適	21	+ 1.0
解析I	否	32	− 0.66
化学	適	20	− 4.4
化学	否	35	+ 2.5
英語	適	35	+ 2.4
英語	否	45	− 1.8

(2) 特に英語科に於て個人差が大である理由

愛知県教育文化研究所による県下中学生 1,900人のテストに依ると各科目の標準偏差は左表の如くなっている。

○ 各科目標準偏差

	国語	社会	数学	理科	英語
1年	19.94	17.80	21.46	15.0	19.71
2年	18.16	19.68	21.69	15.3	24.03
3年	18.41	15.42	22.60	18.6	20.28

この結果直ちに英語科に於ける学力差の大である事を結論するのは危険であるとしても、一年では一応の得点散布度で驚き得たものが、二年では学習の困難から次第に個人差を大きくし、遂に多くの落伍者を整理して三年生に至る実態の観察と考え合せて何らかの示すものであるように思う。英語科学習に個人差の甚しい理由と

して次の三つの事実が考えられる。

a. 中学校では英語が選択教科であること

 Iの選択制で既述した如く本質的に personal な need と ability に応じて選択さるべき性格の科目であるにも係らず、誤れる父兄の偏見、選択科目の趣旨の認識の不徹底から来る非選択の劣等感、学校管理面の都合で押しやられる選択指導などから来る不適当者の学習のために見られる量差に加えて選択科目が本質的にもつ personality 形成への役割から当然要求される「質的個人差培養」が促進する質差があるため。

b. 機能面の学習が重視されていること
c. 累加的学習が必要とされること

 英語が knowledge としての面よりも skill としての面が重視され、従って中途で放棄されると価値が極めて小さくなるが故に累加的な学習が要請される関係から一旦程度に遅れた生徒は仲々追付き難く次第に停滞して量差を著しくし、且つ英語が生きた言語として社会における communication の生命的働きを成す本質から最も個性的（ personal ）な skill であらねばならぬことに起因する質差の増大が加わり他教科に較べて英語科に於ける個人差を顕著にしている。故に個人差に即応する指導が英語科に於て特に強調されなければならない必然があるのである。

3. 個人差に應ずる指導の形態とその特質並びに方法

a. 個別指導
 1. 特　質

 前述のように特に英語科において個人差が著しいということは、必然的にそれに応ずる指導を個別化する必要を物語っている。概念的生徒一般に通ずる概念的方法一般で指導することが、下位生徒の脱落と上位生徒の停滞を見、その標準と目する中位生徒の個々の実態に応ずることすら不可能にすることが多い。個人を一つの育ちつゝある personality として、外面の現われの奥深くその真の姿を捉え、その育成を促さねば、言語活動の飛躍も習熟に期し難いであろう。生徒の発動、表現活動にやゝもすれば制限が与えられ易い英語学習においては、教師が超越的けん学者であったり、或いは進みある子

らう教練軍曹（drill master）となって、形式的画一的教授におち入る危険を避けねばならない。Handschin は言う。"We must know each pupil as a personality and know the various influences on, and elements of, this personality. We must know his extraction, circumstances, environment, health, habits, wishes, plans, and special problems. We must not forget that mental ability as measured by specific types of performance does not tell the whole story of human potentiality. To learn the significant truths about our students, we must delve beneath such surface indications to discover interests, determination, quality of character. Given fair ability, the presence of other elements may finally be found to count for as much as superior ability without them. Without having such a well-rounded knowledge of his students, the teacher whether in elementary school or college can only administer mass education with its inevitable effects of regimentation, acquiescence, and dangerous conformity."[1]

2. 方　法

(a) 個々の生徒に即した指導計画の樹立

Kaulfers は言語教育の立場から、甚しい個人差に対処するために、単なる guidance の側の努力だけでなしに、curriculum の differentiation が必要であることを力説し、更に次の如く言っている。

Insofar as the present emphasis on guidance bespeaks an increasing interest in the learner as a personality, it presents a most salutary & necessary development in contemporary education. Knowledge of individual differences, their nature and extent, and their implications for the curriculum, is obviously indispensable to an effective ordering of the learning environment. At the same time, however, one is led to wonder

---

Walter V. Kaulfers and Others, Foreign Language and Cultures in American Education. p.p. 14-16, McGraw-Hill Book Co., 1942.

if the general concern with "guidance problems" has not been at least in some degree symptomatic of widespread conditions of curricular maladjustment as regards pupil ability to pursue with profit the conventional offering of the secondary school.

In a sense, the science of guidance, while still in its infancy as compared with its potential development, has nevertheless outdistanced our ability to make full use of its findings. Just as in the field of science the contributions of research surpass our ability to profit therefrom in daily life, so in the field of guidance, knowledge of individual difference often remains functionless in the face of an inflexible curriculum. All this leads to the back of the thesis that there must be a more conscious recognition of the reciprocal relationship between guidance and the curriculum.

(6) 英語学習に於く要因の究明

個々の生徒の英語学習に於く要因が明らかになって始めて指導の位置と役割が分り、効果的な方法が考えられて来る。

Dunkel は要因を次のようにあげている。

Possible Factors in Second-Language Learning
1   The student
　1.1   His age
　1.2   His intelligence
　1.3   His general background of education and experience.
　1.4   Linguistic skills and habits in his native language, especially those which tend to be inter-linguistic: e.g., fluency and clarity of expression, ability to organize thought, memory for material, habit of mechanical niceties, etc.
　1.5   Previous experience with the language now studied (particularly the length and intensity of this contact and the degree of mastery attained through it.
　1.6   Previous experience with other foreign language.
　1.7   The student's reasons for studying the language and his other motivation in this work.

1.3 Other personal characteristics of the student: personality type, learning type (i.e., eye- or ear-minded, etc.)
2. The language and degree of mastery sought.
  2.1 Type of command sought (i.e., whether reading, writing, speaking, aural comprehension, or some combination of two or more), or only knowledge about the language, or some benefit to be gained from language study apart from specific linguistic skill.
  2.2 Variety and complexity of the topics in which the learner wishes ability to communicate (i.e. does he wish to speak or read about a very few simple things or does he seek ability to communicate in regard to a wide range of subjects, some of which are complicated or technical?)
  2.3 Difficulties in sound, structure, etc. offered by the particular language studied because of differences from the native language of the student.
  2.4 Special difficulties in orthography. (E.g., English spelling; Latin alphabets for those whose native languages use the non-Latin one, and vice versa.)
3. Conditions
  3.1 Opportunity for contact with the teacher or with a substitute for a teacher.
  3.2 Concentration and extent of study (i.e., hours per week devoted to it and total number of hours thus spent)
  3.3 Opportunities for practice and use of the language while it is being studied — particularly chances for contact with native speakers other than the teacher.
4. The Teacher, His Aids and Substitutes.
5. The Materials.

(C) 失敗・停頓の原因の究明

個々の生徒に適応する指導計画をうちたてるためにそれぞれの英語学習に働く要因を究明し、どの要因が失敗の原因をなしているかをつきとめ

ねばならない。

Colemanは外国語学習における失敗の原因を次のようにあげている。

Causes for Failure on the Part of Pupils as Well as Teachers

Internal Causes of Failure

1. The objectives proposed are not valid for the time available.
2. The valid objectives proposed are not clearly kept in mind and striven for by teacher & by students. Something else takes the center of the stage.
3. The method actually used is not suitable.
4. The content of the course — this includes the kind of activities at which students spend their time & the distribution of emphasis — is not suitable, either in kind or in amount, or both.
5. The equipment & teaching power of the instructor are inadequate to the task.
6. The class is made up of disparate elements as regards knowledge of the subject.
7. The class contains too large a portion of students who can not, or will not, do what is necessary to attain the objectives that motivate the instruction.
8. The class testing program is not such as to disclose the weaknesses of each pupil & to enable the instructor to diagnose accurately the weak spots of individuals of the class in order to take the necessary remedial measures.

External Causes of Failure

1. The teacher's weekly load is too heavy for effective work.
2. Classes are too large.
3. The pressure of college requirements interferes with the proper conduct of work.

Algernon Coleman, The Teaching of Modern Foreign Languages in the United States, pp 111-113, Macmillan Co., 1929

(d) Case Study の工夫

外国語教育における Case study の必要性。既に Cole はその著書で次のように説いている。

Our discussion of the reasons why pupils fail indicates two important causes why teachers do not succeed with their pupils, namely, inferior teaching technique and failure to make case studies of failing pupils.… Mention of case studies "calls to mind the necessity of adequate departmental records"

彼は McCormick の case studies の概略を暗示的に次のように示している。この面の最近の発達の概略を知るには、Gates and Others, Educational Psychology や W. Burton の The Guidance of Learning Activities を参考にするのが手取り早いであろう。

Making Case Studies

….before a teacher can teach a pupil, he must know a great deal about him. Ideally, a case study could well be made for every pupil regardless of whether he is or is not retarded. … Case studies can, at first, be made of those pupils who appear to be most in need of assistance ….. specialized skill & training in methods of psychological diagnosis are great assets …. However, the good results that can be secured from careful individual study of pupils will, in most cases, outweigh any attendent evils.

…. Many of the troubles, however, of retarded pupils well to the treatment which teachers are well qualified to give.

Case Studies of Failing Pupils

I. Determination of causes of poor work.
  1. Study habits — in & out of school.
  2. Reading ability
  3. Student's attitude toward work.
  4. Health habits

BE McCormick, A Study of Failures, School Review, Vol. 30, June, 1922, pp. 431–432.

5. Out-of-school habits
　　6. Mental capacity
II. Suggestions for correction
　1. Student conferences to
　　a. Improve study habits
　　　(1) Clarify assignment
　　　(2) Show student how to study
　　b. Improve student's attitude
　　　(1) Discover & ease student's dominant interest
　　　(2) Gain confidence
　　c. Improve reading ability
　2. Parent conferences
　　a. Proper atmosphere
　　b. Suggestions to make
　　　(1) Home study — { quiet room, regular place & hour, good light, straight chair & table.
　　　(2) Health habits — proper amount of food & sleep.
　　　(3) Physical defects — sight, hearing
　　　(4) Out-of-school activities
　3. Capacity standards & assignments
　　a. Individual capacity gauged by intelligence test & past record
　　b. Variable standards
　　c. Maximum, average, & minimum assignments.

言語学習における case study は, G. M. Blair, Diagnostic and Remedial Teaching in Secondary Schools. A. J. Harris, How to Increase Reading Ability — A Guide to Individualized and Remedial Methods —. C. M. McCullough and Others, Problems in the Improvement of Reading に詳しい。これらはいずれも母国語についての研究であるので, 先に述べた Dunkel の外国語学習の要因と照合し, これらの方法を参考にして外国語学習の個別指導に適切な方法を生み出すことが, 今後の重要な課題となろう。
Blair は, case study は最密な意味では教育科学者の専門的領域であるが, その手法は特別に専門的素養のない教師でも現場に大いに利用で

さる。と言っているのは、Gates が、home-made objective tests や case study はよい教師による工夫が中心になり、そこに専門家の協力が加わって科学的に確かなものになって行くことを認めているのと併せ考えて、技術や instrument に乏しい現場に大いに希望を与えてくれる。最近は東海北陸地区中等教育研究集会の外国語班が基礎力養成の具体的方策としてこの面の共同実践研究をした。（葉録印刷中） 次に Blair による case study と remedial treatment の方法の概略を記してみる。

Outline for making a Case Study

Teacher making study   Date of investigation

I   Identification of Pupil

Give his name, address, age, sex, school grade

II   Statement of the Problem

Include an account of why the pupil is being studied. What appears to be his trouble? Is he a slow reader, poor speller, deficient in arithmetic, or what?

III   Diagnostic Test Data

What are his particular strengths and weaknesses? If he is a poor reader, the test should answer such questions as these: How well does he read? What is his method of attacking new words? Does he have an adequate sight vocabulary? Is he an inaccurate reader? Does he make frequent reversals? If he is deficient in arithmetic, the test should answer such questions as: What fundamental operations cause him the most trouble? Does he know the basic number combinations? What are his specific errors?

IV   Interview with Pupil

Give significant information which the pupil has contributed about himself. What does he think about his difficulty? What are his attitudes, outlooks, plans?

V   Pupil's Physical Condition

Has he any visual or auditory defects? Is he malnourished? Does he have adenoids or diseased teeth? Are there evidences of abnormal glandular conditions or nervous disorders? Is he frequently ill? Much of this information can be supplied by the school nurse. A report from a complete medical examination should be secured whenever possible.

VI. Social & Emotional Adjustment.

Does the get along well with other pupils? Does he get along well with his teacher? Is he shy and retiring? Does he exhibit aggressive behavior? Has he been involved in any disciplinary episodes in school? Information can be secured from actual observation of the pupil's behavior, by consulting with other teachers, and by means of personality and adjustment tests.

VII. Mental Test Data.

What do the results of standardized intelligence tests indicate? Does he possess below average, average, or above average learning ability? Does he score higher on a verbal or nonverbal type of tests? Always record the exact name and form of the tests used as well as the score or I.Q. Whenever possible an individual test such as the Stanford Binet Scale should be administered.

VIII. Educational Record

This should include not only his present scholastic attainments, but should also trace his academic successes and failures as far back as the first grade. The school office files can be searched for this information, and previous teachers and principals can be consulted.

IX. Special Interest & Attainments

What are his interests? What does he do when school is out? Does he like to read? What outstanding things has he ever done? Much of this information can be secured through interviews with the pupil, by means of questionnaires, and by consulting his friends, teachers, or relatives.

X. Home Conditions.

What is the socio-economic level of the home? How many brothers & sisters does he have? Are they superior or inferior to him in academic achievements?
Is the home a happy place in which to live or is there a great amount of conflict? What is the father's occupation? Does the mother work? What is the attitude of the parents toward the pupil and his problem? Is there a good library in the home? There are just a few of the many details which should be secured relative to the home environment.

Information under this heading should be obtained through an actual visit to the home as well as from other available sources.

XI Diagnosis of the Case.
Taking all the facts into consideration, what seem to be the chief obstacles to the pupil's normal progress?

XII Recommendations
What should be done in the light of the evidence which has been gathered?
Should his program of studies be rearranged?
Should an attempt be made to alter certain home conditions?
Should he be given regular remedial work?
What materials should be used?
The plan of attack should be as completely outlined as possible.
If conditions change or as new evidence is obtained this procedure can be modified accordingly.

Method for a Case Study

Three methods : (1) Observation.
      (2) Testing
      (3) Interview

G.M. Blair, Diagnostic and Remedial Teaching in Secondary Schools, Ch. 11, 1946

                privacy
                rapport and confidence
                listening rather than talking
                notes not to be made during the interview

2. Preparing for Remedial Teaching

Two types: (1) remedying defects.
          (2) developing increased competence

Remedial teaching is essentially good teaching which takes the pupil at his own level and by intrinsic methods of motivation leads him to increased standards of competence. It is based upon a careful diagnosis of defects, and is geared to the needs and interests of the pupil.

3. General Suggestions for Improving Use of English

(1) Pupils learn to do what they do.

Transfer of training takes place only between elements and situations which are approximately identical. If pupils are to speak and write correctly they must be given practice in speaking and writing correctly.

(2) Apply practice at the point of error. Catalog carefully each pupil's errors.

(3) Pupils must want to improve their English, or little good will result from remedial efforts. Teachers must skillfully relate the materials of instruction to the basic goals of each pupil.

The teacher should, therefore, focus his initial attention upon the pupil rather than upon the subject matter.

4. Providing Remedial Treatment

(1) Begin where the pupil is.
(2) Inform him frequently by means of charts and graphs

G.M. Blair, ibid.

of the progress he is making.
(3) See that the exercises engaged in satisfy some basic goal of the pupil.
(4) Frequently commend the pupil for work well done.
(5) Supply a variety of exercises and activities so that the work will not become monotonous.

(e) 診断テストの工夫

　学力診断と診断テストの性格については前訳 Gates の著書に詳しい。橋本重治「学力検査法」第7章では次のように云っている。

1. 評価対象上、概観テストは広くすべての指導目標を問題にするが、診断テストは主として基礎的な技能や理解や学習習慣、経験的背景をテスト対象とする。前者は広く指導目標から導かれ後者は学習過程に含まれる基礎的要因から導かれる。

2. したがって、普通の一般的評価がすべての学科に必要であるに対し、診断テストは算数・国語のような道具的性格をもつものにとくに必要である。

3. テストの方法上、診断テストは一層分析的である。次々になるべく細かに欠陥の所在を分析して進もうとする。さらにまた、その評価の着眼も生徒の誤認・欠陥・弱点に焦点づけ、正答とか長所は副次的に問題にするに過ぎない。

4. 指導との結びつきの上から、一般的・概観的テストは積極的に「よりよき指導」を狙っているが、診断テストはむしろ消極的に矯正とか治療とかを目当てとしている。

　更に橋本氏は教師自作の診断テストに言及して「この方法は現場の教師の手で使用され易く、また直ちに診断的治療の指導に導いて大きな効果をあげることができる興味ある方法である」と述べている。

　診断テストの作成に参考になる資料として、Teachers College, Columbia University の Teaching English as a Second Language のコースにおける Testing Program をとり上げてみる。

Listening Tests { The sounds of English (Phonemes in minimal word groups in isolation)
The words of English (Phonemes in minimal word pairs in context)

Aural comprehension of connected discourse
Structure Test (Choice of correct forms, function words, and
    word-order patterns)
Reading Test (Connected discourse)
Composition Test (The written English Test — Expository
    composition)

このうち終の三つの領域については既成のテストに基いて診断テストが比較的容易に工夫できるであろう。この場合特に Structure の面では Fries の "structural" 分析が参考になるし、Reading の面では Gates, Strang, Iowa 等の国語の診断テストが参考になろう。F. G. French, Common Errors in English — Their Cause, Prevention and Cure がビルマを中心としての外地の英語教授の体験より生れた実践資料として参考になる。

Aural の面のテストは極めて少い。信頼に足るテストは Michigan 大学 English Language Institute の Fries その他による Test of Aural Perception in English for Japanese Students と Test of Aural Comprehension であろう。特に前者は日本語と米語の structural analysis を基として依成されているので将来の診断テスト依成の上に大きな示唆を与えている。

Oral の面は未開拓といえる。しかし Columbia で行われているように録音器の利用によって分析的に診断する工夫が着々と進められているようであるが、この方法に伴い記録と診断を兼ねた Clifford H. Prator, Jr. Manual of American English Pronunciation for Adult Foreign Students の supplement, Accent Inventory が現れたのは注目に値する。

Kaulfers は Wartime Development in Modern-Language Achievement Testing の中で最近のテストの傾向について論じ、Aural Comprehension Test と Oral Fluency Test に例をあげて詳細に言及している。国語における Oral Reading Test も参考になる。次に実例の一部又は記録の形式を参考のために記す。

    Test of Aural Perception in English
        for Japanese Students

(1) Questions; Part I, Part II. 50 each.

(2) Example 1

    Examiner   It's a boat.
                       It's a boat.
                       It's a coat.

    Examinee's answer   0 ___ 1 ✓ 2 ✓ 3 ___

Test of Aural Comprehension[2]

(1) Questions : Form A, Form B, Form C   Part I, 20 each.
                                                                  Part II, 40 each.

(2) Example 1

    Examiner   There is a circle, a triangle, and a square on your paper. Which is the triangle?
                       (Pause: 12~15 seconds)

Examinee's answer

Example 1

(A) ○

(B) □

(C) △

Example 1 A ___
                   B ___
                   C ✓

English Language Institute, University of Michigan, Test of Aural Perception in English for Japanese Students.

English Language Institute, University of Michigan. Test of Aural Comprehension.

Accent Inventory

Types of Errors   Location in Diagnostic Passage
I   Stress and Rhythm
II Intonation
III Vowels
IV Consonants
V   Vowels and Consonants

例 Diagnostic Passage 1.
> Let me tell you, my friend, that when from other countries come to study in the United States, their classes are certainly not their only job — are they.

に対するIの内容

A — Stress on wrong syllabic words.
  1. — in words of two syllables   1. stúdents, óther, cóuntries, stúdy
  2. — in compound words
  3. — in words which may be used as either noun or verb.
  4. — in words to which a suffix   Without shift of stress : 1.
       has been added.   Certainly
  5. — Others   Without shift of stress :

Clifford H. Prator, Jr. Manual of American English Pronunciation For Adult Foreign Students, Supplement. University of California Press, 1951

Informal Diagnosis of Oral Reading

A check list for recording the oral reading difficulties of class

Name
Inadequate word mastery skill
Errors on small words
Insertions and Omissions
Inaccurate guessing
Poor enunciation
Inadequate phrasing

Word-by-word reading
Ignoring punctuation
Lack of expression
Habitual repetition
Much hesitation
Bad head movements
Poor posture
Improper position of book
Uses finger as pointer
Tense while reading
Volume too loud or soft
Strained voice
Loses place

Additional Comments

Albert J. Harris, How to Increase Reading Ability, pp. 173-177.

Record blank for classifying errors on the Gray Standard Oral Reading Check Tests

No. of Set Used _____

Individual Record Sheet

Progressive Analysis of Errors in Oral Reading

Pupil's Name _____ Age _____ Grade _____

Types of Errors   No. 1 Daily No. 2 Daily
                         No. 3 Daily ......

I Individual Words
   1 Non-recognition
   2 Gross mispronunciation
   3 Partial mispronunciation
     a. Monosyllabic words
       1. Consonant
       2. Vowel
       3. Consonant blends

4. Vowel digraph
5. Pronounce silent letters
6. Insert letters
7. Pronounce backwords
8. Rearrange letters
   b. Polysyllabic Words
      1. Accent
      2. Syllabication
      3. Omit syllable
      4. Insert syllable
      5. Rearrange letters of syllables
      6. Incorrect pronunciation of a syllable
4. Enunciation
5. Substitutions
6. Insertions
7. Omissions
8. Other types of error {

II. Group of Words
   1. Change order
   2. Add words to complete meaning according to fancy
   3. Omit one or more lines
   4. Insert two or more words
   5. Omit two or more words
   6. Substitute two or more words
   7. Repeat two or more words
   8. Other types of errors {

Pupil's test record { Rate / Errors

Standard Scores for the Grade { Rate / Error
Date of Each Test

---

1) W.S. Gray, The Gray Standardized Oral Reading Check Tests, Public School Publishing Co., 1922

Remedial Reading Diagnostic Summary

Name   Date of Birth   Age

Class   Teacher   Home Address

Test Results

Test	Date	Result	Test	Date	Result
Reading			Intelligence		
			Other		

Physical: General Condition
  Defects
  Lateral Dominance: Eye   Hand   Converted?

School History
  Grade Progress
  Attendance
  Marks in Reading
  Other Subjects
  Remarks

Difficulties in Reading
  Word Recognition
  Oral Reading
  Attitude Toward Reading
  Remarks

Family
  Cultural
  Parents
  Siblings
  Treatment of Child

Personality
  Relation with Adults
  Relation with Children
  Temperament. Mood
  Remarks

Hobbies, Interests, Skills

Recommendations:
  Reading

School Adjustment
Advice to Parents
Other
Date of Summary   Made by

Albert J. Harris, How to Increase Reading Ability, pp. 264-265.

Examiner's Reading Diagnostic Record for High School and College Students

Name   Date of Birth   Age
School   Grade   Major
Home Address   Date
Examiner

I. Identifying Data
II. Summary of Results of Standardized Tests
   A. Intelligence and achievement tests
   B. Reading tests
III. Summary of Scholastic Achievement
IV. Medical Examination and Reports on Physical Condition
   A. Summary of medical record
   B. Report of oculist
   C. Results of Betts' Tests
   D. Results of informed eye tests
   E. Photographic record of eye-movements
V. Developmental and Educational History
   A. Autobiographical sketch of his reading history
   B. History of interest in reading
VI. Present Reading Interests (Obtained in Interview)
   A. Reading done during the past week
   B. Other information on reading
VII. Other Interests and Activities
VIII. Present Reading Status
   A. Analysis of Standardized tests
   B. Analysis of reading ability through interview

  C. Oral reading test
  D. Practical test of looking up words in the dictionary
  E. Practical test of using table of contents and index of any book that the examiner wishes to use.
  F. Knowledge of use of study aids in books
  G. Ability to use a library file
 IX Summary
 X Recommendations
 XI Follow-Up

---

1) Ruth Strang, Examiner's Reading Diagnostic Record for High School and College Students, Teachers College, Columbia University, 1939.

 (ニ) 欠陥・長所の矯正・補強

　発見された具体的な欠陥・長所に即して治療・矯正・補強の方法が講じられ、これは究極は生徒の自己診断・自主的練習にまで発展させるべきであろう。

　Personality として働く全人間的な言語活動と、言語活動の機能面における部分々々の確かめとは、互いに相反するものではない。Kaulfers の主張するように、Skills は communication の場においてのみ機能的に真に習得できるということは正しいであろうが、skills の習得にはおのずから系列が考えられ、更に累加的な性格が英語学習の特質と考えられる時に、skills の習得を主にする活動のために時間を設けることも当然とせねばなるまい。材料の作成は前項で考察したように、指導者・場所・時間・進度の示し方等に較べて特に重要である。これはこの材料が Workbook という形になり、それによって個々の生徒の自主的な練習に発展すべきであるということをも物語るものである。

　指導者付自学自習 (Supervised study) が指導計画に加えられてよい。校内外の、指導者のつかない自学自習において、前項の正しい学習習慣の養成は一層必要になる。

　懇談・訪問等による自学自習の実際指導に加えて「生徒の英語学習手引」(Student Manual; Study Guide) を作って、個々の生徒が随時随所、自分に適した英語学習方法がとれるようにする。Cole はこの種のも

のを数種あげ、特に Charles N. Stoubach による手引 How to Study Languages の Contents を示しており、Handschin は各種の手引を要約して模範と思われる例を示している。Hagboldt が Chicago 大学在職中に作った手引（中等学校生徒用、大学生用と二種ある）も知られている。

英語科指導要象の作成が必要である。

個々の生徒に適応するための指導が特に英語学習において前述のような様相を呈す以上、指導の効果を生む要因が綜合的にあげられ、評価の記録も兼ねられた、生徒一人一人に対する sheets 又は handbook を持つ必要がある。これが生徒の側の手引と相俟って個別学習の成果をもたらすことになるであろう。長野県松本深志高等学校は県の昭和25、26年度の外国語教育実験学校としてこの個人指導の問題をとり上げ教師の手引と生徒のための手引を作成した。なお広島県尾道市立長江中学校では個人別に英語科能力進度表を作成している。次にその概略を紹介する。

松本深志高等学校英語科でとった個人指導の方法
(1) 個人調査
 a. Guidance Sheets による調査（様式ⅠA）
 b. "指導票芸" による学習気像（様式Ⅱ）
(2) 診断
 a. Guidance Sheets による全人間的理解と英語学習環境の理解
   (Home Room teacher と密接に連絡する)
 b. 英語学習の診断
  (1) 日常の教室授業或は面接により name table に常に check してゆく。（様式Ⅲ）
  (2) 各目標に対する診断的テストの結果と所見を記録する。（様式ⅠC）
(3) 治療

a. 個人の能力、興味、必要に応じた学習指導をする。	aの一例 学級目標（一年）（様式Ⅳ参照）
b. 欠陥の矯正、長所の補強を重点的練習で行う	生徒副会委員及び記録係 進行係をおいた会合に
c. 正しい work habits の養成につとめる (1) Hand book による啓蒙（Hand book 参照） (2) 面接による個人指導	に会議制進行の指導（一年） 読書指導（別項を見）

d. 父兄への通知 —— 診断指導の所見に重点をおく英語科通知表（様式Ⅴ参照）による。

Guidance Sheets

A. General Background

Name　　　　　　　Home Room　　　　　　　Age

Physical Handicap

Emotional Tensions, Work Habits, etc

Future Intentions

Influence of Home, Parents, and
 Other out-of-School Factors

Mental Ability (I.Q.)

Special Interest & Club Section

Language Facilities:
- a. Radio
- b. Grammophone Records
- c. Club
- d. Other Languages
- e. Dictionaries
- f. Reference Books
- g. English Books Periodicals
- h. Other Informational References

B. Assignment

最低契約の生徒から全領域に亘って契約する生徒が考えられる。

契約の基準	最低契約	契約	
学習資料の性質	基礎 (Basal)	補充 (Supplementary)	
		教室外 (Outside)	自由 (Free)
学習の面 { Hearing, Reading, Speaking, Writing }	精　　多		
		契約宿題	
学習資料の種類	教科書	図書館の資料	
		読物リストより選ばせる。	生徒各自の必要と関心から選ばせる。
	視　聴　覚　教　材		
学習の形態	学級・グループ・個人	グループ・個人	個人
学習の場所	教室	校内	校外

a 学習資料は広く求める。
b 個々の生徒の能力・必要・関心に応じて近づき方学習の量質は異なる。
c 契約宿題 (projects; contracts) を課す。
d 宿題も成績の重要な一部とする。
e assignment は次の様式で経過と結果を記録する。

Term	Assigned Date	Finished Date	Individual Group Class	Materials	Comments

C. Diagnosis and Remedial

Phases	Instrument Used
1. Hearing Ability (Understanding the language when spoken) Understanding: (1) Individual sounds (2) Words and phrases (3) Sentences (4) Connected discourses 2. Speaking Ability (Speaking, with good pronunciation, with good intonation, and with reasonable accuracy, the language as used in actual situations) (1) Pronunciation including intonation (2) Oral reading (3) Oral composition (4) Oral questions and answers, conversation, and discussion. (5) Oratory 3. Reading Ability (Reading for content with as little translation as possible) a. Intensive reading Understanding: (1) Words and phrases (Passive vocabulary) (2) Word-forms and sentence-structure (Passive grammar) (3) The cultural background (4) Nothing details of description (5) Grasping a central idea and following its development (6) Appreciation b. Extensive reading 4. Writing Ability (Writing freely in the language with reasonable accuracy) (1) Spelling (2) Punctuation Using: (3) Words and phrases (Active grammar) (4) Word-forms and sentence-structures (Active grammar) (5) Composition (6) Observing the manuscript form 5. Learning Activities (1) Motivation (2) Planning and preparation (3) Attitude in school, especially in class (4) Consolidation by note taking, home work, etc. (5) Application to school, home, and community life 6. General Comments	

Treatment

Defects Discovered	Cause	Remedial Treatment	Improvement	Follow-up

様式 I

英語科 指導原簿

氏名				年 月 日 第 学年入学	出身校	中学校 高等学校	教科					

定期調査	年 月 日	国語	社会	数学	理科	体育	音楽	図画	工作	裁縫	家庭	職業	英語	知能	クレペリン	ペン	
	年 月 日																
	年 月 日																

目標及び所見	A	B	C	D	所見（其の他の記録）	出欠状況	担任氏名
中学校							
科目						授業時数	学科
H.R						欠席時数	
年 組 番 グループ	I学期					授業時数	
						欠席時数	H.R
	II学期					授業時数	
単位						欠席時数	
	学年						
科目						授業時数	学科
H.R	I学期					欠席時数	
年 組 番 グループ						授業時数	
	II学期					欠席時数	H.R
単位						授業時数	
	学年					欠席時数	
科目							
H.R	I学期						
年 組							

様式Ⅱ

	H			
N A M E	S			
	R			
	W			
	T			
	A			

	H			
	S			
	R			
	W			
	T			
	A			

	H			
	S			
	R			
	W			
	T			
	A			

	H			
	S			
	R			
	W			

No.の個所は席番
下へ名前を入れる。
Hは Hearing
Sは Speaking
Rは Reading
Wは Writing
Tは Writing Test の結果
Aは Attitude

No	H			
	S			
	R			
	W			
	T			
	A			

様式Ⅲ

Date		Weather	
Absente			
Activities			
Impression and Reflection			
Remarks			
Writer			
Teachers Comments			

様式Ⅴ　　　　成　績　通　知　票

氏名											
科目	所属	学科担任	学期	目　　標				所　　見	授業時数	欠席時数	保護者捺印
				A	B	C	D				
単位 グループ	年 組 番		Ⅰ								
			Ⅱ								
			学年								
単位 グループ	年 組 番		Ⅰ								
			Ⅱ								
			学年								
単位 グループ	年 組 番		Ⅰ								
			Ⅱ								
			学年								

評価目標

A　Reading Ability（文字を通じて理解する能力）
　　a 精読
　　　①語句の知識；②語形・構文；③文化的背景；④記述面細部，の理解
　　　⑤文意の展開及び大意の把握；⑥鑑賞
　　b 多読

B　Speaking Ability（口頭で発表する能力）
　　①発音；②音読；③口頭による作文；④問答・会話；⑤演説等，
　　をする能力

C　Writing Ability（書くことによって発表する能力）
　　①綴字；②句読法；③語句の活用；④語形構文の運用；
　　⑤作文；⑥書式の理解修熟

D　Hearing Ability（聞いて理解する能力）
　　①個々の音②語句，の弁別；③文④まとまった話，の理解

学習活動　E　①興味感想②自ら計画をたてて研究する習慣③教室内の学習態度④ノート・家庭作業などによる整理⑤実生活への活用

備考：◎優秀　●良好　○普通　△工夫・改善が必要である　×大いに勉励・努力が必要である。

松本深志高等学校

Ⅲ 2 C (1) の補足

読書指導とその経過

(1) 指導原案により必要読書を課する。
(2) 生徒の能力、興味、必要に応じた読書指導
  (a) 生徒が所有する図書の読書指導 (Guidance sheet による)
  (b) 学校図書館の図書の読書指導
(3) 読書指導のための研究
  (a) 希望図書を生徒の大体の成績を考えて授与
     読了後 report をとり（次表参照）現存図書の配列調査を行いつつある。
(4) 生徒用の学校図書大体200冊ある。基本的と思われるものは グループで輪読出来ること、大ぜいに読む機会を与えることに配慮して五冊以上同じものを揃えようとしている。
(5) 読書指導計画がたち次第、学校図書の充実を計るように進めている。

```
        Outside Reading Report
Home room            Name         No.
Title
Author
Date
Résumé               Time spent
```

Matsumoto Fukashi High school
Foreign Language Department
Reading Record

Class Text				Supplementary Reading Record				
Grade section	Title	Author	Date	Grade section	Title	Author	Page	Date

(註) 最低一週二時間の教室外読書（一学期150頁平均）が契約され、月二回平均レポートを提出させ、学期に一回記録 (Record) を提出させ承認 (approve) する。この記録調は将来「生徒の手引」にも加えられ、学習の個人記録の一つとして卒業後まで保管できるようにする。

Ⅲ 2 (2)(A)の補足

「生徒の手引」の目次だけを示す。

Handbook for Foreign Language Learning
　　Contents
　　Introduction
Ⅰ　外国語学習の一般目標
Ⅱ　〃　　　　　　直接目標
Ⅲ　学習到達基準
Ⅳ　外国語学習の一般的注意
Ⅴ　読書力はいかにして養うか
　A. 意識的に組織的に毎日読むこと
　B. Intensive, Extensive の両読及は相補強すべきもの
　C. Extensive Reading をする上の注意
　D. Vocabulary
　E. Grammar
　F. Cultural Background （文化的背景）
　G. Appreciation
　H. Translation
Ⅵ　聞く力はいかにして養うか
Ⅶ　話す力はいかにして養うか
Ⅷ　書く力はいかにして養うか
　　附　推薦読物リストその他（準備中）

（註）　この手引は生徒自身が外国語学習の目標をよく心得て、自分にふさわしい学習方法が発見出来るよう助言するために作られている。学習の意義を心得ていれば、徒らに焦ったり落胆したり、学習の効果に懐疑的になったりしないであろう。これだけのものなら必ずしも生徒に持たせる必要はなく、先生が折にふれてこれを基にして話してやってもよいのでもし生徒に持たせるとすれば余白をとって生徒が新々に書き加えられるようにしたり、進歩の記録を自分で出来るような欄を設けたり色々工夫することが肝心と思う。

広島県尾道市立長江中学校による個人別英語科能力進度表

英語科能力進度表 (3年) 尾道市立長江中学校　第三学年 第( )学級 ( )番 氏名( )

第一単元 春 (復習及関係代名詞)　　第四単元 感謝祭及聖誕祭 (第二第三単元復習)
第二単元 夏 (過去完了)　　　　　　第五単元 冬 (既習三年間の復習)
第三単元 早秋 (話法)　　　　　　　開光単元 三課 (愛しとの友,運動精神と民主主義,教育の意味)

	読		話			聞	書
	観察	ペーパー観察	会話	ペーパー		ペーパー	ペーパー
	朗読	解釈	口々問答	口作答文	口筆問答	筆答問答	書取 作文

第1単元 Spring (Relative Pronoun)
1. 現在と現在進行形を知っている
2. 過去と過去進行形を知っている
3. 労働態の形及働き
4. 助動詞+beの形とその後にくるもの
5. 文と文を結ぶもの及文と節を結ぶもの
6. 関係代名詞の関係とは何であるか,他の品詞に置換えたら
7. 先行詞とは何で,どんなものが先行詞になるか
8. 関係代名詞となる単語はどんなものであるか
9. 関係代名詞になる者の特徴
10. 関係代名詞の名の見分け方
11. 同一の単語で関係代名詞と他の場合の見分け
12. 関係代名詞を省略する場合

第2単元 Summer (Past Perfect)
1. 現在分詞と過去分詞の形と品詞としての働き
2. 不定詞の形とその働きがなされる三つの品詞名
3. 動名詞の形と働き
4. 現在と現在完了形の違い、形　働き
5. 過去と過去完了形の違い、形　用法
6. 過去完了形を使おうとしない時の方法
7. 現在分詞の特徴 ─┐
8. 動名詞の特徴　　┘ 相互の区別
9. 過去完了の意味及日本語との関聯
10. 不定詞の名詞用法となる場合の働き
11. 〃　　形容詞用法となる場合の働き
12. 〃　　副詞用法となる場合の働き
13. 現在過去各々の分詞の働きの違い

14 助名詞の働きの相違						
15 関係代名詞の制限的と連続的用法の働きと意味の違い						
第3単元 Early Autumn (Narration)						
1 造法の名称及特徴, 内容						
2 単なる過去と過去進行形 過去の意味の分詞構文						
3 現在分詞の種々の用法						
4 現在分詞と過去分詞の単独修飾						
5 関係副詞になる単語と先行詞						
6 関係副詞と関係代名詞の相違						
7 強意の為の副詞の用法						
8 関係代名詞関係副詞の前に前置詞が来る時						
第4単元 Thanks-giving and Christmas (Review) 前述に付省略						
第5単元 Winter (Review of the Three Steps Already Learned)						
1 正しいA B Cの書方, 種々の記号						
2 正しい発音						
3 品詞の数, 名称及単語						
4 各品詞の働き						
5 単語の品詞による区別						
6 文の形の数, 名称, 各文形を代表する文章						
7 文の形と品詞の関係						
8 **文の種類**						
9 肯定文を基礎として種々の文の作り方						
10 時制の種類と形						
11 能動形, 受動形, 相互の転換						
12 正規の品詞に入ってない冠詞, 数詞, 助動詞について						
説明単元						
1 種々の機具設備による英語学習						
2 参考となる本						
3 普通部門と応用部門の相違						
4 応用部門 詩・歌, 劇の特徴						
5 論説の主題のつかみ方						

6. 英語文明の影響

	能力							
読む	1 weak form の読方が上手になる							
	2 accent に関する簡単な法則を知ってる							
	3 falling intonation が出来る							
	4 rising intonation が出来る							
	5 両者の併用が出来る							
	6 正しい stress を置いて読める							
	7 正しい tempo で読める							
	8 正しい pause を置いて読める							
聴く・話す	1 英文で表わされた英語を聞いて大体の意味がとれる							
	2 英語会話の放送を聞いて理解出来る							
	3 簡単な日常会話文が暗誦出来る（依頼,質問,謝罪,案内,電話,買物,訪問,天候の諸法）							
	4 簡単な英文，演説文を暗誦し朗読出来る							
	5 簡単な日常会話が出来る.							
	6 相手の話す理点を捕えて自分の思っている事が話せる							
	7 教室に於て遅刻,欠席の理由,時間中の退席,教材の質疑応答							
書く・作る	1 words が正しく書ける							
	2 sentence が正しく書ける							
	3 簡単な dictation が出来る							
	4 基本文型が正しく使える							
	5 習った文型を使って文章,手紙,日記をつける事ができる							
	6 簡単な口頭作文が出来る							
	7 不定法を使って文章が書ける							
	8 分詞 〃 〃							
	9 動名詞 〃							
	10 現在完了,過去完了を使って文章が書ける							
	11 関係代名詞,関係副詞を使って文章が書ける							
	12 直接話法 間接話法の簡単なものを把握し置換え出来る							
	態度	学	答					
	1 学習態度が英語同によく発表，活動する							
	2 よく質問をする							

3. 宿題を忘れない、ノートの整理がよい						
4. 継続的に熱意を持っている						
5. 課外にも研究をしている。読書、映画、ラジオ等						
6. 工夫して作文したりする。外国語で手紙を書いて出している						

3. 集団指導との関係

　personality の形成は、人間との環境との interaction によって行われること、言語活動そのものが人間によって構成される社会的環境の中において行われることを思う時に、個々の学習が集団を通して行われ、互いの貢献によってそれぞれの学習が進展すること、従って個別指導は集団指導の中でこそ究極の目標を達成するということになるであろう。これは正しい方向であり、又実際的でもある。Kaulfers が social な situation を特に重視していることは既に触れたが、Harris も前掲の書の第二版の序文で次のように述べている。"During the past seven years, major emphasis in reading instruction has shifted from the development of remedial programs to the incorporation of individualized and remedial techniques into everyday classroom instruction."

　E.G. Williams は最近の著書で guidance の立場から次のように書いている。Kaulfers の "there must be a more conscious recognition of the reciprocal relationship between guidance and the curriculum." の言葉と併せ考えてみると、行くべき方向を示しているように思われる。

　Following the conflicts of impersonalism versus personalism on the one hand, a mass versus individualized instruction on the other, student personal work has recently emerged as a methodology for dealing with students individually in the

---

E.G. Williams, Counseling Adolescents, Ch. IV. Some Current Instructional Problems, Summary. 1950, McGraw Hill.

context of institutional work. In a real sense this movement has aided in the resolving of the two conflicts described in the preceding chapter. How to find and aid the individual student without isolating him from his fellow students — that is the point of view and task of student personal worker.

In this chapter, for purposes of illustrating the nature of personnel work, certain aspects of personnel work were applied to an analysis of educational practices programs. Special attention was given to the usefulness of student personnel techiques in increasing the effectiveness of classroom instruction through more careful selection & sectioning of students. Attention was also given to the ways in which counseling and other personnel services could be profitably used to reduce and prevent scholastic mortality and failures.

Bibliography

Charles H. Handschin, Modern Language Teaching, Ch. 11 Ch. 13 Yonkers-on-Hudson, 1940

Walter V. Kaulfers and Others, Foreign Language and Cultures in American Education, pp. 14-16, McGraw-Hill, 1942

Harold Dunkel, Second Language Learning, Ginn, 1943

Algernon Coleman, The Teaching of Modern Foreign Languages in the United States, pp. 111-113, Macmillan, 1929

Robert Cole, Modern Foreign Language and Their Teaching, Ch. 14

Gates and Others, Educational Psychology, Macmillan, 3rd ed., 1948

William Burton, The Guidance of Learning Activities, Appleton-Century, 1944

G.M. Blair, Diagnostic and Remedial Teaching in Secondary Schools, 1946

A.J. Harris, How to Improve Reading Ability — A Guide to Individualized and Remedial Methods, 2nd ed., 1943

C.M. McCullough and others, Problems in the Improvement of Reading, McGraw-Hill, 1946

橋本重治, 「学力検査法」金子書房, 昭27.

F. G. French, Common Errors in English — Their Cause, Prevention and Cure, Oxford Univ. Press, 1949

English Language Institute, Univ. of Michigan, Test of Aural Comprehension, 1946

〃 , Test of Aural Perception in English for Japanese Students, 1950

Clifford H. Prator, Jr., Manual of American English Pronunciation for Adult Foreign Students, Accent Inventory, Univ. of California Press, 1951

Walter V. Kaulfers, Wartime Development in Modern-Language Achievement Testing, M L J, XXVIII, 2, Feb. 1944. 136-150

W. S. Gray, The Gray Standardized Oral Reading Check Tests, Public School Publishing, 1922

Ruth Strang, Examiner's Readings Diagnostic Record for High School and College Students, Teachers College, Columbia Univ., 1939

E. G. Williams, Counseling Adolescents, Ch. IV, McGraw Hill, 1950.

b. 集団指導

1. 特 貨 ……指導の場としての集団には二つの根本的に相反する方向が考えられる。一つは個人差に応じてその個性を能率的に深め伸ばすために望ましい等質的な個性集団と、他の一つは社会構造的な環境の下に社会の一員たるに相応しい協同主体を形成するために予期されるべき異質的な個性集団とである。次は名古屋西高校で見られる二つの指導の場の実態であるが、多くの中学校に於ても略これに準じて、別々に二つの指導の場を依っているようである。

　　(イ) 学力別等質クラス〔英語・数学・国語・理科〕
　　(ロ) 志望別等質クラス〔商業・農業など〕
　　(ハ) 性別異質クラス〔体育・家庭〕
　　(ニ) 年令別異質クラス〔芸能・社会・ホーム〕
　　(ホ) 超学年異質集団〔生徒会・クラブ活動〕

而し理想的にはこれら二つの指導の場は統合されてあるべきであろう。前述

の如く各個性の伸張こそ、個体が夫々の奉仕分野を有機的全体に対してより
よく担い得る社会人となることである以上、個性化と社会化は決して矛盾す
る二つの方向ではなく、同一事実の裏表に過ぎない。この点 J. L. Mursell
は指導の場としての集団の性格を次の如く六段階に分けて大きな示唆を与え
ている。[7]

　　第一段階……平均生徒を対象として一定の授業計画の下に一定の学習活
動が行われるもの。

　　第二段階……I.Q., M.A., E.A. などに基いて二つ又は三つのレヴェル
の能力別集団を作るもの。

　　第三段階……二つ又は三つのレヴェルに分類された多くの学習作業を計
画し、生徒の自由意志で選択せしめた上で之を指導するもの。

　　第四段階……クラスの観念を捨て、全く個人指導形態に重きを置くもの。
（例えば Dalton Plan 或は Winnetka Plan の如く）

　　第五段階……一つの unit を広く且多角的に取扱い、而も夫々に関連
した多くの選択学習作業を用意するもの。

　　第六段階……生徒自身の orientation を導き、身辺有問題から展開して
協同作業形式で授業を運ぶもの。

　Mursell は更に此らの諸段階を批判している。即ち第一段階は従来普通
に行われているものであるが、この「平均生徒」と言う幽霊 (Ghost Word)
は一体何処にいるのかと痛言し、尚その存在を容認するとしても棄てられた
優秀者遅進者のためにも許し難いと言う。第二段階は一応量的質的な拡がり
を認めた意味では進歩であるが、第一段階の非難は少しも減らず当てはまる
筈である。第三段階ではAレヴェルでは高度の学習作業Bレヴェルでは平均
の Cレヴェルでは所謂 minimum essentials を課する訳であって謂わば
第二段階を生徒が勝手に選ぶだけの進歩であり、課業は量的差異があっても
質的差異が考慮されて居らず、且つ生徒の選択は往々にして安易さど点かせ
ぎ等から誤り易い。第四段階の Winnetka Plan[8] は午前中教科学習を行い
午后は各自自由に教師の指導を受けつつ研究する形態で、例えば国語科だと
ては生徒の読むべき本を約1500冊ほど興味と難易の面から grade 分けし
た list を完成して、生徒の午后の活動はこの中から自己の grade と興味
に基いて一年に15冊以上を読み、考査を受けて合格すれば grade が昇り得
るのである。Dalton Plan[9] も概ね之に準ずるが唯違う点は一ケ月に20単
位から成る job を契約完成する責任の他は全然自由で、学校は恰も一つの
Laboratory の如き観を呈するのである。Mursell はこれを評して「個々

人の個性伸張の点で見るべきものが大きいが，有機的全体としての協同作業的訓練への顧慮がない」と言う。第五段階では最も理想形に近いが，唯知的要素が勝ちすぎることと選択課業に第二段階と同じ欠陥が予想される。それにやはり生命的機能的統一にやゝ欠けると評し，第六段階が完全なる指導の場であると結んでいる。

この経験力リキュラム中心の考え方が我国の現状から推して直ちに当てはまるとは思えないが，これに含まれる示唆を生かして先づ同質学級の十全なる研究と実施に心掛くべきが本当ではあるまいか。

(1) J. L. Mursell : Successful Teaching (19)
(2) 愛知県教育文化研究所 : 個人差に応ずる英語の学習指導 (昭27)
(3) 愛知県碧南市立新川中学校 : 新らしい中学校の経営 (昭25)
(4) 同上
(5) 愛知県立昭和高等学校 : 研究集録 (昭26)
(6) 愛知県碧南市立新川中学校 : 新らしい中学校の経営 (昭25)
(7) J. L. Mursell : Successful Teaching (19)
(8) Carlton Washburne : Winnetka Plan
(9) Helen Parkhurst : Dalton Plan

(4) 同質学級に対する一般的考察

新教育の目標は結局 (1)個人的能力 (2)社会的市民的能力 (3)職業的能力の獲得を眼ざして行われるものである。個人的能力の最高度の成長発揮をはかるためには個性に最も即した適切な指導が望まれる。それ故に能力に基づいた指導が必要とされるわけである。かくして能力別による指導が考えられる。能力別による指導は中学校に於て行われる場合大別して次の二通りになるであろう。即ち，

(イ) 異質学級内に於けるグループ別指導

(ロ) 同質学級によるグループ別指導

(イ)は比較的小規模の学校に適し，(ロ)は比較的多数の学級を有する学校に於て行われる傾向がある。

この方法について米国では長い間計画的統計的に実験を重ねて来たのは米国である。仮令その結果は未だ充分に確定されるに到らないにしても，実験的見地から相当に成功しているものと思われる。

この方法が考えられたのは我国でも必ずしも新しいこととは云われないが、以前は或る特殊な一部の方面に於て試験的・実験的に行われていたのに過ぎなかったが、終戦後新学制の実施に伴い、従来の劃一教育から個人差に応ずる学習指導が喧しく云われるようになって再び検討されるようになったものである。

(5) 望ましい同質クラス編成における留意点

a 編成の基準

homogeneous grouping と一般に呼ばれているが如何なる *grouping* をしても総ての点において *homogeneous* ではあり得ない。*N. Douglas* は特定の教科に限定しない一般的な *ability grouping* がたとえそのすぐれていることが異口同音に承認されてはいないが多くの実験よりして望ましいと言っているけれども、各教科に亘る *homogeneity* を保証する *grouping* の方法はないということが一般に認められている。然しながらある特定の教科については、特に累加的学習を必要とする外国語科等においては、学習指導を生徒の *ability* に適応させるため有効なある種の *homogeneity* をもった級を編成することが可能であり、且つ又学習指導により有効である。*Douglas* は *homogeneous grouping* の *criteria* として頻度の順に次の項目をあげている。

(1) 知能検査の得点又は精神年令
(2) 知能の教師の評価
(3) 学習成績の教師の評点
(4) 知能指数
(5) 勤勉度の教師の評価
(6) 標準検査の得点
(7) *Prognosis test* の得点

これらの中で当性の多いものは、(1)特殊な *Prognostic test* (2)学習成績と *ability* の教師の評価、及び (3)精神年令と I.Q. だとしている。これは一般的な *homogeneous grouping* の *criteria* として *Douglas* のあげているものであるが、*Monroe* の *Encyclopaedia* には新入学生以外の生徒については英語科においては、(1) I.Q. (2)標準テスト (3)前学期の成績等が *grouping* のデータとして適当なものであり、この三者を総合して *grouping* を決めることがよいとしている。*Douglas* も本一つの *Criteria* の入れて *group-*

ingすることには不賛成であるが、又Criteriaが3以上になる時は その目的に副うgroupingができないとして、上述の妥当性の多いcriteriaとして挙げた三つのcriteriaをstandard deviation T-score, ranks或いはpercentileに換質してその平均をとり、これに補助的要素として生徒の社会的経済的事情や健康度等を参考にしたらよいであろうと言っている。DouglasとMonroe に共通するところのものはI.Q.と英語の学習成績であり prognostic test は日本では行われ難い。I.Q.は"what the student can do"を示すものであり、学習成績は"what he has done"を示すもので、ってこの両者はかなり高い相関関係を示すものである。英語科の学習が"what he has done"の上に累加的に行われるものであるからして、若しどうしても単一のcriteriaを選ばなければならない場合は、実際的な方法として知能や勤勉度をも内包するものとしての英語学習成績をとるのが妥当であろう。

homogeneous grouping の段階は学校の大きさによって異るが一般的にDouglasもTharpも支持している如く三段階が実際的である。三段階以上になるとそのgrouping の正確度が保たれないしmisplacementが多くなる上に、その段階に応ずる学習指導要領を作ることが困難になる。三段階に分けることにより上位の生徒はできるだけ急速に進歩することができ、又中位下位の生徒は上位の生徒がいないことになり別に不利にはならないで、heterogeneous grouping の中におけるよりも高い成績を示すことができる。

homogeneous grouping を始める時期は学力差のためheterogeneous grouping においては生徒の個人差に応ずる学習指導が困難になった時期であろう。これは一学級の生徒数や教師の指導方針とも関連するので一般的には決定し難い。然しながら英語を始めて学習する中学校一年の始めからhomogeneous grouping をするよりは二学期始め又はそれ以降の方が適当ではあるまいか。

homogeneous grouping において生徒配置の決定は誰か。熱心な教師は自らの定めたCriteria によって恣意的にクラス編成をする傾向が一般に強いと言われているが、生徒のcomplexによって割切れないものを残す惧れがある。自分の能力に適したクラスに編入せられ、その所以を自覚して自分の最善をつくすという態度は高次の生活態度であって、すべての生徒に求めることはできない。教師は資料を生徒に提供し指導はするが最後の決定者は生徒である。又中間の生徒は生徒の選択の自由にゆだねるのもよい、又高学年

においては、特に高等学校のように生徒自ら教科選択を行い得る場合は、各クラスの学習指導要領を示して、生徒に自ら選ばせるのもよい。

b. 編成の融通性

homogeneous grouping はその Criteria についての homogeneity が失われた時は当然 regroup されることを予想する。時間割の関係上不可能でない限り必要な場合編成をかえることが必要である。又編成替を行うことは生徒の進歩へのよい刺戟となる。Douglas の調査によれば最低にも少くとも 30% の misplacement があるという。Regrouping のためには学習成績のみでなく、異なる学習をしている学級の比較のために出来うれば標準学力検査を行う必要がある。

c. 生徒数の比

三段階の homogeneous class を作った場合夫々のクラスの生徒の比率は Douglas によれば生徒の能力が正常分布するものとして上位のクラスは20-25%、下位のクラスは 12-15% と言っている。勿論この比率は日本において実施し難いものであるが、一般的に下位のクラスの生徒数を少くするのがよいことは云うまでもない。

d. 実際面の問題

Homogeneous grouping で常に問題となるのは Superiority Complex と Inferiority Complex の問題である。このことは全教科について固定した homogeneous grouping をする場合重大な問題となる。然しながら complex を意識するのはむしろ親の方が甚しく、指導よろしきを得れば、下位の生徒は"わかる"授業のため却って学習に興味をもってくるようになった例は多い。又上位のクラスに編成替せられた生徒が進んで元のクラスに帰った例も多い。然しながら特殊な生徒にあっては下位クラスに編入せられた場合、他の原因と相まって不適応をおこすこともあるから personal work の面において常に留意していなければならない。又この為にはクラス名に優劣を現わすような名称をさけることも必要である。

又教師の配置については特に下位のクラスに有能な教師を配置することが望ましい。又時間割と教員数等の関係から数学科と組合せて homogeneous group を編成している学校もあるが、数学科の累積的性格上、若し数学科と英語科の相関関係が相当程度認められれば、実際的解決の方法として、階

切ないものであるかも知れないが、この問題は今後の研究を要する問題である。

(6) 同質クラス編成における指導の問題

a 指導にあたって考えるべき点

1. 各学級の指導上の狙いを確認して夫々の実情に即した方法をとること。
2. 上位組には中間組に授ける事項の外に各生徒に適応した或る程度難しい知識技能を授ける。反対に遅進組には難しくない基礎的訓練知識内容を与えて少しでも中間に近寄らせるよう努める。中間組の生徒の指導は生徒数も最も多いだけ一層の注意と配慮が望ましい。若し形式的な指導に流れるとその学力を上位よりはむしろ遅進の方に向い易い。
3. 遅進組を指導する教師は校内で時に優れた指導力と人格とそれに出来るだけ経験の豊富な人であることが望ましい。
4. 一回同質学級を編成したら少くとも一学期間は継続し、毎学期末に編成替えをすることが考えられる。その際著しく学業の回復（改善）した生徒は上の学級に進める。この場合進級者がその学級生徒に対する一学期のおくれを回復しうるよう適切な指導が必要であろう。さもなければ折角進級しても次の学期末までに再び下級に戻りそうな虞れがある。
5. 始めて組分けをする時期としては一年の二学期から実施する学校もあるが、生徒の個人差が一学期でははっきり現われないことがある。その場合をも考えて見て二年の始め（又は一年の終り）に行うことが妥当だと思う。

b 可否についての意見

同質学級編成については賛否種々の意見があり、その内容も一様でない。

N. R. Douglas は、同質学級は教育の適当な且つ有効な適応が行われた場合に優れた結果が現われるであろうととなえた。又米国に於ける同質学級の反対意見は大別して次の二点にあるが、これは能力別編成そのものの反対しての意見ではなく方法上の問題についてであろう。

(イ) その編成が知的な方面だけを基礎としているところに難点がある。
(ロ) 個人における社会性の発達にとって満足出来ない。

と云うのであるが異質学級中にはあらゆる種類の生徒がはいっているのでこのままでは指導が困難であろう。又社会には異質の人々が雑居しつつ互に扶けて善良な市民として社会のために貢献するが望ましいのは当然であるが、同質学級編成の際他の科目との組合せに於てその個人を生かす方法をとれば

決して不当なことはないと思う。

尚お我国には上記の米国の反対意見の外に次の如きものがある。

(ハ) 同質学級編成は指導者の立場よりすれば便宜的・能率的な方法であろうが生徒側から見れば甚だ不穏当な制度である。何となれば、㋑上位者のみに指導の勢力が注がれ中位以下は閑却され易い。㋺同質学級編成の基準に何人をも納得させるような客観性が乏しい。㋩所属の決定は教師がするのか、生徒がするのか、父兄がするのか、又は皆で合議の上でやるのか判然しないという意見であり、一応肯ける。然し㋑は指導者の細心の注意と周到な準備と熱意によって防ぎ得る。㋺は目下のところ純然たる客観性を具えた基準は依然が困難ではあるが或る程度まで在来の方法によって目的を達しうる。㋩は教師、本人、父兄の三者が充分に協議の上了解して決定するならば問題がない。㊁は生徒及び父兄の優越感及び劣等感に就いては㋩と関連した問題であるが、これについては学校側殊に教師としては飽くまで正しい意図と生徒本人の将来を考えての措置であることを父兄及び本人によく徹底させておくことを怠るべきではない。又表れる競争意識を助長し、或は学習意欲を喪失する原因とならぬよう注意すべきである。生徒よりも父兄の体面上から優越感や劣等感が出ている場合が多いことを知るとき父兄の深い反省を望みたい。又教師の側でもこの編成について些少なりともその公正を疑われるようなことのないよう戒心すべきであろう。

(ニ) 学校側に於ける同質学級編成の困難には、㋑授業時間割作製上の困難 ㋺教室、教具の不足 ㋩教官数の不足、その他種々の制度があり反対される向きもあるが、この点については学校経営に関する問題でもあり学校側に於て最善をつくされるよう期待する外致し方ないところである。

C. 英語科における同質 class 編成の実情

1. 必要

先に個人差の実態とそれに即した指導の必要を述べたが、こゝに広島県全中学校生徒の英語学習で困難を感じている点の調査結果をあげて見る。

生徒の英語学習面から困難を感じている点（26年9月30日現在）

理由別	%
教材の程度が高いため	8.5%
能力差が著しいため	54.3%
基礎が不充分のため	13.0%
興味を持たぬため	14.4%
教科を軽んじているため	5.9%

合併授業のため	1.6%
その他	2.3%
	100.0%

　昭和25年度広島県で4高校を選んで能力別classと非能力別classに分けて実験をしたところ、26年2月の成績で次のような結果を得ている。

能力別、非能力別学級比較テスト成績

施行期日 26.2.4
参加校 4校

（註）B校は普通科のみ能力別

	能　力　別	非　能　力　別
A校	8（普5実3）クラス	0
B校	2（普2）クラス	1（実1）クラス
C校	0	4（普3実1）クラス
D校	0	4（普3実1）クラス

		学級数	受験人員	総平均	100点法における得点段階別人数								
					100〜90	90〜80	80〜70	70〜60	60〜50	50〜40	40〜30	30〜20	20〜10	10〜0
I	能力別	10	402	36.28	2	9	17	19	41	63	98	94	51	8
	非能力別	9	367	28.77	0	4	7	10	20	33	58	125	95	15
II	能力別	7	295	40.29	2	9	15	17	40	59	75	56	21	1
	非能力別	6	243	30.27	0	1	7	8	16	26	43	81	53	8
III	能力別	3	107	25.22	0	0	2	2	1	4	23	38	30	7
	非能力別	3	124	24.38	0	3	0	2	4	7	15	44	42	7

（註）
　I……全受験人員を能力別と能力別でないものとに分けた場合
　II……普通科に関し　　〃　　　　〃
　III……実業科に関し　　〃　　　　〃

　昭和25年度初めて能力別学級を編成して一ヶ年学習指導をした結果を学年末に評価したものである。参加校は府中・戸手・上下・神辺の各高校である。大体種々の条件は似かよったもの。四校より問題作成委員を出し問題を作成期日を決めて四校同時にテストを実施。上表で判る通り実業科に関しては余り差が出ない。普通科のみの場合が一番はっきり差が出ている。

2. 実態

広島県の全中学校における能力別学級編成校の数は26年9月30日現在次の通りである。
(1) 能力別学級編成をしている学校。263校中62校（26.2％）
(2) 上のうち英語科を能力別学級にしている学校。62校中58校（93.5％）
　註　能力別学級編成をしている教科では英語第一位で、次が数学（77.4％）、次が国語（32.3％）になっている。

3. 問題点と注意点

愛知県教育文化研究所昭和27年11月発表の「個人差に応ずる英語の学習指導」において等質編成による学級の指導計画と指導上の要注意点を述べている。次にその要約を記す。
(1) 等質編成がされているから個人差に応じた教育がされていると思ってはいけない。一学級内においても相当に個人差があり、その級内における適切な個別指導・分団指導が考えられねばならぬ。
(2) 最上位の級の最上位に属する者には更にその能力を伸張させるために課外に同好会などを組織してグループ研究会などを奨励し、自発的に自主的に研究させる等はよい試みであろう。
(3) 最下位の級には十分留意し、不振の原因をよく探求し、なぜ間違いが起きたか自己反省させる必要がある。文化的貧困のため不良になる生徒もあり、身体・精神の異常者も最下位の者の中にあるので、診断テスト分析テスト等で特にひどい欠陥を発見し、治療教育を行わねばならぬ。治療教育で全治した者には一定期間予防教育を行って治療教育が無にならぬように注意せねばならぬ。しかしこの際教師の負担は充分考慮しなければならぬ。
(4) 中位の級に属する生徒は一般にやり方が分らないのは少いようだから drill の機会を多く作ってやるべきである。勿論この際も個別指導・分団指導について考えるべきである。
(5) 各級とも特に目立って成績が向上した者、低下した者については case study を行ってその原因を充分究明して級編成の妥当性を反省する参考とすべきである。
(6) 生徒の劣等感について充分の注意とその対策を要する。頑分けの境目にいる生徒について、例えば上位級の最下位の者と次の級の最上位の者とを比較すると精神的に非常に相違が考えられる。前者は劣等感を抱き成績は不振になり易く、後者は優越感を抱いてますます勉強するので、一

故に後者は前者よりよく誤る傾向が考えられる。この点は十二分に注意を要する。

3. アメリカ英語

一口にアメリカ英語といっても、それがどういうものであるかを知らなければならないであろう。そこで先づ、(a)アメリカ英語とは何か、(b)アメリカ英語の取扱い、(c)今后の問題と分けて考えてみよう。

(1) アメリカ英語の定義

アメリカ英語の定義については、肯定否定種々の論議が成され、且学者の間にも各々の立場に於いて相異があるが、ミネソタ大学助教授 John W. Clark が "British and American English since 1900" の第二部第一章「アメリカ英語の特徴とその起原」に於いて、冒頭に次のように述べていることは、アメリカ英語の定義を下す至難さを物語っていると言えよう。

"What is the English language?" For that matter, what is "American English?" In a broad sense, the English language is any form of the native language of English-speaking people whose native language is commonly called English —— an obviously and absurdly cicular definition, of course, but just about the only generally acceptable one; and as for American English, the same definition is equally satisfactory or unsatisfactory if for "the English language" we substitute "American English." Most people would find it hard to define a dog, but no one has any difficulty in identifying one."

一体、American English とは、英語がアメリカえ渡ってから呼称されたもので、一般に英国人はアメリカ英語を英語の堕落したものと見做している。

Arostein も植民地英語と言っている。が、我々は一國の言語を考える時その背景として文化を忘れてはならない。然もアメリカ合衆国は所謂「無限の可能性を持つ國」なのであって、我々はアメリカ英語を一つの國語として

考えるのが妥当であろう。我々はアメリカ英語を英語の一方言と見做すべきではない。最近―1951年―に The University of Chicago Press から出版された Mitford M. Mathewes の "A Dictionary of Americanism on Historical Principles" によると次のように説明してある。

Americanism ǝmerǝkǝnizǝm n
1. A word or expression originating in the U.S.
1781. Witherspoon Druid P.No.5. The first cass I call Americanisms, by which I understand an use of phrases or terms, or a construction of sentences, even among persons of rank and education, different from the use of the same terms or phrases, or the construction of similar sentences, in Great Britain.

そしてこの Mathewes の定義と Witherspoon の言葉から、我々は Americanism とその母語である英語の相違を語彙 (Vocabrury)、発音 (Pronunciation)、文章法 (Syntax)、と綴字 (Spelling) と考えてよかろう。

要するにアメリカ英語を適切型に定義づけるのは難しいものであって、我々としては、英語の一方言とか植民地英語とかいわれることを考えぬのが妥当であろう。

(2) アメリカ英語の取扱い

a. 概論

以上でアメリカ英語とは何ぞやと云う問題に対して、甚だ不充分ではあるが、一応言及してみた。尤もアメリカ英語を英語の一方言と見做したり、又は、アメリカ英語なる名称の不当性を支持する人々にとっては、此の問題はあまり意味をなさないであろう。米軍占領より独立に至る最近数年間にかける米国特有の語、語法、略号等は、一部は日用品、雑誌等の名称にさえ適用されて、我々の日常会話にも頻繁に出て来る迄に育って居り生徒のこれらに対する need も日々に高まりつゝある状態であって、教養面からも実際面からも、或る程度の理解を特に上級学年生に対して与えることは必要であろう。少くとも之等の語句、発音の異同に対して全く言及しないのは、親切とは言えないであろう。

従来教師側の態度としては、英語教師が数からいえば圧倒的に多い関係で

問わば、極めて消極的であったり又は、偏見を抱いて故らに触れないでおり、又は反対に甚だ積極的であり、前者と正反対に、生徒に必要もなく理解も及ばないような米語を用うることもあつたが、何れも中正を欠くものと云わねばならない。特に前者の態度の原因としては、アメリカ英語が教場で生徒に教授するに価しないとする考へ方に起因することが多い。

　アメリカ英語が好まれないのは大体においてスラングの為であるが豊田博士は「アメリカ英語とその文体」において次の三つを挙げている。
(1)　スラングの多い *Professional humorists* の作が紹介されたこと。
(2)　アメリカの中西部あたりの町の *storekeeper* やその妻を中心としたりアリズムの小説が伝わったり、その教養や言語が即ちアメリカの代表であるかのように思われたこと。
(3)　アメリカ英語について書いたり語ったりする人の材料が主としてスポーツや走狗的なものなのでアメリカ全体としての正当な姿を示すものではなかったこと。

　以上のことの他に、占領という特殊の事情の下では、それに種々好ましくない連想を生じ勝ちなのは止むを得ない。更に戦后多量に輸入されたアメリカ映画もよい面をもっと会時に、アメリカ英語に対する好ましからぬ考え方を与えたであろう。

　唯これらのアメリカ英語に対して不利な印象乃至連想の外に、所謂 *purist* の立場からアメリカ英語を凡て好ましくないと考える人があるのも又事実である。

　教師は絶えず研究者でありたい。アメリカ英語、英語の異同を出来るだけ正確にしておかねばならぬ。甚だ困難なことではあるが、生徒に対して教授に当る場合、何より肝心なことは、両者の異同を正確に識っていることである。日本に於ける英語教育の立場としては、従来の英語優先を改めることは必要であるが、又何れか一方に偏する要にもゆかない。矢張り両者均等に比重をおいて進めなければならないが、アメリカとの関係が益々重要性を増してくると共に、アメリカ英語の扱い方にも更に一層の研究がまたれるのである。徒に之を嫌悪したり迎合したりするのでなく、*Spelling* にしろ *Pronunciation* にしろ標準となるものをとり、取捨する教師の定見こそのぞましい。之等はすべて内外の研究書により充分知ることが出来る。

　生徒の *Spelling* の相違や発音の異同についての質問には直ちに応ぜられる準備を常に怠ってはならない。場合によっては米英二国の同じ英語を用いながら *Word order* や *Spelling*, *Pronunciation* の異なる点を、異なった

言語であるとの観念を抱かせぬよう留意しつゝ、理解せしめる用意がなくてはならぬ。現行の文部省認定の中等英語教科書には本によっては全面的に米語えのアプローチを試みた編纂法の窺えるものもあるが全体的に云って甚だしい米語化はなされていないとみてよかろうと思われる。大多数の中学生にあっては、彼等の習得する英語の殆んど全部は、教場で一定のテキストによって、教師から伝えられるものであろう。故に英語教授の当初に当って、新鮮な語学へのインタレストを抱いている彼等に、米語であるの英語であるのと徒らに詮議立てることは、生徒の理解、インタレストの持続上余り面白い行き方ではない。初学年に当っては、既定したテキストによって、順当に教授を進めることが望ましい。この際現行の教科書が概ね穏当であることゝ相俟って、実際には教材を教科書のみに限って考へる場合、教師としてはアメリカ英語と英語の相違がそれ程困難な問題となるのは考へられない。

以上で取扱いについてのべたが、次に発音、綴字、文章法、語彙についてのべよう。たゞすべて夫々好参考書があるので、併せてそれ等をあげつゝ頗る簡単にしておく。

b. 発音について

アメリカ英語の発音については、いろいろと好適な *Reference Book* があるのでくどくどしくこゝでは述べることを避ける。たゞ教師としては、アメリカ語では語頭にアクセントが移動する傾向を見逃してはならない。例へば *ádult, mágazine* の如きである。次に英米母音・子音の差異が考えられる。たゞ教師は英語流の発音でも米語流の発音でもいずれを用いるも自由と考へる。

英米両国語の発音の相違を知るには

A Pronouncing Dictionary of American English, by John S. Kenyon and Thomas A. Knott, 1944.

A Pronouncing Dictionary of English   . Jones.

のが必携なものであり、更に *Webster's New International Dictionary* の最初の *Kenyon* の '*guide to pronunciation*' はアメリカ英語の発音に有用である。

c. 綴字について

Spelling については *Noah Webster* (*1758~1843*) を想起する。*Simeon Potter* は、彼の著 '*Our Language*' の第13章 "*British and*

American English において

"The distinctive features of American spelling are mainly a legacy bequeathed by that energetic little pale-faced man Noah Webster." とのべている。彼 Webster 自身も Dissertation on the English Language に於いて

"As an independent nation, our honor requires us to have a system of our own, in language as well as government. Great Britain, whose children we are, should be our standard……"

とまで云っている。かくてアメリカ英語の独立を叫んだのである。

史的には上のような次第であったが、現実の生徒の need については、発音が最も重要視されるが、語学の目的は読書力を養成することにもあるから、Spelling の問題も又発音と同じく取扱いに留意すべきであろう。中学初年度においては改らに項目をとりたてるべきではなく、質問あれば応する程度でよい。高学年になって極めて基礎的な単語について米英語に綴りの差があったりする場合は（例 labour・labor, centre・center 等）教師は或る程度生徒の注意を喚起しておくことも有効であろう。これに於いて綴りが必ずしも一定不変でなく時代的に大差があり、且個人的にも多少の差のあることを併せて理解せしめうる機会への導入とすることも考へられるであろう。独教師としては、米国における Spelling と発音の一致、即ちある種の合理化は英語よりも遥かに進んでいることで、此の点についても関心を払われることが希ましい。これに our-or（米綴）になるとか、re（英綴）-er（米綴）とかの例をあげる必要はないと思う。最近の参考書を座右に一冊おかれば充分教室にても価値があると考へられるから。

d. 語彙について

Americanism とは先述したように、アメリカに於いて新造された語も含まれるわけである。Substantives（実名詞）の新造（例、campus, gum-shoe）、鉄道用語（例、ticket-office と booking office とを比較すればよい）に於ける更には政界用語（南北戦争を中心として）飲物用語がある。（例 c.f. minerals - soft drinks）

且長語を短語にすることも多い。例えば telephone - phone の如きもの。ここで、前の Spelling の問題と関係して考えねば百らぬのは、アメリカ英語に於ける略語法である。例えば S.C.A.P, M.P, G-I, PX, etc であるが、之等は、アメリカ英語のよい一面でもあろう。生徒が課外に於いて質問

したりするのは案外こういうものも多いと信ずるので、教師はこういうことにも気をつけてやって、生徒の Interest を挫けさせぬようにするべきであろう。

更に色々な接頭語や接尾語をつけて、面白い新語を出すことである。anti-super-, near, semi 等が之等である。尚又、Usage について英米の比較を考へておかねばならぬが、英米より夫々の Reference Book が出ているので、充分利用しておくべきであろう。

e. 語法について

之は、特に難解なものであって、School Grammer を無視したような云い廻し方もあるので、特に専門に研究する以外は、中学校に於いては教授上さほど考慮の外においておいて構わぬのではなかろうか。だだ教師自身に参考書を手下においておくことを希む。殊に Sentence Pattern を考えておくことも必要であろう。

以上簡単ではあるが、夫々のべてみた。こゝに一々各項目について例証をしなかったのは、ごく良い Reference-Book の沢山出ていることを考へて省略したのである。文献については最後に書きそえておく。

(3) 教材教具使用について

中学校は能力の異る生徒の集団であるから、個性の伸長を期して、能率的に教育を行う為には、能力別差異に基く学級編成又は志望別学級編成の適否が教員の運用に当っても可取り考慮に入れられなければならない。

heterogeneous な一年の時に何等の予備もなしに、比較的高級な（テープレコーダ等）教具の使用は往々にして本来の教師の目的への導入の邪魔になることがあるから注意せねばならない。反面教科書による教室授業が精一杯といった生徒も可成りおり、且思わしい器具も地理的、経済的に入手困難であると云った場合でも教師の指導によっては簡単な依頼によって出来るものなら共同依頼を通じて教具の豊富化を計る事も無理な要求ではなかろう。

四技術 (hearing, speaking, writing, reading) の並行的な発達が望まれる為、視聴覚教具の使用が全国的に普及してきたことは喜ばしい。日本人教師の最大の弱点は intonation であるが、これらの補助的手段として適当な英米人の吹込みによるレコードの利用が望ましい。テープレコーダは生徒の音声が即座に録音されるので自己評価に好適と云えよう。その他映画

(*Jack and Betty* etc)等も各校協力して巡廻組織も考へたい。スライドも、教科書に準拠した掛図も大層便利である。初学年に於ては文字の正確な名称と形態を吞みこませることは、フラッシュカードも極めて有効であり且費用は全くかからぬ手軽さが有難い。又、市販として大抵の書店に溢れている *Life, Colliers, Outdoor Life* 等の雑誌の切り抜きに不断の努力が向けられるならば、至費は大してかからぬ割に極めて有効適切な風物的な方面の教材が出来るであろう。その他教師の自発能動的な創意が語学教育においては特に効果を上げることが多いのであって、この点教師は絶えず自信を以て創意実現に努力することが何より望ましい。

1) 蓄音機・レコード

先づ教師が呑みこむことが先決問題である。適切な解説を加え *stress, pause, intonation* 等に対する注意を喚起する。特に使用している教科書教材の場合には予め予習的学習を十分に行わせ、教師も一応個々の欠点を正し、内容を理解させてからかかるのがよい。内容の理解が伴わなくては、生徒がレコードについて行けぬであろう。たゞ飽くまで授業内における利用・比重を誤らぬようにかけっぱなし一時間というのでは困る。

2) ラジオ

校内放送として適当な番組を放送するのは有効であるが、生徒の欲求にぴったり適応するものは少いから効果一般に少い。たゞ生徒が漫然と家庭で聞くのは別問題であろう。

3) テープレコーダー

高価なのが最大欠点であるが、若し購入が許されれば、教科書の教材を外人に吹きこんで貰ったり、適当な *song* を吹きこんで生徒に聞かせるならば極めて有効である。又生徒同志の発音を吹きこみ評価させるのも極めて望ましい。

4) 実物

英米人の実際使用する日用品で入手可能であれば、実物は矢張り実物だけの理解効果を有する。

5) 絵画・地図・写真・スクラップ・ペンパル交換・手紙・参考書等極力利用すべきである。

6) 紙芝居

生徒に実演させれば、話し方、聞き方、絵に対する理解補助を三拍子揃って極めて有効であろうが、大体において初学年にしか向かない。

7) スライド

風景の説明等を簡単な英語で解説すれば初学年には有効であろう。外国の風物、事物は入手困難であり、利用し難い。

8) 映画

実際には語学教育としては殆んど効果は無い。片言隻句を耳にとめる位のものであるが、反面彼地の風物、習慣、事物の理解には甚大な効果が期待出来る。しかし興味本位の商業映画では、痛し痒しというところかもしれない。

9) フラッシュ・カード

極めて初歩には効果が大であるが、飽きられやすいし又永く続くべきものではあるまい。使用は長くても、入学当所より一ヶ月位のところであろうか。その他特別教育活動として、人形芝居等も考えられるが、要するに教具は、結局教具であり、興味喚起という大きな力はあるが、比重を誤って毎時間、興味本位の地につかぬ授業であってはならぬ。又教具の長所特徴と共に、短所・欠陥も知悉してかからなければ、折角の教具も、充分に使用効果を挙げ得ない事になるから、この点教授者には充分の用意が要求される。

文献 (Bibliography)

1. 辞書

A Dictionary of American English on Historical Principles, Sir William A Craigie and James R. Hulbert. Chicago 1938-44, 4 vols (之は O.E.D の Transatlantic continuation と考えられている)

A Dictionary of Americanisms on Historical Principles. Mitford M. Mathews. The University of Chicago Press 1951, 2 vols (著者は Craigie が Dictionary of American English を編纂したとき assistant editor をつとめた人)

A Dictionary of Slang and Unconventional English. Eric Partridge. London. 1949.

A Dictionary of The Underworld, British and American. Eric Partridge. London 1950.

(両書とも語学的に最も勝れたものとして推奨できる。)

A Dictionary of Modern American Usage. H.W. Horwill. Oxford, 1935. (之は Fowler の the American counterpart となることを狙ったものではない。目的に於いて全然 Fowler のと異っているから。)

An Anglo-American Interpreter. H. W. Horwill. Oxford 1939.
American Dialect Dictionary. Harold Wentworth, New York. 1944 (不満な点もあるが、アメリカ方言を知る上に便利で利用価値は充分である。)
The American Thesaurus of Slang. A Complete Reference Book of Colloquial Speech. Lester V Berrey and Melvin Van Den Bark. New York. 1942.
A Pronouncing Dictionary of American English. John S. Kenyon and Thomas A. Knott, Springfield 1944. (Jones の発音辞典と共に用いれば Pronunciation の上から英米語の相違を知るに便宜であろう。処摸の書)
Webster's New International Dictionary of English Language. Springfield 1934 2 ed.
American College Dictionary. New York. Random House 1947.

新英和大辞典	岡倉由三郎編	第95版	研究社	1941
米語辞典	高部美信著		研究社	1946, 48
時事英語辞典	研究社辞書部編		研究社	1948
米英語対照辞典			泰文堂	1951
米語辞典			三省堂	1949

2. 文法・発音及び全般的な考察をした参考書

American English Grammar. Fries New York and London 1940.
Language. Bloomfield New York 1933 revised ed., London 1935
Usage and Abusage. Eric Partridge London 1948 (コロンビア大学の Greet 教授がアメリカ英語について次々に自由な見解で意見をのべている、が Partridge の puritanic な見解と全く対立している部分もある。)
An Introduction to the Phonetics of American English. Thomas. New York. 1947.
The Intonation of American English. Pike Ann. Arbor, Mich., 1945 (最も広い利用価値をもっている。)
The English Language in America. G. P. Krapp. New York

1925 2 vols. (アメリカ英語についてやはり a leading authority として価値のあるもの。)

The Beginnings of American English. M.M. Mathews Chicago 1931. (200頁にみたない本だが American English をその創生時代より観察している意義ある書物)

The American Language, An Inquiry into the Development of English in the United States. Henry Louis Mencken. Knopf. N.Y. 1936⁴. (之は第一版が1919年に出されたが、更に1936年800頁の頁数にして改版して出された。続いて Supplement One 及び Two が 1945, 1948年とつづいて出された。)

American Speech (A Quartery of Linguistic Usage) Columbia University Press 1926 ff.

British and American English since 1900. Lodon 1951. Eric Partridge and J.W. Clark (目下の所一番新しく、アメリカ英語の他に更に植民地英語を扱っている。)

History of the English Language. Albert C. Baugh Routledge. (第11章アメリカに於ける英語はわずか50頁であるが面白く書かれたもので入門書として好適)

Our Language. Simeon Potter. A Pelican Book. (第13章に英語及びアメリカ英語についてのべているが、Baugh のと比較して読むと面白くよまれる。尚此の叢書の巻末の文献の解説は全く親切といってよい。)

米語の発達　重見博一著　研究社　1941
米語の発音と綴字法　竹中治郎著　1938. 1947
アメリカ英語を如何に学ぶか　佐藤佐市著　1947
アメリカ英語の背景　竹中治郎著
米語の生態　斉藤勇訳註　（アロンシュタインのを訳註したもの）
現代アメリカ英語の用法　岩崎民三著
新英語教育講座　第九巻　（此の巻の冒頭に斉藤静教授の英語と米語という分り易い入門的講座がある。）

講師名簿

敬称略ABC順

氏　名	現　職	住　所
R. A. Close	British Council	東京都大田区田園調布3の51
藤井一五郎	東京教育大学助教授	〃 文京区大塚窪町23
福田陸太郎	〃　〃	〃 文京区茗荷谷47
福原麟太郎	〃　教授	〃 中野区野方町1の576
廣瀬泰三	〃　助教授	〃 新宿区新小川町2の10
石橋幸太郎	〃　教授	〃 練馬区豊玉北1の10
石山脩平	〃　〃	〃 文京区第六天町30
小見山栄一	〃　助教授	〃 北区中十条2の14
玖村敏雄	文部省教職員養成課長	大田区北4東756
黒田　巍	東京教育大学教授	神奈川県藤沢市鵠沼1812
中野佐三	〃　〃	東京都杉並区阿佐ヶ谷5の65
成田成寿	〃　〃	〃 文京区小日向台町3の62
太田　朗	〃　助教授	〃 港区青山南町2の53
小澤準作	〃　講師	〃 豊島区西巣鴨3の648
斉藤美洲	〃　〃	〃 新宿区戸山町1の50の717
桜庭信之	〃　助教授	〃 練馬区練馬南町2の3740
芹澤　栄	〃　〃	〃 中野区沼袋町203
宍戸良平	文部事務官	〃 文京区雑司ヶ谷103
髙村勝治	東京教育大学助教授	〃 文京区雑司ヶ谷110
梅根　悟	〃　教授	川口市赤井1の232
山田　栄	〃　〃	東京都中野区上の原32
山極直衞	〃　〃	〃 豊島区髙松3の8

参加者名簿

氏　名	現　職	住　所	班別	役員
飯野至誠	広島大学教育学部助教授	広島市小町45	4	議長
門田　匡	鹿児島大学教育学部助教授	鹿児島市即元町2699	1	
片山嘉雄	岡山大学教育学部助教授	岡山市新保216	1	
川津寿四	香川大学学芸学部教授	髙松市西浜新町公務員宿舎16号	3	
光岡武男	佐賀大学教育学部教授	佐賀市神野町西神野	1	

氏名	所属	住所		役職
水野 憲	昭和女子大学短期大学部助教授	東京都世田ヶ谷区三宿町10 昭和女子大内	4	
水田 巌	山口大学教育学部助教授	山口市東白石	1	
森戸 登	山形大学教育学部教授	山形市大日町927	1	
中谷 博	京都学芸大学助教授	京都市伏見区桃山町立売57	1	
小川武二	福島大学学芸学部教授	福島県伊達郡湯野町台9	3	
岡田利一	三重大学学芸学部助教授	宇治山田市本町179	4	
大村喜吉	東京教育大学文学部助手	東京都大田区調布義町1の41の3		補佐
桜庭信之	教育学部助教授	東京都練馬区南町2の3740		主事
関本栄一	明治学院大学文学部助手	東京都品川区東戸越5の37 泓泰雄方	5	
菅沼太一郎	東京都立大学助教授	東京都豊島区要町1の28	2	副議長
内川健吾	岩手大学学芸学部助教授	盛岡市大清水小路171	5	記録
輔延武司	福岡学芸大学助手	福岡学芸大学小倉分校内	1	
吉村 毅	高知大学教育学部講師	高知県高知郡加茂村3731	2	
郡司 正	栃木県教育委員会事務局指導課主事	宇都宮市弥生町1の17	3	
東 善作	大阪府教育委員会指導主事	堺市南波町3の604	3	
小林清一	岡山県教育庁指導課教育主事	岡山県窪口郡鴨方町大字鴨方435	2	
松峯隆三	長野県教育委員会指導課指導主事	長野市新町60	5	
菅野定次	福島県教育委員会事務局学校指導主事	福島市三河北町54	5	
高橋猛夫	長崎市教育研究所部長	長崎市上戸町58市営住宅12号	2	
植木松太郎	広島県教育委員会指導主事	広島市皆実町1丁目比治山アパート5の5	5	
肋山 恒	静岡県教育委員会嘱託	静岡県安倍郡有度村沖之郷	3	
藤田亜代	香川県立観音寺第一高校教諭	香川県三豊郡一の谷村本大	3	
長谷川 信	早稲田大学高等学院	東京都大田区南六郷2の14	2	
橋本一郎	茨城県水戸一高教諭	水戸市西原町自由ヶ丘県営アパート内	4	
池 誠美	高知県立中村高等学校教諭	高知県幡多郡中村町桜町	2	
石川光泰	東京教育大学附属高校教諭	東京都北区滝野川町70	4	庶務
岡本烏弥	愛媛県松山東高校教諭	愛媛県道後西町	3	
佐藤正平	岐阜県立加納高校教諭	岐阜市加納南陽町3の16	1	
菅原和明	仙台第一高校教諭	仙台市原の町小田原坪江10	5	
龍田 弘	群馬県立前橋高校教諭	前橋市敷町135	3	
梅(うめ)健	福井県高志高校教諭	福井市松本下町34	2	
津堅鉄之助	東京都豊多摩高校教諭	東京都北区下町1579	2	記録
操威真市	愛知県田和高校教諭	名古屋市瑞穂区堀田町9960	5	

後藤 明	静岡県庵原郡庵原村 稲梓中学校 教諭	静岡県加茂郡稲生沢村立野	4	
橋本文夫	函館市湯川中学校 教諭	函館市時任町51	3	
向井俊二	東京教育大学附属中学校教諭	浦和市仲町4の27	3	厚生
長田國彦	福岡県戸畑市立高峰中学校々長	戸畑市椎の木谷3900の7	3	
小畑 寿	熊本県玉名郡玉名町立 玉名中学校 教諭	熊本県玉名郡玉名村997	5	
関 肇	千葉県瑞沢中学校 教諭	千葉県夷隅郡瑞沢村妙楽寺689	2	厚生

編 集 後 記

「英語科教育法はサイエンスであらねばならぬ」——参加者の一員のこの真剣な発言をもって1952年の英語科IFELは開かれたのです。続いて数多の講師諸先生のお話を聞き、又吾々の間に於ては幾度か白熱的な討議をかわし、5週間に亘る個人並びに共同研究を重ね、ここに第6回を迎え、遂にこの研究集録を持ち得たのです。

大学関係者16名の方々の御努力はもとよりです。特に記したいことは指導主事8名、高校12名、中学6名（校長を含む）の諸先生方の心から成る参加によって吾々が常に現場における具体的な問題と要求とを見失わなかったことです。兎角観念論的なものに陥り易い吾々がこのリポートに於て現実の大地にその足をふまえ得たとするならば、それはこれらの方々の賜物です。

おわびしなければならないことは、色々な条件の制約の為に、参加者希望の Schedule を組み、その語の真の意味における Workshop が展開出来なかったことです。それにも拘らずこのリポートに傾けられた全国 Participants の情熱を思う時、今更欠の如く「英語科教育」に対する日本全国の期待と要請とを感ずるものです。終りに再び言いたい、「日本人のための英語科教育法は日本人の手によって科学的に建設されなければならない」と。

(昭和27年12月22日. 大 村 喜 吉)

解　題

江利川 春雄
（和歌山大学教育学部教授・日本英語教育史学会会長）

占領期の教育指導者講習（IFEL）

　敗戦による占領下の日本では、軍国主義教育から民主主義教育への転換を目的に、様々な教育改革が実施された。その重要な一環が、教員の再教育だった。なかでも最大規模のものが1948（昭和23）年度から実施された「教育長等講習」（1950〔昭和25〕年度からは「教育指導者講習」）で、英語名 The Institute For Educational Leadership の頭文字をとってIFEL（アイフェル）と呼ばれた。

　その目的は「新教育の理念と方法を全国的な指導の機会を通じて教職員に徹底する」ことであり、そのために文部省は「教育長・指導主事の養成および教員養成諸学校の教職課程担当教員の現職教育を目的とした全国的な講習」を実施したのである（文部省『学制百年史』761～762ページ）。

　IFELは、連合国軍最高司令官総司令部（GHQ）の部局だったCIE（民間情報教育局）の強力な指導により、1948（昭和23）年9月から1952（昭和27）年12月まで9期にわたって行われた。会場は、東北大学、東京大学、東京教育大学（現・筑波大学）、京都大学、広島大学、九州大学など各地の大学で、期間は講座ごとに3週間から12週間に及んだ。

　ただし、日本はサンフランシスコ講和条約の発効をもって1952（昭和27）年4月28日に独立したために、同年9月からの第9期講習だけはCIEの関与やアメリカ人講師の協力なしに実施された。「英語科教育」の講習は、この第9期に行われた。

　IFELは前期と後期に大別できる。1948（昭和23）年度の第1期から翌年度の第4期までは、公選制の教育委員会制度の発足に伴って新設された教育長や指導主事を養成することに主眼が置かれた。1950（昭和25）年度の第5期以降は、発足まもない新制大学の教育学や教科教育の担当教員および小・中・高校教員のための講習が主流になった。この変化に伴って、IFELの日本名も「教育長等講習」から「教育指導者講習」に変更されたのである。

　「受講者は一定の資格のある者の中から参加者選考委員会が選考に当たった」（『学制百年史』762ページ）。文部省の「昭和27年度教育指導者講習実施要

綱」によれば、英語科教育を含む第9期の「教科教育法の部」の参加者資格は、「教員養成を主とする大学々部の教官、教育委員会指導主事及び教員で現にその教科（教科教育法）を兼担している者又は将来担当させようとするもの」だった（高橋1999、第Ⅲ巻、434ページ）。

IFELで開設された講座は教育全般にわたり、126に達する。大別すると、①教育職、②教育課程（英語科教育も含む）、③新しい教育分野の開拓、④大学運営、の4カテゴリーとなる。各講座の成果は、新教育の内容や方法についての共同研究の成果を収録した「教育指導者講習研究集録」として手書き・謄写刷の冊子にまとめられ、文部省から全国の大学や関係機関に頒布された。

CIE側の総括責任者はVerna A. Carleyで、CIEの教師教育担当官として、教員養成制度の改革や教育職員免許法の立案など、日本の教師教育改革全般に強力な影響を与えた人物である（高橋2001「解題」）。

IFEL第8期までの各講座にはアメリカ人講師が原則として1名ずつ割り当てられ、直接的にアメリカ教育学が日本に持ち込まれた。文化・イデオロギー面でのアメリカの影響力を強める一種のソフト・パワー戦略でもあったといえよう。第8期までのIFELに協力したアメリカ人講師は110余人、日本人の大学教授・専門家は約800人、受講者数は全国でのべ9,300人以上に及ぶ。第9期分を加えれば、受講者は約10,000人に達する。

しかも、「開設されたすべての講座について、110種類延32,000冊の研究集録を印刷製本し、これを参加者をはじめ教員養成学部を置く大学、都道府県教育委員会、図書館等に配布し、広く研究者の便に供した」（文部省『教育指導者講習小史』1953、20ページ）。ただし、この数字は第8期までであるから、第9期分を加えればさらに増える。

CIEおよび文部省の役割については、『教育指導者講習小史』（6ページ）が次のように述べている。

「教育指導者講習」は、再建日本のための新教育が正しい方向をめざして発

足し、発展することを願い、文部省が予算を立てて開始した事業の一つである。連合国軍最高司令部民間情報教育局はこの事業計画を立てるにあたって絶大な援助をしてくれたことは忘れられない感謝である。けれども講習の内容については文部省も民間情報教育局も干渉はしなかった。(中略)決してある一定の型をもってこれを押しつけようとはしなかった。新しい教育の枠は戦後の教育諸法令が規定しているが、これをどのように具体化するかは日本人自身が現場で工夫し実行しなければならない問題である。

このように、1953(昭和28)年の時点での文部省は、戦後民主主義教育の内実を「どのように具体化するかは日本人自身が現場で工夫し実行しなければならない問題である」と考えていたのである。こうした姿勢は、IFEL各講座の次のような民主的な運営方式にも体現されていた(『教育指導者講習小史』17〜18ページ)。

・講師集団は事前会合で講座の運営方針や研究スケジュールなどの輪郭を想定しておくが、実際の決定は参加者によって行われる。
・参加者はテーマを自由に選定して研究グループを構成し、自治的な運営組織をつくる。
・講師はリソース・レクチュアでグループ研究に必要な資料を提供し、それらをもとにワークショップや討論等を行う。
・個人研究では、グループ研究での自分の分担や、職場から持ち込んだ研究問題等について掘り下げた研究を行う。
・最終段階では、各研究のレポートの整理や検討を重ね、講座ごとの研究集録をまとめる。

このように、講習参加者が主体的・自治的に研究と討論を重ね、ワークショップ方式で内容を構築していくボトムアップ型の講習会であったことがわ

かる。

これほど大規模かつ質的に充実した講習だったがゆえに、戦後日本における民主主義教育の確立と、教育各分野の発展に果たした役割はきわめて大きかった。

しかし、その後の文部行政の国家主義的な転換もあって、IFELはいつしか忘れ去られ、関係資料も散逸していったのである。

なお、IFELに先だって、1947（昭和22）年の夏には「教員養成のための研究集会」が開催された。これはCIEの発案・企画、東京帝国大学（現・東京大学）と文部省の共催で実施され、全国から70余名が講習を受けた。また翌1948（昭和23）年7月にも、文部省主催の新制高等学校英語科指導者講習会が東京女子高等師範学校（現・お茶の水女子大学）で開催され、各地から選抜された英語教員約40名が参加した（黒田1948）。

IFELの英語科教育講習

IFELの最後を飾る「英語科教育」講習は、第9期後期教育指導者講習として、1952（昭和27）年11月17日から12月27日までの6週間にわたって東京教育大学で開催された。ただし、文部省の「昭和27年度教育指導者講習実施要綱」（高橋1999、第Ⅲ巻の復刻版、433ページ）では講座名は「英語科教育法」だったが、研究集録のタイトルでは「英語科教育」となっている（後述）。

本書『第九回後期　教育指導者講習研究集録　英語科教育』290～291ページの「講師名簿」および「参加者名簿」によれば、講師は総勢22名で、うち東京教育大学の教官が福原麟太郎や石橋幸太郎など19名（86％）、文部省関係者が2名（9％）、外国人講師が1名（5％）である。講習参加者は44名で、内訳は大学18名（41％）、高校12名（27％）、指導主事8名（18％）、中学校（校長を含む）6名（14％）だった。年齢は20代から50代までと多様だが、40代前半が最も多い（高橋1999、第Ⅲ巻、457ページ）。

講座主事は櫻庭信之（東京教育大学教育学部助教授）、講座主事補が大村喜吉

（東京教育大学文学部助手）で、研究集録の「はしがき」は両者の連名、「編集後記」は大村である。なお、2人は「参加者名簿」にも名を連ね、櫻庭は「講師名簿」にも加わっている。主事・主事補とも教授級の重鎮ではなく、まだ30代の助教授・助手を配置した点がいかにもIFELらしい。なお、文部省の「昭和27年度教育指導者講習修了者名簿（第九回）」（高橋1999、第Ⅲ巻）では講習参加者を42名としているが、これは櫻庭と大村を除外しているためである。

英語科教育の講習は独立後で、CIEの支援を離れたため、外国人講師はアメリカ人ではなく、英国ブリティッシュ・カウンシルのR. A. Closeである（本書290ページ）。なお、Closeは1955（昭和30）年11月に京都学芸大学（現・京都教育大学）で開催された教員養成学部教官研究集会（後述）でも"The Development of Proficiency in Spoken English"と題した講演を行うなど、その後も英語教員研修に貢献した。

その他の役職を見ると、受講者側の議長は飯野至誠（広島大学教育学部助教授）、副議長は菅沼太一郎（東京都立大学助教授）、記録は内川健吾（岩手大学学芸学部助教授）と津軽鉄之助（東京都立多摩高校教諭）、庶務は石川光泰（東京教育大学附属高校教諭）、厚生は向井俊二（東京教育大学附属中学校教諭）と関準（千葉県端沢中学校教諭）だった。受講者みずからが議長や副議長などを担っていた点にも、参加者の主体性と自治を重んじたIFELの民主的な性格がよく出ている。

『研究集録』の「はしがき」によれば、講座の主目的は「大学の『英語科教育法』の講座内容充実」であり、「大学の英語科教育法が、いかなる内容をもつべきかについての研究討議は今回が最初」であると述べられている。戦前の英語教員養成においては、英文学や英語学の講義が大半で、英語科教育法についてはほとんど扱われなかったか、大学教員ではなく附属学校の教員に任せていたからである。

なお、この講習の前年1951（昭和26）年7月には学習指導要領（試案）が改訂され、翌年3月に外国語科英語編が刊行された。英語の原文に日本語の大意訳が付き、全3巻759ページ。中学・高校の英語教師に必要な多方面の情

報を満載した「英語教育百科全書」のような内容で、授業で使える指導案を各領域・学年ごとに168種類も例示しており、教員を教え導く役割を果たした（江利川2018、190ページ）。この学習指導要領もIFELの英語科教育講習に影響を与えたと思われる。

講座を主導した櫻庭信之・大村喜吉・飯野至誠

英語科教育の講座を担った主要な3人について簡単に紹介しておきたい。

講座主事の櫻庭信之（1915～2011）は、1945（昭和20）年に東京文理科大学大学院を修了し、東京高等師範学校（現・筑波大学）教授などを経て1952（昭和27）年に東京教育大学助教授、1967（昭和42）年に教授となり、同年には「絵画と文学 ホガース論考」で文学博士となった。1979（昭和54）年の定年退官後は成城大学教授、国際短期大学教授を歴任した。櫻庭は英文学者でありながら英語教育にも精通しており、小学校英語教育史の先駆的研究である「小学校の英語」（『新英語教育講座・5』研究社、1949）や、英語教育史を詳述した「外国語教育論」（東京教育大学教育学研究室編『外国語教育』金子書房、1950）を著している。

講座主事補の大村喜吉（1916～1993）は、1938（昭和13）年に東京外国語学校（現・東京外国語大学）英米語学科を卒業し、軍役などを経て、1951（昭和26）年に東京教育大学文学部助手となった。その後は、東京工業大学助教授、埼玉大学教授、調布学園女子短期大学教授を歴任した。日本英語教育史の大家で、『斎藤秀三郎伝』（1960）で毎日出版文化賞を受賞したほか、『英語教育史資料』（全5巻の編著、東京法令出版、1980）、『日本の英語教育史』（共著、大修館書店、1975）、『漱石と英語』（本の友社、2000）などを送り出している。

議長の飯野至誠（1899～1980）は、1922（大正11）年に広島高等師範学校（現・広島大学）第二部（英語）を卒業後、広島高師附属中、神戸第二中、彦根中の英語教師となり、1934（昭和9）年に広島文理科大学に入学。卒業後は各地の中学校などの教諭・校長を経て、1948（昭和23）年に広島高等師範学校教授、新

制移行後は広島大学助教授(のちに教授)となり、英語教授法・外国語教育史を講じた。定年後は広島文化女子短大学長を務めた。著書に『英語教育概論』(共著、文化評論社、1950)、『英語科教育法』(桐原書店、1953)、『英語の教育：変遷と実践』(大修館書店、1960)などがある(松村2012、331ページ)。

『教育指導者講習研究集録　英語科教育』の意義と概要

　講習での議論をふまえて作成されたのが、『第九回後期　教育指導者講習研究集録　英語科教育』である。これは、25講座の研究集録を集めた高橋(2001)には収録されておらず、このたび初めて復刻されたものである。

　「編集後記」(292ページ)によれば、英語科教育の研究集録は「5週間に亘る個人並びに共同研究を重ね、ここに第6週を迎え、遂にこの研究集録を持ち得た」とある。「はしがき」の日付は1952(昭和27)年12月26日だから、講習終了日の前日である。奥付はなく、表紙に「東京教育大学/昭和二十七年度教育指導者講習」と記されているのみで、「はしがき」と目次が計7ページ、本文が292ページ、B5判で、表紙も含めて専門職人によって読みやすく筆耕され、謄写刷で少部数刊行された。なお、64～68ページにページ番号の打ち間違いがあるが、内容に齟齬はない。

　前述のように、「文部省の原案では、各大学の『教科教育法』の講座を担当する者の研究集会ということであったが、応募者の中には、中・高の教諭及び指導主事が多数〔6割〕含まれていた為に、各職場から適宜参加してもらう結果となった」(はしがき)。こうした現場教員の参加こそが、教科教育法および英語教育学の確立にとっては重要なことであった。その点を、大村喜吉は「編集後記」で次のように総括している。

> 　特に記したいことは指導主事8名、高校12名、中学6名(校長を含む)の諸先生方の心からなる参加によって吾々が常に現場に於ける具体的な問題と要求とを見失わなかったことです。兎角(とかく)概念論的なものに陥り易い吾々が

このリポートに於て現実の大地にその足をふまえ得たとするならば、それはこれらの方々の賜物です。

この講習会と研究集録は、戦後における英語教員養成の要となった英語科教育法の確立にとって画期的な意義を持った。「はしがき」には「科学的方法の確立に向って、我々はこの未開の分野を開拓していかなければならない。（中略）この新しい学問の確立に当って、『生みの悩み』のあることを当然われわれは覚悟せねばならない」といった関係者らの並々ならない決意が表明されている。

それはまさに「生みの悩み」であった。英語教育研究は戦前からの蓄積があったとはいえ、当時の大学における英語教員養成においては英語科教育法の授業はわずか3単位程度で、しかも授業を担う教員は英米文学や英語学の専門家である場合が多く、英語教育専門の学会が成立するのも1970年代と遅かった（後述）。

『研究集録 英語科教育』は全5章25節に及ぶ体系的な内容で、その概要は以下の通りである。

Ⅰ 基礎論
 1 英語教育の目的と価値
 2 わが国に於ける英語教授の変遷
 3 欧米に於ける外国語教授の変遷
 4 英語教授の基礎的理論
 5 英語科教師論
 6 教材論

Ⅱ 教育課程論
 1 英語教科課程の目標

2　四技能の関連
　3　Curriculumの構成
　4　中学校に於ける文型の取扱い
　5　中学校における文法の取扱いの基礎
　6　風物知識

Ⅲ　学習指導論
　1　学習指導の一般
　2　学習指導法
　3　学習指導上の要点
　4　英語学習指導に於ける視聴覚教材教具及びその利用法
　5　クラブ活動

Ⅳ　評価論
　1　新しい評価の意義及び目的
　2　評価の種類と方法
　3　新旧評価の長所短所
　4　評価基準
　5　英語科指導要録記入の為の具体的評価

Ⅴ　英語教育の諸問題
　1　選択の問題
　2　個人差に応ずる指導
　3　アメリカ英語

　『研究集録　英語科教育』は、英語教育研究における最高学府といえる東京教育大学の英語関係者が講師陣の中心となり、学校現場の実情をふまえた熱

心な研究討議を経て完成したものだけに、当時としてはきわめて充実した内容である。ただし、ここに盛り込まれた理想的な内容が、大学の英語科教育法の授業や中学・高校の現場でただちに実践されたわけではない（後述）。

IFEL英語科教育講習の歴史的な意義に関しては、松村（1994、219～220ページ）が3点にわたって述べている。その概要は以下の通りである。

(1) 教員養成課程の「英語科教育」への影響：「以後の新制大学における授業科目『英語科教育法』の方向と内容を決定づけるのに大きな役割を果たしたと考えられる」。
(2) 科学的方法への志向：「新制大学が本格的に出発しようとするこの段階で、科学的方法の採用とその重要性が認識されていることは意義深いものがある」。
(3) 英語科教育の独立：「英語科教育を独立した研究分野として位置づける（ママ）ようとしたことは、後の大学院英語教育学専攻などの設立、英語教育学研究への展開に道を開いたとも言える」。

いずれも妥当な意見だと思われるが、IFEL英語科教育講習の意義と先駆性を理解するためには、IFEL以降の英語教育界の展開を見ておかなければならない。

教員養成系学部教官研究集会から全国英語教育学会へ

IFELが終了した翌年の1953（昭和28）年から、文部省と各大学の共催による「教員養成学部教官研究集会」がスタートした。そこでは各科目別に教員養成、教育法、教育実習等に関して討論し、その成果を「教員養成学部教官研究集会集録」として刊行することで、学校現場に波及させた。

外国語（英語）科に関する部会も、1955（昭和30）年と1961（昭和36）年に、地区ブロックに分かれて東京学芸大学、滋賀大学、京都学芸大学、岡山大学、

佐賀大学などで開催された。

　たとえば、1955（昭和30）年11月5日〜10日に京都学芸大学が文部省と共催で開催した外国語科の部会には、富山、金沢、福井、山梨、信州、岐阜、静岡、愛知、三重、大阪、神戸、奈良（2校）、和歌山、滋賀、佐賀、京都の17国立大学教員養成学部・同附属中学校から63名が参加した。研究集会の成果は、『昭和30年度　教員養成学部教官研究集会集録　外国語科』として刊行された。その内容は、①教員養成のカリキュラム、②英語科教育法、③教育実習の問題、④中学校英語の問題、から成る。

　そこでの議論で特に注目されるのは、各大学とも英語科教育法に充てる「単位数の不足」を問題視していることである。そのため「IFELの研究集録に掲げられている内容を全部盛ることは不可能である。従ってこの綱目中より必要度の高いものを選ぶ」（24ページ）といった実態が率直に述べられている。

　1962（昭和37）年からは10年間のブランクがあったが、文部省からの働きかけもあって、1972（昭和47）年度から1974（昭和49）年度まで3年連続で「教員養成大学・学部教官研究集会」がそれぞれ宮城教育大学、岡山大学、静岡大学で開催され、それらの成果は『教員養成大学・学部教官研究集会研究集録　英語科教育部会』として毎年刊行された。

　こうした蓄積を集大成して、1975（昭和50）年には大修館書店から教員養成大学・学部教官研究集会（英語部会）編『英語科教育の研究』が一般書籍として刊行されるまでになった（改訂新版は片山嘉雄・遠藤栄一・垣田直巳・佐々木昭編『新・英語科教育の研究』1985年、三訂版は1994年）。また、1970年代前半には、地区ブロックごとの英語教育学会も相次いで設立された。

　これらの前史を経て、各地区英語教育学会を構成母体とする連合体の全国英語教育学会が1975（昭和50）年に発足し、第1回研究大会を高知市で開催したのである（『全国英語教育学会史』vi〜4ページ）。

　こうして、IFELから始まった戦後の本格的な英語科教育法研究は、教員養成大学・学部教官の研究集会へと引き継がれ、それらが1970年代前半には各

地区の英語教育学会、およびその連合体である全国英語教育学会の設立につながることで、学問体系としての英語教育学の確立・発展を促進したのである。

【原本の判読困難な部分】
29ページ　1〜2行目
「さらに**Jaspersen**は**Phonetical transcrip-tion**迄も生徒に」

171ページ、下から3行目
「生徒が最もよく**実力**を発揮しうる」

236ページ　1行目
「辛らつな**訓練師**（drill master）」

参考文献

江利川春雄（2018）『日本の外国語教育政策史』ひつじ書房

黒田巍（1948）「文部省主催　新制高等学校英語科指導者講習会」語学教育研究所『語学教育』第204号、26～30ページ

全国英語教育学会事務局編集・発行（1984）『全国英語教育学会史　昭和50年-昭和59年』

高橋寛人編（1999）『占領期教育指導者講習（IFEL）基本資料集成』（全3巻）すずさわ書店

高橋寛人編（2001）『占領期教育指導者講習（IFEL）研究集録：昭和25年度（第5・6期）全25科』すずさわ書店

松村幹男（1994）「IFEL講習会について：戦後英語教育史研究」『中国地区英語教育学会研究紀要』第23巻、213～220ページ

松村幹男（2012）『私の歩んだ軌跡：英学史論考集』私家版

文部省編（1972）『学制百年史』帝国地方行政学会

文部省・京都学芸大学主催（1955）『昭和30年度　教員養成学部教官研究集会集録　外国語科』（奥付なし）

文部省大学学術局教職員養成課著作・発行（1953）『教育指導者講習小史』（復刻版、高橋1999、第Ⅱ巻所収）

英語教育史重要文献集成　第9巻
英語教員講習2

2018年11月26日　初版発行

監修・解題　江利川 春雄

発　行　者　荒井秀夫

発　行　所　株式会社 ゆまに書房
　　　　　　東京都千代田区内神田 2-7-6
　　　　　　郵便番号　101-0047
　　　　　　電　話　03-5296-0491（代表）

印　　　刷　株式会社 平河工業社

製　　　本　東和製本 株式会社

定価:本体12,000円＋税
ISBN978-4-8433-5462-9 C3382
落丁・乱丁本はお取替えします。